"Mise an Mac San:"

Ag cuimhneamh ar an Athair Peadar Ó Laoghaire

ÉILÍS UÍ BHRIAIN & PAT O'BRIEN

Clár / Contents

Leagan Gaeilge

Cúpla Focal Faoina hÚdair 5

Brollach ó Dhuine de na hÚdair 6

Réamhrá 8

Caibidil a hAon: 2016—"Bliain an chuimhnimh" 21

Caibidil a Dó: "Trí Thréithe mar Chuimhneachán Air" 44
    I. An Fear Cráifeach 47
    II. An Múinteoir 48
    III: An Tírghráthóir 55

Caibidil a Trí: "Na Blianta Luatha" 75
    I: Lorg a Shinsear 75
    II: Dúil Aige Bheith Amuigh Faoin Aer 79
    III: A Chuimhní ón nGorta Mór 84

Caibidil a Ceathair: "Intinn Láidir i gcorp Lag" 87

Caibidil a Cúig: "Cosantóir an Chainteora Dhúchais" 96

Caibidil a Sé: "an t-Aighneasóir" 114

Críoch 146

Aguisín I: Líne ama de Shaol an Athar Peadar 149

Aguisín II: Dán le Deirfiúr an Athar Peadar 154

Aguisín III: Tuairisc bháis an Athar Peadar san Evening Herald 156

Nótaí Buíochais 158

3

English Version

A Word about the Authors 176

Foreword from one of the Authors 177

Introduction 179

Chapter One: "2016—The Year of Remembering" 191

Chapter Two: "Three Qualities to Remember Him By" 212
 I: The Pious Man 216
 II: The Teacher 217
 III: The Patriot 223

Chapter Three: "His Early Years" 244
 I: The Mark of his Ancestors 244
 II: Love of the Outdoors 248
 III: His Famine Memories 253

Chapter Four: "A Robust Will in a Delicate Body" 256

Chapter Five: "The Native Speaker's Champion" 264

Chapter Six: "The Controversialist" 280

Conclusion 310

Appendix I: Timeline of an tAthair Peadar's Life 312

Appendix II: Poem by an tAthair Peadar's Sister 318

Appendix III: Death Report of Father Peter in the Evening Herald 320

Acknowledgements 322

Works Cited 323

Cúpla Focal Faoina hÚdair

Is as Dubhros in iarthar Chorcaí do hÉilís Uí Bhriain agus tá cónaí uirthi i gCaisleán Uí Liatháin ó 1979. Tá leabhar amháin curtha amach aici go dtí seo—*Níl aon Leabhairín mar do Mheabhair-chinn fhéin*—agus scríobhann sí alt seachtainiúil darbh ainm "Cúpla Focal" don nuachtán "The Avondhu Press". Bhunaigh sí "Gaeilgeoirí Cois Laoi"—ciorcal cainte a thionóltar gach coicís san Ostán Clarion i gcathair Chorcaí—i 2009 agus tá sí ina timire air ó shin. Féach www.gaeil-laoi.com le haghaidh tuilleadh eolais.

Is as Caisleán Uí Liatháin ó dhúchas é Pat O'Brien agus tá leabhar amháin, *Old Bob Hatchet's Revenge*, foilsithe i 2003, agus dhá bheochan, *Dáithí agus Goliath* i 2012 agus *The Scumbagnetic Effect* i 2013, scríofa aige go dtí seo. Tá céim ealaíona aige sa Ghaeilge agus sa Bhéarla ó Choláiste na hOllscoile, Corcaigh, agus dochtúireacht i litríocht Bhéarla na méanaoiseanna aige ó Choláiste na hOllscoile, Baile Átha Cliath.

Bhunaigh sé comhlacht oideachais darbh ainm Sciob Sceab Oideachas Siamsúil i 2017. Ó thaobh staire agus teangacha de, táirgíonn sé áiseanna foghlamtha níos tumthaí trína phointí foghlama a chur i scéalta a théann "i ngreim" id' shamhlaíocht. Féach www.sciob-sceab.com le haghaidh tuilleadh eolais.

Brollach ó Dhuine de na hÚdair

Amhail an sliocht i dteideal an leabhair seo, is dócha gur féidir leat a rá fúmsa freisin: [is] "Mise an mac san", 'sé sin, mac le hÉilís, mo chomhúdar ar an leabhar seo. Déanta na fírinne, nuair a tháinig an leabhar seo faoim' chúram ar dtús, ní raibh sé ar intinn agam ach eagarthóireacht éadrom a dhéanamh air. Ach, tar éis roinnt taighde a dhéanamh, ba léir dom go raibh duine a raibh daoine deighilte faoi roghnaithe ag Eilís mar ábhar agus ba chiallmhar an mhaise di mar sin tabhairt faoi go cáiréiseach. É sin ráite, dá mhéad taighde a rinne mé is ea is mó a chuaigh m'fhiosracht i dtreis faoin bhfear a scríobh a leabhair go léir i bhfoisceacht míle dem' theach féin. Lean cursaí amhlaidh go dtí go raibh ar deireadh an méid sin curtha isteach sa leabhar agam nach raibh ceachtar againn sásta ligint orainn féin go ndearna Éilis an obair go léir ina haonar. Agus b'shin mar a tharla m'ainm bheith ar chlúdach an leabhair seo freisin.

Cé nach ligeann an leabhar seo air féin go bhfuil sé ina bhun agus barr an scéil maidir leis an Athair Peadar, más beag d'eolas air, gheobhaidh tú achoimre mhaith ann ar a shaol agus a shaothar chomh maith le léargas ar na rudaí is deise agus is measa ráite faoi. Tá súil againn go gcabhróidh sé sin le comhrá a thosnú arís faoi i measc an phobail, comhrá atá titithe ina thost le tamall anuas.

Tá an méid ba mhó de lorg mo láimhe le sonrú sa Réamhrá agus i gCaibidil a Cúig agus a Sé agus, aon áit eile a théann an cuntas go doimhin isteach sa taighde, d'fhéadfá glacadh leis gur liomsa an scríbhneoireacht sin. Ach, sa deireadh thiar thall, is guth Éilíse atá i gclos tríd is tríd mar b'ise, le teann fiosrachta, a chuaigh ar thóir scéilíní faoin Athair Peadar go áitiúil an chéad lá riamh. B'ise a d'fhill ar a thinteán i Máchromtha le blas níos beoga a fháil ar a áit dhúchais. B'ise a chuaigh ag fiach sna leabhair do thagairtí fánacha dá am i gCaisleán Uí Liatháin. Tagairtí a d'fhíomar le chéile chun "pictiúr de sa bhéaloideas" a thabhairt, sé sin, an chuma a bhí air i súile a pharóistigh i gCaisleán Uí Liatháin. Ní haon dóithín an méid sin oibre má thugann tú san áireamh nach bhfuil ach 2015 féin ann ó bhí scoláirí an Athar Peadar ag rá gur trua a laghad a dúirt sé ina dhírbheathaisnéis faoina tríocha bliain i gCaisleán Uí Liatháin.

Ar deireadh, b'ise a chuir iachall orm intinn oscailte a choiméad faoi trí seasamh ar an bpointe go raibh taobh deas ag baint leis a bhí dearmadta sa phlé le blianta beaga anuas ar an achrann a bhí aige le daoine éagsúla. Is dóigh liom gur thugamar cuntas níos tomhaiste air dá bharr sin.

Focal, ar deireadh, faoi struchtúr dátheangach an leabhair seo: shocraíomar, go luath sa phróiseas, ar leagan Gaeilge agus Béarla den téasc céanna a scríobh chun friotháil ar dhá dhream de léitheoirí. Is dócha go dtuigfeadh an tAthair Peadar gur den chríonnacht é seo a dhéanamh mar, dá thréine a sheas sé an fód don Ghaeilge, ba dhátheangach a radharc ar an saol, agus ba léir dó na buntáistí a bhain le dul i mbun cursaí agus an dá theanga ar do thoil agat:

> Ach má bhí caoi mhaith agam ar an nGaeilge a bheith agam ar áilleacht ón gcéad neomat gur thosaigh caint ar theacht dom, bhí caoi mhaith agam, leis, ar Bhéarla bheith agam ar an áilleacht gcéanna díreach, ón gcéad neomat gcéanna… Bhí an-sheans orm-sa. Bhí idir Bhéarla agus Gaeilge agam ós cionn mo chliabháin. Fuaireas greim fé leith ar gach arm den dá arm aigne, agus eolas fé leith ar conas gach arm acu a láimhseáil. Ansan, in ionad bheith ag cur a chéile amú orm, is amhlaidh a bhí siad ag cabhrú lena chéile agam (*Mo Scéal Féin* 30, 32).

Féadann idir Ghaeilgeoirí agus Bhéarlóirí bheith cinnte mar sin nach bhfuil ceachtar den dá leagan ina lagaithris ar an gceann eile. Feictear domsa gurb in í an chaoi a thaitneodh sé leis an Athair Peadar.

Pat O'Brien

Mí Eanáir, 2018

7

Réamhrá

Cé gur "Canon Peter O'Leary" a tugadh air in áiteanna, is mar an tAthair Peadar Ó Laoghaire is fearr aithne air ar fud na hÉireann lena linn. Go deimhin, ba dhuine chomh mór le rá é faoi am a bháis i 1920 nár ghá duit ach "an tAthair Peadar" a rá agus bheadh a fhios ag mórán daoine cé a bhí i gceist agat. Is lena leabhar *Séadna* a tharraing sé clú air féin (Ó Céirín 17). Maidir leis an abairtín i dteideal an leabhair seo— "Is mise an mac san"—is mar sin a chríochnaíonn sé a chur síos ar a shinsir tar éis dó dul siar cúig ghlúin de mhuintir Uí Laoghaire:

> Deineadh an cleamhnas. Pósadh Diarmaid Rua Ó Laoghaire, mac do Pheadar Ó Laoghaire agus do Mháire Ní Thuathaigh ar Lios Carragáin, le Siobhán Ní Laoghaire, iníon do Chonchubar Ó Laoghaire agus do Neill Ní Icídhe, a bhí ar an Mullach Rua. Sa bhliain d'aois an Tiarna míle ocht gcéad tríocha a naoi, bhí mac ag an mbeirt sin. Mise an mac san (*Mo Scéal Féin*14).

Aon duine gur féidir leis a shinsir a ainmniú siar cúig ghlúin, d'fhéadfá a rá go raibh fios maith ag an bhfear sin cé hé féin agus, ó tharla gur as Lios Carragáin é, ní nach ionadh go bhféachann muintir Mháchromtha air mar dhuine díobh féin é. Agus, más comhartha ar bith é an t-uaigneas a bhí ar an Athair Peadar agus Mháchromtha á fhágaint aige tar éis dó tamaillín a chaitheamh ann mar shéiplíneach, mhothaigh sé an muintearas céanna le muintir Mháchromtha:

> B'fhearr liom go mór fanúint i Machromtha dá bhfágtaí ann mé. Ach thuigeas go mb'fhéidir nárbh é sin toil Dé. Thuigeas go mb'fhéidir go raibh gnó éigin ceaptha ag Dia dhom le déanamh sa Ráth nárbh fhéidir dom a dhéanamh i Machromtha. Sin í an fhírinne. Bhí uaigneas orm mar gheall ar a bheith orm imeacht as Machromhta, mar dá ghiorracht a bhíos ann bhí báidh an-mhór agam féin agus na daoine lena chéile (135).

Ní nach ionadh mar sin gur bhailigh na sluaite ar an ndroichead i Máchromtha timpeall fiche bliain tar éis a bháis chun leacht Gaeilge a nochtadh ann ina ónóir (O'Brien 39) agus seo an rud a bhí greannta air:

Ionnas go gcoimeádfaí cuimhne ar Sárughdar na Nua-Ghaeidhilge
.i. An tAthair Peadar Ua Laoghaire
Canónach,
a rugadh ar Lios Carragáin
i bParóiste Cluain Droichid
láimh le Maigh Chromtha
i mbliain 1839
Cois an droichid seo ag bun an Chaisleáin
a bhí an scoil laidine
in ar chaith sé tréimhse mar mhac leighinn
do nochtadh an leacht (?) so ar 10ú lá de Mheadhan Fhomhair 1939

Bhailigh na daoine chun comóradh a dhéanamh air arís i 1964, an uair seo bhí sraith de leachtaí, taispeántas dá litríocht agus cluiche peile idir Mhainistir Fheár Maí agus Mháchromtha mar chuid den searmanas. Toghadh Mainistir Fhear Maí mar fhreasúra toisc gur chaith an tAthair Peadar tréimhse ar scoil ann i gColáiste Chólmáin (40).

Leac chomórtha don Athair Peadar curtha suas ar an ndroichead i mbaile Máchromtha sa bhliain 1939.

Cuireadh leacht eile suas i 1939 ar theach a tógadh ar an bhfeirm inar rugadh é; tigh ina gconaíonn Seán Ó Ríordán agus a chlann anois. Ba theach buí dhá stór é le bláthanna deasa ach sceirdiúla ag dul suas chuig an doras nuair a rinne Dan Joe Kelleher taifeadadh ann mar chuid de chlár faisnéise ar shaol an Athar Peadar i 1988. Tosaíonn an clár fáisnéise le hagallamh le Máire Uí Ríordáin, bean ar léi an fheirm inar rugadh an tAthair Peadar mar cheannaigh a hathair é ó dheartháir an Athar Peadar, Patsy Ó'Leary, siar i 1911.

Leac i gcuimhne bhreith an Athar Peadar ar thigh Sheáin Uí Riordáin, fear a bhfuil a theach tógtha ar shuíomh an tí inar rugadh agus tógadh an tAthair Peadar i Lios Carragáin.

Dan Joe Kelleher, déantasóir an chláir faisnéise ar an Athair Peadar i 1988.

Agus mé ag féachaint ar an agallamh seo anois agus an tAthair Peadar imithe beagnach as cuimhne na ndaoine i gcoitinne, 'sé an rud a théann i bhfeidhm orm ná an chaoi ina raibh Bean Uí Riordáin in ann mionsonraí ó shaol an Athar Peadar a thabhairt chun cuimhne gan aon stró. Cheapfá an rud céanna faoi na Muscraígh eile a cuireadh faoi agallamh sa chlár faisnéise: ba léir go raibh cuimhne an Athar Peadar fós beo leo.

Agus tá muintir na háite fós brodúil as a nasc leis más aon chomhartha an taispeántas faoi in Iarsmalann Cill Mhuire —turas fiche nóiméid ó Mháchromtha—a osclaíodh i 2016. Bhíos féin i láthair ag an oscailt oifigiúil agus ba dheas lem' chroí bord, suíocháin agus driosúr ó chistin Uí Laoghaire a fheiscint mar chuid den taispeántas ann.

Drisiúr ó chistin an Athar Peadar i Lios Carragáin ar taispeáint anois in Iarsmalann Chill Mhuire.

Nóta ar an ndrisiúr faoi cé a thiomnaigh troscán cistine an Athar Peadar don Iarsmalann.

Cé gur rugadh an tAthair Peadar sa pharóiste is faide siar i ndeoiseas Cluana, chaith sé an trian deireanach dá shaol ar an dtaobh eile den deoiseas ar fad i gCaisleán Uí Liatháin, sráidbhaile in oirthear Chorcaí (Gaughan 85-6). Tar éis dó tríocha bliana a chaitheamh ann mar shagart paróiste ó 1891 go 1920, ní chuirfeadh sé iontas ar bith ort má fhéach sé ar Chaisleán Uí Liatháin mar a bhaile ó bhaile agus lánchead ag muintir Chaisleán Uí Liatháin mar sin é a aireamh mar mhac altrama dá sráidbhaile. Agus comóradh céad bliain a bháis ag teacht i 2020, bheadh cúis eile ag muintir Chaisleán Uí Liatháin béim a leagan ar a ngaol leis an Athair Peadar má chuirtear an méid seo—ráite ag Máirín Ní Dhonnchadha ina halt i 2015—san áireamh:

> Más mar Mhúscraíoch nó mar phearsa náisiúnta is mó a labhartar ar an Athair Peadar inniu, is fiú cuimhneamh gur i gCaisleán Uí Liatháin a bhí sé an t-am ar fad a raibh saothar liteartha ar bun aige (129).

Faraor géar, mar a chuireann Ní Dhonnchadha in iúl fresin, tá fadhb amháin leis an scéal seo:

> Is mór an trua, más sea, nach dtugann Mo Sgéal Féin cuntas ar bith ar a shaol i gCaisleán Uí Liatháin: tar éis dó dáta na litreach úd ón easpag a chur síos, ní deir an leabhar ach 'Táim anso ó shoin'.

Ní gá go raibh aon chúis ró-mhór aige fanacht ina thost faoina am i gcaisleán Uí Liatháin: seans, mar a deireann Ní Dhonnchadha, nach raibh am a dhóthain aige a chuntas a thabhairt suas chun dáta sular foilsíodh a dhírbheatháisnéis i 1915 (131). Nó b'fhéidir, agus é ag scríobh, gur dhírigh se isteach níos mó ar mhioneachtraí in sna caibidil tosaigh, ach b'éigean dó gearradh siar ar a chur síos agus é ag druidim chun deiridh agus a fhuinneamh ag teip air. Ní bheifí ag súil lena mhalairt agus é sna seachtóidí agus *Mo Scéal Féin* á scríobh aige. Go deimhin, ní ró-fhada uaidh a bhás mar bhí sé san uaigh cúig bliana tar éis a fhoilsithe.

Nó, féidearacht amháin eile, agus é gafa le pianta na seanaoise is an scríbhneoireacht de shíor a bhí ar siúl aige—scríobh sé dhá leabhar sa bhliain le linn dó bheith i gcaisleán Uí Liatháin (Ó Céirín 17)—seans nár tharla aon rud dó san áit sin gur cheap sé gurbh fhiú tracht air.

Pé cúis a bhí aige gan mórán a rá faoina shaol i ndúthaigh Barrymore, 'sé m'aidhm sa leabhar seo ná an bhearna inár gcuid eolais faoina shaol i gcaisleán Uí Liatháin a líonadh le pé seanchas atá fós thart sa cheantar chomh maith le tagairtí fánacha dá shaol anseo i scríbhinní daoine eile. Ós rud é go bhfuil tríocha bliain anois ann, sílim, ó cuireadh aistriúchán Béarla ar *Mo Scéal Féin* amach—sé sin, an t-athphriontáil déanta ar aistriúchán Cyril Ó Céirnín i 1987—ceapaim go bhfuil sé tráthúil freisin cuntas gearr ar a shaol a chur ar fáil ag am a bheidh suim an phobail á mhuscailt ann arís, b'fhéidir, agus a ainm á lua sna nuachtáin timpeall 2020, comóradh céad bliain a bháis.

Do dhaoine nár chuala riamh faoin Athair Peadar, is dócha gurb é an chéad cheist a bheadh acu ná: Cén fáth go mba cheart cuimhneamh air? Tá sé chomh furasta lena bhfaca tú riamh an cheist sin a fhreagairt mar ba cheannrodaí é an tAthair Peadar ar mhórán slite: scríobh sé an chéad dhírbheathaisnéis sa Nua-Ghaeilge, mar shampla, agus an chéad dráma as Gaeilge ar stáitse le *Tadhg Saor* (Ó Céirnín 11,107).

Ba chumann drámaíochta ó Mháchromtha a d'iarr air an dráma sin a scríobh agus chuir siad ar stáitse é sa bhliain 1900, colceathrar leis an Athair Peadar, Seán Ua Laoghaire mar phríomh-aisteoir ann (Ua Súilleabháin 147). Tharraing an léiriú aird mar an chéad dráma Gaeilge riamh curtha ar stáitse agus sheol *An Cork Examiner* iriseoir chucu dá réir le fáil amach an raibh sé deacair dráma Gaeilge a léiriú den chéad uair. Bhí an tuairisc seo sa nuachtán cúpla lá ina dhiaidh [15 Bealtaine 1900]:

The Gaelic Revival. Feis at Macroom

The boards were cleared for the amusing little comedy 'Tadhg Saor'. The different parts were excellently filled, and the piece, to use the hackneyed phrase, brought down the house…

Is deacair dúinn anois a shamhlú an sceitimíní a bhí ar dhaoine faoi theacht an Athar Peadar mar scríbhneoir tar éis foilsiú *Tadhg Saor* i bhfoirm leabhair i 1900. Tugann an léirmheas seo i nuachtán *An Leader* ar an 6ú lá de Dheireadh Fómhair, 1900, blas ar cé chomh spreagúil is a bhí an tAthair Peadar do ghluaiseacht, Athbheochan na Gaeilge, nach raibh ach ina thús ag an am:

> The publication of a sixteen page booklet containing two little plays at the price of a penny… would not at first sight appear to be a very important event. Yet in the history of Irish literature this apparently trifling occurrence is nothing short of momentous… Everything Father O'Leary touches is simple, with the simplicity that a masterhand can give… 'Our first dramatist!' How strange it sounds! But it is true. (Ní Dhonnchadha 132).

Ansin tháinig *Séadna* ar an saol: an chéad úrscéal riamh i nGaeilge (Titley 172). Ó fhriotail agus stíl *Shéadna*, thuig "léitheoirí láithreach go raibh máistir ar an bprós chucu" (Mac Mathúna x). Tá ard-mheas ar *Shéadna* fós (Ní Dhonnchadha 146) agus, file cáiliúil é féin, thaispeáin Seán Ó Riordáin an meas a bhí aige ar an sagart mar scríbhneoir nuair a dúirt sé go raibh an tAthair Peadar ina "ealaíontóir casta cumasach" le linn dó *Séadna* a scríobh (Ó Céirín, "An tAthair Peadar & Dul Amú na Léirmheastóirí" 23).

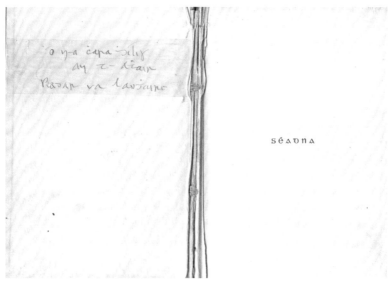

Céad eagrán de Shéadna le siniú an Athar Peadar. [Le caoinchead Sara Twomey]

Agus gaiscí an Athar Peadar á ríomh againn, caithfear a admháil nach bhfuil teist na mblianta ar chuid dá shaothar: mar shampla, is "lagiarracht" dráma eile leis, *Bás Dhallán*, i gcomparáid le caighdean an lae inniu, dar le Máirín Ní Dhonnchadha (139) agus tugann Phillip Ó'Leary an léirmheas feannaideach seo ar an dara úrscéal ó pheann an Athar Peadar: "the novel [*Niamh*] is rife with anachronisms and howling inaccuracies" (182).

Fós, agus oidhreacht an Athar Peadar á meas againn, ba chóir dúinn smaoineamh ar cad is brí le bheith i do cheannrodaí. Mar, agus é ina chéad duine le tabhairt faoi na séanraí seo go léir i ngaeilge, ní raibh aon réamhshampla leagtha amach roimhe agus an t-ádh ar na scríbhneoirí a lean é dá réir bheith in ann foghlaim óna chuid botún. Is léir gur thuig Pádraig Mac Piarais an méid seo nuair a scríobh sé:

> The formative influence of *"Séadna"* is likely to be great. Some of our distinctive writers have declared that it was the early chapters of *"Séadna"* which first taught them to write Irish. Not that they admit themselves mere imitators of Father O'Leary, but rather that *"Séadna"* showed them how to be themselves (Mac Mathúna xxxvii).

Agus súil siar á caitheamh aige ar ré órga an Athar Peadar agus conas mar atá a scríbhinní imithe as faisean ó shin, bhí Brian Ó Cuív den tuairim ná:

> an té a dhéanfadh briethiúntas cruinn ar chúrsaí na haifeochana, ba dheocair dhó gan teacht ar an dtuairim gur dócha ná beadh aon nualitríocht ar fónamh sa Ghaeilge anois againn mara mbeadh a dhaingne a sheasaimh an tAthair Peadar an fód ar son na Gaeilge beo agus a dhíograise a sholáthraigh sé ábhar léitheoireachta inti ("Curadh Cosanta" 32).

Gaeilge na Gaeltachta a bhí i gceist ag Ó Cuív le "Gaeilge beo". Cé gur deacair é a chreidiúint sa lá atá inniú ann nuair ba nós linn éad bheith orainn le cainteoirí dúchasacha i dtaobh a líofachta, is a mhalairt den scéal a bhí ann ag tús an fichiú haois nuair a bhí saghas náire ar dhaoine a admháil gur Gaeilge a labhair siad ón gcliabhán. Thug duine de pharóistigh an Athar Peadar, Mrs Mary Smith ó Mohera, Caisleán Uí Liatháin (*Britway* 136), léargas ar an leisce seo Gaeilge a labhairt go hoscailte le scéal a dúirt sí faoi dheirfiúr an Athar Peadar. Cúpla focal faoi Mrs. Smith ar dtús: rugadh í i mbaile fearann Bhaile Uí Eára i 1895 agus bhí sí ina comharsa bhéal dorais don Athair Peadar (*Britway* 132). Bhí sí fós beo nuair a tháinig Dan Joe Kelleher go Caisleán Uí Liatháin i 1988 — os cionn nócha bliain slánaithe aici mar sin! — agus shuigh Seán Aherne síos léi chun í a cheistiú faoina cuimhní ar an Athair Peadar.

Mary Smith [1895–1991], bean le haithne mhaith aici ar an Athair Peadar mar shagart agus mar chara dá muintir le linn dó bheith i gCaisleán Uí Liatháin.

Ba bhean bheag anamúil í agus í fós géarchúiseach ach í bheith beagáinín bodhar, nó sin an chuma a bhí uirthi sa chlár faisnéise pé scéal é. Nuair a fhiafraíonn an t-agglóir di an raibh an tAthair Peadar cairdiúil lena pharóistigh, d'fheagair sí gur bhreá leis bualadh le daoine, go háirithe iadsan a raibh Gaeilge acu, agus bhí an nós céanna ag deirfiúr a chonaigh leis i dTig an tSagairt. Mary O'Leary ab ainm di agus aithne uirthi mar "Miss O'Leary" sa sráidbhaile. B'ise a bhí i bhfeighil curaimí baile an Chanónaigh agus a thug aire dá chapall, carr is trap agus roinnt ba agus scata cearca a bhí aige ar thalamh paróiste (talamh ar tógadh an Uachtarlann air ina dhiaidh sin), agus a cheannaigh bia dó ón mbaile mór (*Castlelyons Parish Yearbook* 7). Chuir an trácht ar Miss O'Leary cuimhne eile i gcuimhne do Mrs. Smith faoi am a bhí deirfiúr an Chanónaigh ag siúl síos ó thig an tsagairt lá amháin nuair a chonaic sí seanbhean ag teacht suas an chnoic ina coinne. Agus fonn cainte uirthi, bheannaigh sí don tseanbhean i nGaeilge ach baineadh preab aisti nuair a tháinig an freagra maslaithe seo chuici go pras: "Why I can speak English as good as yourself!"

An tAthair Peadar agus dheirfiúr Mary O'Leary. [Le caoincead ó Sara Twomey]

Tuairsceán daonáirimh ó 1911 le "Peter O'Leary [seachtó bliain d'aois], Mary O'Leary [dhá bhliain is seachtó d'aois] agus Katie Sullivan [sé bliana agus daichead d'aois]" mar áithritheoirí i dteach i Mohera, Caisleán Uí Liatháin.

Déanann Mrs. Smith gáire beag agus an chuimhne seo á insint aici, ach mar sin féin is léargas maith é ar an náire a bhí ar ghnáthdhaoine Gaeilge a labhairt go poiblí ar eagla go dtogfaí mar chomhartha gur daoine bochta aineolacha iad. Bhí údar maith acu leis an eagla seo, afách, ag am a bhí tromlach na gcainteoirí dúchasacha bocht agus neamhliteartha toisc conaí bheith orthu in n-áiteanna bochta iargúlta den chuid is mó.

D'fhéadfá a rá gur shleamnaigh an drochmheas seo isteach i ndíospóireacht a bhí ar siúl ag Athbheochan na Gaeilge an tráth sin faoi cén sórt Gaeilge go mba chóir á úsáid mar mheán liteartha d'aon litríocht nua a scríobhfaí sa teanga athbheoite. Bhí Athbheochantóirí ann a chreid gur fearr filleadh ar Ghaeilge Sheathrún Chéitinn, scoláire a mhair sa tseachtú haois déag. Ní dhéanfadh Gaeilge a labhraíodh cois tine agus i gcistíní bochta ar fud na tíre an chúis do hAthbheochantóirí den mheon seo mar seans gur cheap siad nach raibh dínit a dóthain inti le bheith ina meán liteartha.

Ach is a mhalairt de dhearcadh a bhí ag an Athair Peadar, faoi mar a chuir Dúglas De hÍde in iúl:

> Canon O'Leary's great merit is that he... turned his face resolutely towards the folk speech of his native County Cork which he wrote with a crystal clearness that has never been surpassed. He showed us, and indeed it was to many a revelation, what a splendid medium for literature the speech of the common people was (Ó Céirín 12).

Díreoidh mé m'aird ar conas mar a sheas an tAthair Peadar an fód do chaint na ndaoine níos déanaí ach anois díreach níl uaim ach an pointe seo a dhéanamh: murar throid sé chun Gaeilge na gcainteoirí dúchasacha a chaomhnú a) seans gur ligeadh don Ghaeltacht bás a fháil i bhfad roimhe seo agus b) bheadh cuma i bhfad níos difriúla ar an nGaeilge a d'fhoghlaimíomar ar scoil. As ucht seo, thar aon rud eile, is ceart agus is cóir cuimhneamh air anois beagnach céad bliain tar éis a bháis.

Ag filleadh thar n-ais chuig Mrs. Smith, agus a agallamh léi ag teacht chun críche, dúirt Seán Aherne léi gurb í an t-aon duine as Caisleán Uí Liatháin a casadh leis an lá sin a raibh aithne phearsanta aici ar an Athair Peadar. Má bhí cuimhne na ndaoine ar an Athair Peadar ag imeacht go tapaidh i 1988, tá sé beagnach imithe inniú. Ní hionann sin agus a rá nach bhfuil rian de ar fud an tsráidbhaile sa lá atá inniú ann. Mar shampla, ar do bhealach isteach chuig Caisleáin Uí Liatháin ar an mbóthar ó Chónaithe, chífidh tú teach ar thaobh do láimhe deise agus sin an tigh inar chónaigh sé fad a bhí sé i gCaisleán Uí Liatháin. Taobh leis tá an stábla inar choimeád sé a chapaillín agus trucail. Trasna an bhóthair ón stábla, chífidh tú an bhunscoil agus pictiúr mór galánta de crochta thuas ar an bhfalla ag doras tosaigh na scoile.

Agus teach an tsagairt suas an chnoic beagánín, seo an stábla inar choimeád an tAthair Peadar a chapall is trucail le linn dó bheith i gCaisleán Uí Liatháin.

Nó, cas ar dheis i dtreo an tsráidbhaile féin agus nuair a bhainfidh tú an tIonad Pobail amach, le hais an gheata ar do bhealach isteach chuig an bpáirc imeartha CLG, chífidh tú leacht beag agus "Páirc an Athar Peadair Ó Laoghaire" greannta air. Nó, ar ais ag an mbunscoil, téir síos an cnoc agus, tar éis casadh ar clé, lean ar aghaidh go dtí go dtagann tú chuig Séipéal Naomh Nioclás. Istigh i gclós an tseipéil sin, chífidh tú cros cheilteach ard uasal agus sin uaigh Pheadar Uí Laoghaire.

Séipéal Naomh Nicolás, uaigh an Athar Peadar le feiscint mar an chéad chros Cheilteach ar dheis ó thaobh an tséipéil.

Ach fós, d'ainneoin na cuimhneacháin go léir, is bocht an scéal é ach níl in "an tAthair Peadar" ach ainm do mhórán daoine i gCaisleán Uí Liatháin sa lá atá inniú ann, mar a fuair mé amach agus taighde á dhéanamh agam don leabhar seo. Cé mise, a deir tú? Is mise Eilís Uí Bhriain (Ní Chochláin mo shloinne roimh phósadh) agus is as Dubhros in iarthar Chorcaí ó dhúchas mé ach bhog mé go Caisleán Uí Liathain i 1979 agus, mar a dúirt an tAthair Peadar, "táim anso ó shin" (*Mo Scéal Féin* 181). Go deimhin, tar éis dom maireachtaint i ndúthaigh Barrymore anois beagnach chomh fada leis an dtréimhse a bhí an tAthair Peadar lonnaithe anseo, mothaím ceangailt éigin leis. Seans gurb é an cumha i ndiaidh fóid iarthar Chorcaí a bhraithim ina scríbhinní a théann i gcion orm, agus tuige nach rachadh nuair 'sé mo thuairim gur glas iad na cnoic i bParóiste Mhuintir Bháire!

Ar shlí éigin mar sin, chomh maith le cuimhne an Athar Peadar a hathghríosadh i gCaisleán Uí Liatháin agus níos faide ó bhaile, déanaim iarracht sa leabhar seo cur síos ar mo thuras chun aithne a chur ar an Athair Peadar—mar dhuine agus mar shagart—gan mhórán fianaise fágtha agus a lán ama imithe idir a ré agus ár linn féin.

Caibidil a hAon: 2016—"Bliain an chuimhnimh"

Tá dhá leath i dteideal an leabhair seo, a deir tú, ach cad a tháinig ort gur phioc tú "ag cuimhneamh ar an Athair Peadar Ó Laoghaire"? mar dara leath dod' theideal? Bhuel, shíl mé go raibh an teideal sin cuí mar is i 2016 a thosnaigh mé ag scríobh an leabhair seo, agus is mar "bliain an chuimhnimh" a smaoiním ar 2016 mar bhraith mé i rith na bliana sin nach raibh mé in ann nuachtán a oscailt aon lá gan léamh faoi chomóradh éigin in áit éigin in Éirinn.

Faoi mar a tharla sé, tharla an comóradh is mó baint le comóradh céad bliain "1916" i gCaisleán Uí Liatháin sa bhliain 2015: 'sé sin, nuair a tugadh corp Thomáis Ceannt thar n-ais ón uaigh aonarach i nDún Uí Choileáin, Corcaigh, agus cuireadh sa chré faoi dheireadh thiar thall é le hais a dheartháireacha Daithí, Liam agus Riocáird i gCaisleán Uí Liatháin ar an 18ú lá de Mheán Fhómhair, 2015. Chuaigh an lá sin go mór i bhfeidhm ormsa go cinnte, agus i bhfeidhm go mór ar gach duine eile ó Chaisleán Uí Liatháin a bhí i láthair an lá úd mar ní dóigh liom go bhfeicfimid a leithéid inár sráidbhaile beag suaimhneach arís. Sea, lá as an ngnáth a bhí ann agus Caisleán Uí Liatháin i lár an aonaigh leis an dtír go léir ag féachaint air trína gceamaraí teilifíse a bhí ann chun gach rud a thaifeadadh.

Má chonaic tú leithéidí Enda Kenny agus Micheál Ó hUigín ag siúl isteach geataí an tséipéil i gCaisleán Uí Liatháin aon uair eile sa bhliain, cheapfá gur as do mheabhair a bhí tú. Ach ní haon taibhreamh na súl oscailte a bhí ar siúl an lá seo mar bhí na boic mhóra seo ann dáiríre píre agus paca ceamaraí ó RTE is slua de chuairteoirí sná sála orthu. Bhí an áit breac le páistí chomh maith agus d'fheicfí iad ag rith anonn is anall idir na scáileáin mhóra crochta mórthimpeall chun féachaint go bolgshúileach orthu. Maidir leis na cuairteoirí ní ba chríonna, stad corrdhuine díobh chun dán crochta os comhair an ollphubaill a léamh. Agus é faoi scáth na daracha, seo mar a thosaigh an dán: "I don't think I shall ever see a poem as lovely as a tree..."

An t-Aifreann ar scáileán san ollphuball ag sochraid Thomáis Ceannt ar an 18ú lá de mhí Mheán Fómhair, 2015.

D'fháisc mé mo bhealach isteach go bun an tséipéil, áit a raibh radharc agam ar an bpobal suas chun na h-altóra. Ba dheas an coiriú a bhí ar an séipéal i gcomhair na hócáide agus é niamhrach faoi na soilse móra. B'é Athair Gearóid Ó Cólmáin s'againne a léigh an t-Aifreann faoi lámh an Easpaig Crean agus tá cuimhne mhaith agam ar an nóiméad i rith an searmanais nuair a d'ardaigh an t-Easpag Crean trí rudaí a bhí an-ghar do chroí Thomáis Ceannt: sé sin, coróin Mhuire, biorán réadóra, agus cóip de dhírbheathaisnéis an Athar Peadar. Ós rud é gurb é mo chóipsa de *Mo Scéal Féin* a bhí á hofráil mar chuimhneachán ar Thomás Ceannt—iarradh orm é toisc cóipeanna de bheith gann sa pharóiste—bhraith mé go raibh mo bhaint bheag féin agam leis an searmanas.

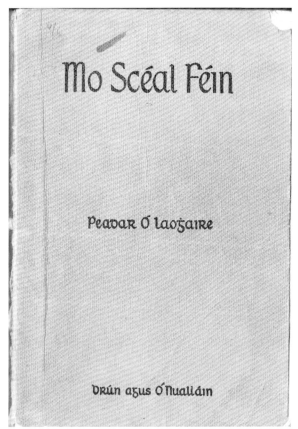

Cóip Éilíse de dhírbheathaisnéis an Athar Peadar ofráilte mar chuimhneachán ar Thomás Ceannt ag a shochraid Stáit i gCaisleán Uí Liatháin i 2015.

Agus mé ag féachaint ar an leabharín glas rocach sin á thabhairt suas chun na haltóra in éineacht le biorán réadóirí agus Coróin Mhuire, tháinig smaoineamh de shochraid eile isteach im' cheann, sochraid a tharla anseo timpeall céad bliain ó shin. B'shin sochraid an Athar Peadar nuair a adhlacadh é trí lá tar éis dó bás a fháil i dTig an tSagairt ar an nDomhnach, an 21ú lá de Mhárta, 1920 (*Britway* 131). Tar éis dó bheith ina fhreastalaí Aifrinn don Athair Peadar go minic le linn a óige, bhí cuimhne ghrinn ag fear amháin as Caisleán Uí Liatháin, Peter Hegarty, ar cá raibh sé nuair a chuala sé go raibh an "Canon" tar éis báis a fháil, mar is léir óna fhocail féin: "the circumstances surrounding his death... left the deepest impression on me" (127).

Tá an chuma air gur tháinig cuimhní cinn de chuid Peter ar an Athair Peadar chun solais den chéad uair i 1982 sa *Castlelyons Parish Yearbook*. Le linn dó "some notes on local history written down from Peter Hegarty" a chur in aithne dá léitheoirí, rinne an tAthair David O'Riordan cur síos air mar fhear a chaith a shaol le feirmeoireacht i gCoill na Cora agus é ina runaí ar choiste na hUachtarlainne i gCaisleán Uí Liatháin ar feadh na mblianta (6). Seo mar a nochtadh an drochscéala faoi bhás an Athar Peadar, dar le Peter:

> The day he died it was on a Sunday, I think it was also Passion Sunday. That day the Bishops were also having Exposition of the Blessed Sacrament to oppose the Education Bill. Miss Mary O'Leary, the Canon's sister, and Katie O'Sullivan who also lived in the Canon's house, and kept house for him while he was in Castlelyons, were in the Church for the Exposition. Fr. Michael Ahern, the curate, was giving the Benediction at the end of the Mass, when he was called into the sacristy to be told that the Canon had died. At the same time somebody else called Miss O'Leary from the chapel. We all waited on in the chapel til Fr. Aherne returned and then he told us the Canon had died and asked us all to pray for him. That was how he died and we were in the church at the time during Exposition. The Mass at which he read the Bishop's letter was the last public Mass that he said.

Bhí Mrs. Smith i láthair ag an sochraid i bhfocair slua mór de pharóistigh agus de chléirigh, áit a bhfaca sí, mar a dúirt sí ina hagallamh i 1988, cónra an Athar Peadar á thabhairt i dtreo na Croise agus ar ais arís. I measc na ndaoine mór le rá ag an sochraid bhí David Kent M.P. agus Osborn Bergin (*Britway* 131). Ba de shliocht Protastúnach é Osborne Seosamh Bergin ach is mar An tAimhirgíneach a bhí aithne níos fearr ag Gaeilgeoirí air (Breathnach "Osborn"). Agus é ina eolaí é féin faoi 1920—tugadh

Peter Hegarty [1893–1980], fear a bhfuair ceachtanna gramadaí ón Athair Peadar agus an bheirt acu ag triall ar Aifreann stáisiúin le linn óige Peter.

"prionsa na scoláirí Gaeilge" air nuair a d'éag sé—is dócha gurb é a sheanchairdeas leis an Athair Peadar a thug chun na sochraide é (Murphy 392). É sin agus an meas a bhí aige air toisc an tionchar mór a bhí ag an Athair Peadar air ó thús a réime mar scoláire.

Nuair a fuair Bergin bás, ba mhaith lena chairde é a thabhairt chun cuimhne mar "the bearded professor who would lie in the shallow water of the Solán on a day of July sunshine discussing etymologies" (392) agus iad ag dul siar boithrín na smaointe faoi. Is dócha gurb é an Solán sin an abhainn chéanna is ar fhéach an tAthair Peadar amach agus é ina scoláire seacht-déag-bliana d'aois i scoil Laidine Mac Nally, [sé sin, an scoil Laidine a luadh sa leacht curtha suas ar an ndroichead i Máchromtha i 1939.] Caithfidh go ndeachaigh radharc na habhann sin go mór i bhfeidhm air mar déanann sé cur síos cruinn beoga air in *Mo Scéal Féin*:

> Chífeá fuinneog ar aghaidh an dorais isteach. D'fhéachfá an fhuinneog amach agus chífeá, buailte suas le bun na fuinneoige, an abha, an Solán, ag gabháil thar an bhfuinneoig soir, agus isteach fé shúile an droichid, go breá ciúin leathan réidh (55).

Thug mé cuairt ar shuíomh na scoile sin i mí Iúil 2016, treoracha beachta an Athar Peadar, faoi mar a thugann sé dúinn iad sa leabhar, á leanúint agam:

> Bhí scoil Laidine ar an dtaobh thall den Droichead i Machromtha, an uair sin, díreach ag bun an Chaisleáin, ag fírin beag darbh ainm Mac Nally .... Ag ceann slaite an droichid, d'iompófá isteach i leith do láimhe deise agus raghfá síos cúpla coiscéim staighre nó trí. Ansan chífeá doras ar t'aghaidh amach. Bhuailfeá an doras…

B'í Sara Uí Thuama ó Lissarda mo theoraí—bhí a sinseanmháthair, Cait Ní Laoire, ina col ceathrar don Athair Peadar—agus bhuaileamar isteach ar Nóra Uí Fhloinn atá ina cónaí anois le hais an droichid san áit ina raibh an scoil Laidine fadó.

Sara Twomey ag labhairt le Nora Flynn. Tá teach Nora ar shuíomh na scoile Laidine ina raibh an tAthair Peadar mar dhalta ann tráth.

Níl mórán fágtha anois den foirgneamh sin inar bhris an buachaill ó Lios Carragáin a chroí ag iarraidh "na trí focail bheaga mhillteacha úd, hic, haec, hoc" a fhoghlaim, ach bhí Nora in ann an tslí isteach a thaispeáint dom. Dúirt an tAthair Peadar go raibh an fhuinneog leis an radharc breá ar an Solán ag sní thart ar thaobh a láimhe clé agus é ina shuí sa rang Laidine. Chas mé mo ghualainn clé leis an abhainn le fáil amach an bhfeicfinn an radharc céanna is a chonaic sé beagnach céad seasca bliain ó shin anois.

An Abhainn Solán a sníonn thar an scoil Laidine i mbaile Máchromtha.

Mar a chífidh tú ón ngrianghraf thuas, is fíor go sníonn an Solán "go breá ciúin leathan réidh" thar an áit ina raibh an scoil Laidine suite. Samhlaím gur fhéach sé amach ar an abhainn álainn ag glioscarnaigh faoi sholas na gréine aon uair a bhí sos uaidh óna cheachtanna. B'fhéidir, agus an fhuinneog ar oscailt, gur chuala sé fuaim cheolmhar na habhann ag plubaireacht thart díreach mar a bhí im' chluasa fhéin ag an nóiméad sin. Is furasta aithint caidé a bhí sa radharc sin a chur faoi dhraíocht é.

Ag filleadh ar ais chuig Osborn Bergin, mar is léir ón nós a bhí aige luí san abhainn lá breá grianmhar agus sanasaíocht a phlé, bhí a aiteas beag féin ag baint leis, agus duine den mhianach céanna ba ea an tAthair Peadar. Go deimhin, is fiú smaoineamh ar shampla Bhergin agus iarracht á déanamh againn léamh leanúnach a bhaint as na tuairimí contrártha a bhí ag daoine faoi cén sórt duine a bhí san Athair Peadar. Cinnte, ní raibh tuairimí daoine faoi Bhergin ag teacht le chéile mar, dar le Gerald Murphy, ceileadh an taobh cneasta grámhar a bhí aige i measc cairde taobh thiar de "a certain austerity of manner" agus é i measc stróinséirí (393).

Agus a fhios ag an saol gurb iad cruinneas agus beachtas na rudaí is ansa leis (389), d'fhéadfadh Osborn bheith thar a bheith neamhbhalbh agus é gan trua, gan taise d'éinne a rinne botún ina chuid ranganna (393). In ainneoin sin, bhí ard-chion ag a cháirde air toisc é bheith chomh macánta, dílis agus grámhar leo.

Cuirim spéis sa dhá thaobh d'Osborn Bergin mar go bhfuil sé cosúil leis an drochphictiúr den Athair Peadar a bhfuair Seán Aherne nuair a chuir sé cúpla duine as Caisleán Uí Liatháin faoi agallamh don chlár fasinéise i 1988. Dúradh leis go raibh sé sa seanchas go háitiúil go raibh an tAthair Peadar ina fhear ardnósach neamhchuideachtúil. De réir tuairisce, bhí sé géar ar na buachaillí a d'fhriotháil an t-Aifreann dó is go bhfóire Dia ar aon bhuachaill a rinne siotgháire nó miongháire agus é ar an altóir. Tríd is tríd, bhí daoine i gCaisleán Uí Liatháin tráth nár thaitin a chuid seammóireachta leo toisc í bheith ardnósach, dar leo, agus daoine a chreid nach raibh gnaoi na cosmhuintire air toisc nár chuaigh sé ina measc go ró-mhinic.

Ach chonaic Mrs Smith taobh i bhfad difriúil de agus bhuail sí go han mhinic leis. Go deimhin, bhí sé fós chomh beo ina cuimhne agus í ina sheanbhean go ndúirt sí sa chlár faisnéise go raibh sé "as if it was only yesterday that I was talking to him". Ón taithí a bhí aici féin air, ba dhuine meidhreach é nach raibh leisce air gáire a dhéanamh faoi é féin.

Comhartha ar sin is ea scéilín a d'inis sí faoi sa chlár faisnéise: dúirt sí go ndeireadh sé, aon uair a bheadh duine ag spochadh as toisc é bheith ina fhear beag, gur mhaith an rud bheith beag mar nuair a chuir an t-iascaire a líon san uisce, chuaigh na héisc mhóra i sáinn ann ach d'éirigh leis na héisc bheaga éalú!

Ar aon dul le seo, i dtaithí Pheter Hegarty—duine de na friotháilí Aifrinn go raibh an tAthair Peadar géar orthu, de réir tuairisce—ba nós leis an sagart bheith:

always full of fun and in good humour. He was never otherwise and always was full of jokes. But never in a sermon in the church. In all the years I heard him he never once told a joke in a sermon, something which good preachers often do, to score a point in their favour (*Britway* 127).

Tagann sé seo le cuimhne fir eile as Caisleán Uí Liatháin, an tAthair Christy McCarthy, as Coole ó dhúchas é. Bhí cuimhne aige ar an Athair Peadar mar "a low sized man with long white hair — a very gentle, well-respected person" agus é de nós aige "Is maith an buachaill thú" á rá leis nuair a d'osclaíodh sé an doras dó aon uair a thagadh an sagart chun na scoile. Ba mhinic a tháinig an tAthair Peadar go Coole chun an tAifreann a léamh agus d'fhriotháladh Christy óg mar fhreastalaí aifrinn dó ar na hócáidí sin. Ag smaoineamh siar air, áfach, mheas an tAthair Christy gur dócha go raibh sé cuíosach óg ag an am mar, nuair a cuireadh an dualgas air na nithe a ullmhú don Aifreann, ní raibh aon rud ar a intinn aige ach dul ag póirseáil i mála an Athar Peadar chun an cloigín a fháil. Chuaigh gach Aifreann na Stáisiún go breá go dtí lá amháin nuair:

to my horror, there was no bell, and I thought we couldn't have Mass! But didn't some sensible man, some neighbour, get a cup and put a spoon into it, and I was happy with that. When the time for the Consecration came, I got my cup and spoon and gave it a good rattle (Fitzgerald-Murphy 15).

An tAthair Christy McCarthy, Coole i gCaisleán Uí Liatháin, fear a chroitheadh an cloigín don Athair Peadar nuair a thagadh sé chuig a theach chun Aifreann a rá.

Cé acu an pictiúr fíor mar sin? An duine duairc mímhuinteartha a shamlaigh cuid dá pharóistigh leis nó an duine croíúil greannmhar mar a bhí aithne ag Mrs. Smith agus Peter Hegarty air? Ceapaim go dtugann Peter Hegarty fuscailt na ceiste sin dúinn nuair a dúirt sé go raibh sé lán de spraoi ach nár inis sé scéal grinn ón altóir riamh. Mar is dócha dála a lán dá pharóistigh i gCaisleán Uí Liatháin, muna bhfaca tú é ach ar an nDomhnach ag labhairt aníos ort ón altóir, b'éasca a rithfeadh sé leat gur dhuine deoranta é.

Ach, ar an lámh eile, má bhí déileáil phearsanta agat leis—mar a bhí ag Mrs. Smith agus Peter Hegarty—gach seans go bhfeicfeá taobh eile ar fad de: fear lách taitneamhach. 'Sé an ceacht a thógaim as seo ná go gcaithfimid bheith cúramach gan teacht ar thuairim uileghabhálach faoi dhuine ón gcuma a bhíonn air/uirthi i gcomhthéasc cúng amháin. Sa chás seo, is dócha go raibh cuma dheoranta ar an Athair Peadar ar an altóir; gach seans go raibh a sheanmóirí leadránach agus tú ag éisteacht leo Domhnach i ndiadh Domhnaigh. Ach, mar a dúirt Peter Hegarty, ní hé nach raibh acmhainn grinn aige ach gurb amhlaidh gur chráifeacht den seandéanamh a bhí aige; meon a chreid nár cheart an greann agus urraim Dé a mheascadh.

B'shin an meon a bhí fós ag a lán de na shean-sagairt sa tseansaol. Chloígh tú go docht daingean leis an atmaisféar ómósach i dteach Dé ach amuigh sa saol mór, sin scéal eile: d'fhéadfá gáire ar do shuaimhneas agus pé scéalta grinn is mian leat a insint fad is nach raibh aon bhaint acu le cursaí creidimh. Le hOsborn Bergin a tharraingt anuas arís agus é ag féachaint síos ar chónra a sheancharad á ligint síos sa chré ag sochraid an tAthair Peadar, tá sé sa bhéaloideas anois go ndúirt sé ós íseal leis na daoine in aice leis: "Disgraceful! That coffin plate contains seven grammatical errors" (Breatnach, "Osborn").

Gan amhras, agus é an-phointeálte maidir le grammadach—bhí a leachtaí dírithe go hiomlán ar ghramadach nach mór (Murphy 393)—gach seans gurb é mionchúiseachas Bhergin faoi deara dó é seo a rá. Ach d'fhéadfadh an tAthair Peadar bheith mionchúiseach fresin faoi chursaí gramadaí, mar a léiríonn an chaint seo uaidh:

> Sar ar fhágas-sa Lios Carragáin níor airigheas riamh amach a' béal duine na h-abartha so,.i. "Tá mé"; "bhí mé"; "bhí siad." D'airighinn i gcómhnuighe "Táim"; "bhíos"; "bhíodar," etc. Neithe beaga iseadh iad san, ach is neithe beaga iad a thagann isteach go mion minic sa chaint (*Mo Sgéal Féin* 31).

Is maith liom smaoineamh mar sin ná gur chuid den rud a chuir isteach ar Bhergin agus é ag gearán faoi na seacht mbotún ar chónra an Athar Peadar ná an smaoineamh go ngoillfeadh sé ar a sheanchara an tsíoraíocht a chaitheamh le droch-Ghaeilge os cionn a chléibh. Agus an nóiméad beag sin de cheangailt daonna eatarthu á shamhlú agam, tógann sé siar go bruach na huaighe mé agus mé ann ar feadh soicind i measc lucht na sochraide ag féachaint isteach ar chónra an Athar Peadar á ligint síos sa chré.

Agus is dócha gur mhothú den tsaghas sin a chuir tocht beag ar mo chroí nuair a d'fhéach mé ar na trí chuimhneachán sin—an Choróin Mhuire, biorán na Réadóirí, agus an cóip de *Mo Scéal Féin*—agus mé i mo sheasamh i gcúl an tséipéil do shochraid stáit Thomáis Ceannt siar i 2015. B'é comóntacht na dtrí rud a thug an gnáth-fhear, ní an mhórphearsa naisiúnta, chun cuimhne dom agus a thug brí agus anam dó i mo shamhlaíocht. B'fhéidir gurbh in é an fáth go raibh spéis mhór agam sna cuimhní cinn tíriúla a bhí ag muintir an pharóiste ina thaoibh agus lá a shochraide ag druidim linn. Na sonraí beaga a nocht an fear ina ghnáth-nósanna.

An tAthair Peadar lena sheanchara Osborn Ó hAimhirgín. [Grianghraf le caoinchead Sara Twomey]

Mar shampla, is minic a chuir mé an cheist "cén sórt duine a bhí i Thomas Kent, go pearsanta?" ar mhuintir na áite agus ba mhinic a fuair mé freagraí mar seo: "Chuala mé gur bhreá leis dul ag iascach san Abhainn Mhór agus nach ndúirt siad go raibh dúil mhór sa damhsa aige?" Nó déarfadh duine eile liom: "Ó, agus ar chuala tú go raibh sé scúite chun arán cuiríní le haghaidh suipéir agus nár fhág sé an baile i mBawnard riamh gan snas den scoth ar a bhróga agus é ag dul chuig an bpatrún ag an gcrosbhóthar?" Cé nach raibh iontu ach "scéilín scéil", cheap mé fós gurbh fhiú léargais bheaga mar seo—a thugann blaiseadh den fhear mar Chríostaí agus mar ghnáthdhuine sóisialta i measc na gcomharsan dúinn—a chur lenár pictiúr de Thomás Ceannt mar taispeáineann sé a thaobh daonnachtúil; taobh a n-imíonn ó radharc orainn sa chaint oifigiúil go léir air mar shaighdiúir calma cróga in Óglaigh Éireann nó feachtasóir na bhfeirmeoirí i gCogadh na Talún.

Is amhlaidh an cás leis na rudaí a d'ardaigh Easpag Crean mar chuimhneacháin ar Thomás ag a shochraid, go mórmhór an paidrín mar ba mheabhrú í a chuma seanchaite gur láimhsigh sé go mion minic é agus an Choróin Mhuire á rá aige. Go deimhin, agus teagmháil chomh dlúth agus fada sin idir a mhéara agus na clocha paidrín, bheifeá leath ag súil gur thóg siad cuid dá eisint phearsanta isteach. Mar an gcéanna leis an mbiorán na Réadoirí mar is go litriúil a chaith sé é sin gar dá chroí.

Bhí an ceangal ní ba dhlúithe fós nuair a thugann tú san áireamh go raibh biorán na Réadóirí á chaitheamh ag Tómas nuair a tugadh os comhair scuad lámhaigh é (Ryan 311). Nuair a d'fhiafraigh duine de ar mhaith leis deoch chun é féin a shuaimhniú, dhiúltaigh sé leis na focail: "I have been a total abstainer all my life and a total abstainer I'll die". Bhí dlúthbhaint ag a phaidrín freisin lena nóiméid dheireanacha sa mhéid is go ndeirtear gur shiúil sé "proudly to his doom, a Rosary Beads in his hands" agus go raibh a phaidrín corcra go daingean ina lámha ceangailte nuair a lámhadh é (312).

Ach, agus mé im' sheasamh ag bun an tséipéil, theip ar m'aislingiú beagáinín nuair a mhachnaigh mé ar dhlúithe an naisc phearsanta idir Thómas agus an cóip de *Mo Scéal Féin*. Gan amhras, chuirfeadh a chlúdach seanláimhsithe rud ab ansa do dhuine i gcuimhne duit ach cén fhianaise a bhí ann i ndairíre go raibh níos mó ná smear-aithne ag Tomás ar an Athair Peadar?

Bhuel, fan go bhfeice mé, tá a fhios againn gur fhill Tomás ó Bhoston go dúthaigh Barrymore sa bhliain 1889 (Ryan 159), ar éigin bliain amháin roimh theacht an tsagairt anseo i 1891. Déan comhaireamh ón am sin suas go dtí bás Thómáis i 1916 agus is léir gur ar éigean go bhféadfaidís bheith ina stróinséirí dá chéile agus iad ina gconaí sa pharóiste céanna ar feadh cúig bliana is fiche.

Ina theannta sin, más comhartha ar bith é go raibh spéis acu sna rudaí céanna, bhí neart cúise acu bheith cardiúil lena chéile. Bheadh meas mór ag an Athair Peadar gan amhras ar dhílseacht Thómais dá phleids in aghaidh an óil mar chuir sé féin an Ghluaiseacht in aghaidh an Ólacháin chun cinn ina lán de na paróistí ina d'fhriotháil sé mar shagart. Mar shampla, nuair a chonaic sé an drochthionchar a bhí ag an ól ar theaghlaigh i gCill Uird, rinne sé iarracht ar aos óg an pharóiste a ghríosadh chun staonadh ón alchóil. Seo mar a thug sé faoi, ina fhocail féin:

> Tar éis tamaill, mheallas iad chun staonadh ó gach deoch mheisciúil, agus dheineadar é go fonnmhar. Dheineas cárta beag dóibh agus chuireas an gheallúint ar an gcárta, i gcló: "Mar shásamh im pheacaí, agus chun gach peacadh a sheacaint feasta, le cúnamh Dé, agus in onóir do Bhríd Naofa, staonfad ó gach deoch mheisciúil (*Mo Scéal Féin* 123).

An dealbh den Mhaighdean Mhuire a lámhadh le linn an léigir ar theach mhuintir Ceannt i mBán Ard ar an dara lá de Bhealtaine, 1916.

Cheannaigh muintir Ceannt an dealbh seo nuair a cuireadh troscán an Athar Ferris ar ceant tar éis a dhíbeartha ó theach an tsagairt sa bhliain 1883.

Bhí grá doimhin ag an trodaí ar son na saoirse agus an sagart don Ghaeilge freisin, tréith a thaispeáin Tomás go luath tar éis dó dul ar imirice go Boston i 1883, áit a raibh sé ina bhall den Chumann Philo-Celtic (Ryan 37). Tar éis dó filleadh abhaile, bhí sé ana-ghníomhach sa bhrainse de Chonradh na Gaeilge i gCaisleán Uí Liatháin agus deirtear gur stiúraigh sé ranganna Gaeilge, ceoil, agus damhsa sa bhrainse áitiúil faoi uachtarántacht an Athar Peadar (210).

Ach, faraor, cé go gcuireann na comharthaí indíreacha seo cathú orm creidiúint go rabhadar mór le chéile, caithfear a admháil nach bhfuil ann ach fianaise imthoisceach de i ndairíre. Go deimhin, níor aimsigh mé ach píosa fianaise amháin de theagmháil chinnte eatarthu agus tharla sé sin ar an lá is cinniúnaí de shaol Thomáis, Ionsaí Bawnard, agus lá ní i bhfad roimhe sin. Sa tseachtain

roimh Cháisc 1916, tháinig an tAthair Peadar chuig tigh Uí Bhruadaigh—
ba chomharsana de mhuintir Cheannt iad—chun faoistin Thomáis agus a
dheartháireacha a éisteacht (279). Tuairim is seachtain ón lá a rinne Tomás
faoistin leis an Athair Peadar, tharla eachtra an-mhór ag tigh mhuintir
Ceannt. Is geall le finscéal áitiúil anois é. Sé sin, in uair mhairbh na hoíche
ar an dara lá de Bhealtaine, 1916, bhailigh saighdiúirí RIC timpeall an
tí i mBánárd agus dhúisigh siad muintir Cheannt lena mbéiceanna de
"Eirigí! Géilligí!" Agus é ag rith go cosnochta síos an staighre, rug Tomás
ar a raidhfil agus ghlaoigh sé in ard a chinn agus ghutha: "saighdiúirí na
hÉireann sinne, ní ghéillimíd!"

Ní raibh ach trí raidhfilí agus gunna láimhe amháin acu i gcoinne neart
na n-arm ag an RIC lasmuigh. Chabhraigh a máthair, Máire Ceannt, chun
na gunnaí a athlódáil cé go raibh sí sna hochtóidí an uair úd. Nuair a
ghreamaigh gunna Dháithí de bharr an bhrú ó luas na bpléasc, bhris sí
slat ón ráille staighre agus d'úsáid sí é chun an urchar imithe i bhfostú a
fhuascailt ón ngunna. Agus an gunna ag obair arís, thug sí ar ais dá mhac
é.

Lámhadh duine de na shaighdiúirí RIC, Head Constable Rowe, i rith an
léigir agus go dtí an lá atá inniu ann, ní fios ar tháinig an t-urchar marfach
ó mhuintir Ceannt nó ó dhuine de na saighdiúirí. Cibé a bhí ciontach,
cuireadh Tomás chun báis ina dhiaidh sin as dunmharú Rowe.

Chaill Dáithí dhá mhéar i rith an léigir agus nuair a chonaic Tomás go raibh
goin fuilteach faighte sa dhroim aige chomh maith, ghlaoigh sé amach
an fhuinneog: "Get a priest and a doctor! We've a man dying" (291). An
glaoch sin ba chúis le sonra a sheasann amach dom ó iarmhairt an léigir:
thug Constable Frank King ó bheairic Mainistir Fhear Muí (285) fianaise
níos déanaí gur fhág sé gan chead nuair a chonaic sé go raibh Dáithí
gortaithe agus gur imigh sé síos go:

> one of the trucks on the road and told the driver to take
> me into Castlelyons for the priest. Canon Peter O'Leary was
> waiting at the Presbytery for a car to take him to 7 o'clock
> Mass. He came away with me immediately in the truck
> instead. When we got to the Kent house the military were
> still searching the house and Mrs. Kent who was eighty-six
> years of age [sic] had been under arrest (292).

A leithéid de radharc a bhí roimh an tAthair Peadar an maidin Bealtaine
úd! Thug deartháir Thomáis, Liam, pictiúr den léirscrios nuair a scríobh sé:

> The house was wrecked, not a pane of glass left in any
> window, the insides tattooed with bullet holes. The altar and
> statues in the Oratory alone, escaped but not one of the

statues was struck. At one time the fire of the attackers was attracted to the window of the Oratory where they thought that a girl was firing at them. Strange to say, it was (290) the statue of our Lady of Lourdes they saw from outside… and I attribute to it the fact that our lives and home were saved from complete destruction (291).

Os comhair theach an tsagairt, áit ar phioc Constábla King an tAthair Peadar suas chun é a thabhairt chuig muintir Ceannt tar éis léigear Bháin Aird.

Ritheann sé liom go dtaitneodh an scéal faoin ndealbh 'Our Lady Of Lourdes' leis an Athair Peadar. Ar aon nós, dúirt Constable King gur thóg sé an sagart agus Máire Ceannt go Mainistir Fheár Maí sa truic agus "a silent and wrecked home " á fhágaint ina ndiaidh acu (293). Thug Peter Hegarty sonra eile a bhogfadh do chroí faoin lá a tháinig an Canónach i gcabhair ar mhuintir Ceannt i 1916:

> it was Cornie Spillane who saddled up a horse and car to bring the Canon out. He tried to comfort Mrs. Kent but was not allowed to have tea with her, she was then under arrest (*Castlelyons Parish Yearbook* 7).

Seo hí fianaise mar sin gur chas Tomás agus an tAthair Peadar ar a chéile ar an lá is cinniúnaí i saol Thomáis ach, ag filleadh chuig an sochraid úd i 2015, an leor é sin chun bonn a chur faoi hofráil leabhar an Athar Peadar mar rud a bhí gar do chroí Thomás Ceannt ? Fós níl a fhios agam agus, go deimhin, níl cinnteacht agam ach ar rud amháin: rinne cor agus casadh mo smaointe an lá sin ag sochraid Thomáis aithris ar an slí ina raibh mo thaighde ar an Athair Peadar ag titim amach. Mar, dá mhéad taighde a léigh mé faoi, is mó a tháinig amhras orm faoin méid a cheap mé go bhféadfainn talamh slán a dhéanamh de.

Agus le sin tagaimid chomh fada leis an gcúis eile ar phioc mé "cuimhneamh" mar théama don leabhar seo. Óir, cuardaigh "an tAthair Peadar O Laoghaire Castlelyons" ar Google agus i measc na gcuntas gearr ar shaol an Athar Peadar a thagann suas, tiocfaidh tú ar ráiteas mar seo gan mhoill: "His advanced years may account for some errors in his autobiography". Is dócha go dtéann an tuairim seo siar go Anthony Gaughan, an chéad scoláire a rinne an cás go láidir gur:

> the main reason for most of an tAthair Peadar's eccentricities was his advanced age… the numerous inaccuracies in Mo Sgéal Féin can be attributed to the fact that he was seventy-six-years-old when he wrote it (89–90).

Luann Gaughan *Eminent Victorians* le Lytton Strachey mar ionspráid dá léirmheas ar an Athair Peadar (80). Beathaisnéis ab ea an saothar úd a bhí ceannródaíoch is conspóideach lena linn, go háirithe as an gcaoi inar chuir sé deireadh leis an íomhá rómánsúil a bhí bainteach le Florence Nightingale is a leithéid.. Sílim go nglacann Anthony Gaughan an cur chuige céanna sa mhéid is go gcuireann sé lochtanna an Athar Peadar mar dhuine faoi mhionscrúdú géar. Tugadh "a little God to us all" ar an Athair Peadar tráth (Ó Céirín 11) ach, tar éis duit exposé Ghaughan á léamh air, tá sé deacair gan smál a fheiscint ar a "halo".

Tá cuid de na botúin staire ar a dhíríonn Gaughan isteach neafaiseach go maith. Mar shampla, is díol suntais dó é nach reitíonn cuimhne an Athar Peadar agus an cuntas oifigiúil ón am sin maidir le seo:

> he writes that the first thing he published was a letter which he wrote to the Freeman's Journal from Macroom criticising the text books distributed by the Gaelic League's antecedent organisation, the Society for the Preservation of the Irish Language. In fact this letter appeared in the Irishman, was written from Rathcormac and incorporated no criticism of any aspect of the work of the Society (80).

Tá impleachtaí na mbotún eile a n-aimsíonn sé níos tromchúisí sa mhéid is go dtagann sé sách gar d'ainm an bhréagadóra a thabhairt air nuair a chuireann sé dúil i "vicarious history" ina leith agus é de nós ag an sagart, dar le Gaughan, é féin a shamhlú i láthair ag ócáidí stairiúla (78). D'fhéadfadh an nós seo bheith i gceist, dar le Gaughan, nuair a dúirt an sagart go raibh sé ag cruinniú agóide a tharla i mBaile Mhistéala ar an 9ú lá de Mhean Fhómhair, 1887, nó an "Mitchelstown Massacre" mar a thugtar air freisin. D'ainneoin an chuntas finné súl a thug an sagart ar a bhfaca sé an lá sin, níl tásc ná tuairisc dá ainm i measc na n-ainmeacha den cheathrar shagart is fiche a bhí ann, dar le tuairisc a foilsíodh sa *Freeman's Journal* lá ina dhiaidh na hagóide. Seans go ndearna an t-iriseoir dearmad ar ainm an Athar Peadar a bhreacadh síos ach is mó seans nach raibh sé ann, i dtuairim Gaughan.

Sampla eile de chumadóireacht, dar le Gaughan, ná an t-am a dúirt an tAthair Peadar go raibh sé i láthair nuair a bunaíodh Conradh Na Gaeilge, cé go raibh an cumann sin bunaithe dhá bhliain sular chuala sé faoi. Ach, an sampla ba mhó de "stair ionadach" i súile Ghaughan ná dearbhú an Athar Peadar:

> that while at Maynooth he won first prize for an English essay on the subject 'English literature during the Elizabethan period.' In fact this prize was won by his fellow-diocesan, Timothy Crowley, in 1867. The only prize an tAthair Peadar is credited with in the College's extant calendaria is the second prize for Irish in 1866 (79–80).

Focal a sheasann amach dom ón líomhain thuas ná "extant calendaria" mar tugann "extant" le fios nár mhair taifid an Choláiste ina hiomláine agus seans ann mar sin go raibh caipéis ann a thacódh le insint an Athar Peadar ar cad a tharla ach gur cailleadh an cháipéis sin. Nó seans maith go bhfuil an ceart ag Gaughan agus, sa chás sin, caithfimid an cheist a chur faoi cén chúis a bheadh ag an Athair Peadar chun na fíricí a athrú.

D'fhéadfadh na hathrúcháin bheith neamhurchóideach go maith, ar nós "Hollywood biopics" nuair a fhágann siad mionphointí as a insint nó athraíonn siad an t-ord ina tharla rudaí chun gluaiseacht an scéil a fheabhsú. Tagann sé seo leis an gcaoi ina chuireann an tAthair Peadar an eachtra in iúl mar a bheadh splanc ann: chuir sé "ar mo shúile dom go raibh dearmad mór déanta agam" (93). Bé a dhearmad ná gur lig sé a ghrá don Ghaeilge dul i léig in atmaisféar na neamhshuime i dtaobh na teanga a bhuail leis i Má Nuad agus b'é an tArd-Easpag Thuama, Seán Mac Éil, a chuir ar a shúile an dearmad a bhí déanta aige. Seo cad a tharla de réir an Athar Peadar: dúirt sé go raibh air a aiste a léamh amach os comhair an choláiste go léir agus seisear nó seachtar easpag ar stáitse (92) Mhol sé léann na Róimhe, na Gréige, na Fraince, na Spáinne, agus na hAlmáine ina aiste agus, nuair a chríochnaigh sé, sheas an t-Ard Easpag Mac Éil agus dúirt sé leis:

> Dheinis an méid sin go maith, a bhuachaill... Thugais do chuairt mór-thimpeall orthu go léir... Ansan mholais go hard léann Shasana. Agus féach, oiread agus aon fhocal amháin amach as do bheal ní dúrais i dtaobh léinn na hÉireann (93).

Cé gur chuir an tAthair Peadar an eachtra seo in iúl mar bhéim síos— "bhain sé an mhoráil díom i gceart" (93)—is léir gur theastaigh uaidh é a chur ina luí ar a léitheoirí mar phointe cinniúnach ina chaidreamh lena theanga dhúchais:

D'athraigh m'aigne láithreach. D'imigh an mhórurraim a bhí tagtha agam don Bhéarla, agus las arís im chroí an meas a bhí agam riamh roimhe sin ar an nGaeilge. Chromas arís ar na leabhair Ghaeilge sa leabharlann a léamh agus a scrúdú… Nuair a thagainn abhaile ar laethanta saoire bhínn ag gluaiseacht anso agus ansúd ar fuaid na comharsanachta ag bailiú amhrán agus sean-chainteanna Gaeilge ó sheandaoine (93–94).

I bhfocail eile, dhúisigh íde béil Mhic Éil é ón lagmhisneach a bhí titithe air mar gheall ar meath na Gaeilge. Más scannán Hollywood é seo mar sin, ba phointe ríthábhachtach an nóiméad seo in aistear an laoich—cor cinniúnach, más maith leat—agus b'fhéidir gur athraigh an tAthair Peadar na fírící beagáinín chun iad a chur in oiriúint don mhúnla seo.

'Sé sin le rá, b'fhéidir gur fíor gur scríobh sé an aiste seo agus gur bhuaigh sé duais den chineál éigin agus gur léirigh Mac Éil a mhíshástacht nár luaigh sé an Ghaeilge, ach seans nár tharla sé seo i 1867 nó narbh é an chéad duais a bhuaigh sé nó b'fheidir nach raibh ach an tEaspag agus scata mac léinn i láthair do léamh na haiste. É sin nó caithfidh tú a chreidiúint gur chum an tAthair Peadar an eachtra go léir, mar a mhaíonn Anthony Gaughan. Ach nach mbeadh sé ag súil go léifeadh na sagairt a bhí ar an gcoláiste leis a dhírbheathaisnéis agus eagla air dá réir sin go mbréagnóidis aon chumadóireacht istigh ann faoina laethanta i Má Nuad?

Ina theannta sin, is deacair a shamhlú conas nach ngoillfeadh bréagadóireacht d'aon ghnó air agus é ina shagart agus ina fhear cráifeach, de réir cosúlachta. Muna gcreideann tú go raibh sé ag insint bréige ach fós ceapann tú nach raibh a chuimhní cinn ag teacht leis an bhfírinne stáiriúil, níl ach rogha amháin fágtha agat ansin: 'sé sin, dul i muinín na teoirice eile a chuireann Anthony Gaughan chun cinn chun na neamhréitigh ina dhírbheathaisnéis a mhiniú: sé sin, go raibh a chuimhne ag cliseadh air.

Agus cuir i gcás go raibh cuimhne an Athar Peadar ag teip, cad go díreach atá i gceist againn nuair a chuirimid díchuimhne i leith an tsagairt? Babhta éadrom amhail an gnáth-dhíchuimhne a thagann le seanaois? Nó árbh amhlaidh go raibh rud níos tromchúisí air, an néaltrú b'fhéidir? Sa chás sin, chaithfeá an eachtra le Mac Éil i Má Nuad a chaitheamh i leataobh mar rud a shamhlaigh sé agus é i ngreim shiabhrán intinne.

Lomchlár na fírínne, toisc an easpa fianaise, seans nach mbeidh a fhios againn go deo an raibh cuimhní cinn an Athar Peadar curtha as a riocht le néaltrú. Rud eile nach eol dúinn ná cé chomh doimhin is a théann na botúin ina dhírbheathaisnéis. D'fhéadfadh na botúin bheith neafaiseach nó thar a bheith tromchúiseach. Sí an fhadhb ná, má ligimid dár n-aigne luí ró-fhada ar na rudaí dofhiosaithe seo, éireoimid as sular thugamar faoi in aon chor maidir le haithne a chur ar an Athair Peadar trína fhocail féin. Ach, cuir i gcás go raibh an cás is measa fíor—go raibh an tAthair Peadar tugtha don chumadóireacht nó bhí a chuimhní cinn curtha as a riocht le néaltrú— fós áitím go bhfuil a dhírbheathaisnéis ina fhoinse mhaith de léargas faoi sa mhéid is go n-insíonn sé dúinn cén íomhá de fhéin a theastaigh uaidh a cur chun cinn agus cén oidhreacht a cheap sé gur fhág sé ina dhiaidh.

Agus tá bealach amháin eile le féachaint air: fiú má chuaigh na dátaí sa fhraoch anois agus arís air le linn dó a dhírbheathaisnéis a scríobh, ní gá é sin a thógaint mar chomhartha go raibh néaltrú air. Is léir sin dom ó mo thaithí féin: tóg, mar shampla, cuimhne ghrinn atá agam ar "Phéacín na gCloch" i nDubhros a dhreapadh le mo Dhaid. Tá gach sonra den lá sin greannta im' chuimhne ach amháin nach féidir liom smaoineamh ar cathain a tharla sé. An raibh mé pósta ag an am nó ar tharla sé i bhfad roimhe sin, nuair a bhíos ag obair i mBaile Átha Cliath nó i gCorcaigh, b'fhéidir? Teipeann glan orm é sinn a thabhairt chun cuimhne! An gciallaíonn m'éiginnteacht faoin dáta nár tharla an eachtra sin ar chor ar bith? Beag an baol! Ar an gcuma chéanna, ní cruthúnas cinnte é go bhfuil an chuimhne go léir bréagach bheith in ann taispeáint gur chuaigh an tAthair Peadar amú i roinnt sonraí ó thaobh áite agus ama de.

Rud eile go mba chóir dúinn smaoineamh air agus fírinne a chuimhní cinn á meas againn ná nach bhfuil an cás ina choinne sa mhéid seo chomh doshéanta is a cheapfá ón slí láidir ina ndéanann Anthony Gaughan a argóint. Go deimhin, chomh fada agus a dhéanaimse amach, ní thugann sé ach na ceithre phíosa fianaise a luaigh mé níos túisce chun a chás a thacú agus iadsan éigintitheach go maith, sé sin:

- ní raibh a ainm ar an liosta dena sagairt a tuairiscíodh go raibh siad i láthair ag an Mitchelstown Massacre ach, mar a n-admhaíonn Anthony Gaughan, seans go raibh sé ann ach nár thug an t-iriseoir faoi ndeara é.

- Thug sé an t-eolas mícheart maidir le cén pháipéar a d'fhoilsigh a chéad litir i nGaeilge agus cén áit a bhí sé nuair a scríobh sé é.

- Dúirt sé gur bhuaigh sé an chéad duais d'aiste le linn dó bheith i Má Nuad ach níl trácht de sin i taifid an choláiste cé go bhfuil seans ann go bhfuil bearnaí sna taifid ón am sin.

- Maíonn sé go raibh sé i láthair do bhunú Chonradh na Gaeilge nuair a bhí an eagraíocht sin dhá bhliain sa tsiúl sular chuala sé faoi, de réir tuairisce.

Ní hionann sin agus a rá nach bhfuil cás le freagairt ag an Athair Peadar maidir leis na neamhréireanna ina chuntas toisc nach raibh Gaughan in ann a dhóthain fianaise a bhailiú chun a chás ina choinne a dhaingniú. Ach cuireann sé frustrachas orm an méid daoine a chloisim ag déanamh athrá ar argóint Ghaughan amhail is gur fíric doshéanta é agus an tAthair Peadar á lua go fánach acu. Is dócha gurb é an nós seo an tAthair Peadar a dhaoradh gan cead cosanta aige a chuir isteach ar Cyril Ó Céirín i 1989 nuair a dúirt sé gur:

> minic a airítear daoine—agus léirmheastóirí ina measc gur cóir gurbh eol dóibh a athrach sin—ag cáineadh an Athar Peadar mar scríbhneoir (agus mar dhuine, faraor!) agus ag tabhairt droim láimhe do gach a bhfuil scríofa aige agus gan bunleabhar dá chuid léite acu (23).

Rud ab iontaí fós dó ná gurb iad Gaeilgeoirí go minic a bhí "dall ar bhuanna scríbhínní an Athar Peadar de dheasca dearcadh réamh-mhúnlaithe agus tuairimí athchraolaithe a bheith go daingean ina n-intinn acu". Cá bhfaigheann siad a ndearcadh reamh-mhúnlaithe d'Athair Peadar? Foinse udárásach den dearcadh searbhasach ar an Athair Peadar ná an aiste "Caradas Nár Mhair: Peadar Ua Laoghaire agus Eoin Mac Néil" a scríobh an tAthair Shán Ó Cuív. Caithfear a cheart féin a thabhairt don Athair Ó Cuív: is staidéar meabhrach géarchúiseach í a aiste ar litreacha an Athar Peadar chuig Eoin Mac Néill, fear a raibh ina eagarthóir air agus a chara leis lá den saol.

Faraor, 'siad a fhocail féin, mar a nochtann Shán Ó Cuív le sleachta as litreacha príobháideacha an Athar Peadar, a chíontaíonn é go minic agus chaithfeá aontú le Breathnach agus Ní Mhurchú nuair a deireann siad nach "deas an pictiúr den sagart atá le feiceáil i gcroinic an aighnis úd ag an Athair Ó Cuív" (Breathnach, "Ó Laoghaire").

I gcead do Shán Ó Cuív, áfach, is léir óna thuin soiniciúil i rith a aiste nár thaitin an Athair Peadar mar dhuine leis. Bíodh sé maith nó olc mar sin, ceapaim go bhfuil an íomhá míthaithneamhach de imithe i réim sa diospóireacht ar an Athair Peadar agus chím go minic é sna scoláirí ollscoile a thagann go Caisleán Uí Liatháin ar thóir eolais áitiúil faoi údar *Shéadna*: tá sé deacair dóibh gan é a shamhlú ach i solas searbhasach.

É sin ráite, tar éis dom saothar Ghaughan agus Uí Chuív a léamh, tuigim cad é faoin Athair Peadar a chuir goimh orthu: cé gurb é an nós anois bheith chomh gafa le lochtanna an Athar Peadar nach féidir linn féachaint tharstu go dtí an mhaitheas bhuan a rinne sé, b'é an nós tráth dá raibh an chluas bhodhar a thabhairt d'aon rud diúltach ráite faoi. B'é an rud a ghoill ar Ghaughan ná an nós a bhí ag cosantóirí an Athar Peadar bheith doiléir d'aon ghnó faoina nósanna achrannacha, má luaigh siad iad fiú (85). Ní dhéanfaidh mise é seo mar, agus é mar aidhm agam ábhar machnaimh a thabhairt do lucht an amhrais agus na cáinteoirí, ní dóigh liom go ndéanann sé aon mhaith don Athair Peadar a chuid lochtanna a cheilt faoi chlú úrghlan.

Ná cuir péint sa mhullach ar shalachar, b'shin an comhairle a thug mo mháthair dom fadó agus balla á phéinteáil agam di, mar tiocfaidh sé i mbarr arís gan mórán moille. Tá sé de rún agam an comhairle seo a leanúint agus mé i mbun mo phortráid pinn den tsagart as Lios Carragáin freisin. Nuair a deirim "salachar" ní "salachar" sa bhrí nuachtán táblóideach de atá i gceist agam. Óir, ón taighde atá déanta agam ar a laghad, ní raibh mórán le ceilt aige ar an mbonn seo. Tá aisfhreagra greannmhar a thug sé ina léargas maith ar seo, léargas a thug sé agus a pholasaí á chosaint aige gan ach múinteoirí le Gaeilge líofa a chur isteach sna bunscoileanna i gCaisleán Uí Liatháin.

Peadar Ó hAnnracháin [1873–1965], an fear ó Sciobairín a thagadh ar chuairteanna chuig an Athair Peadar i gCaisleán Uí Liatháin.

Ó Pheadar Ó hAnnracháin a tháinig an scéilín seo faoin Athair Peadar. Ba as Sciobairín do Ó hAnnracháin agus bhuail sé leis an Athair Peadar den chéad uair le linn dó bheith i gCaisleán Uí Liathán le cigireacht a dhéanamh ar mhúineadh na Gaeilge sna bunscoileanna sa cheantar (*Fé Bhrat An Chonnartha* 555). Ar scáth dul i gcomhairle leis maidir leis na scoileanna faoina chúram a thug Ó hAnnracháin cuairt gan chuireadh ar Thig an tSagairt i gCaisleán Uí Liatháin den chéad uair, ach d'adhmhaigh sé níos déanaí gur theastaigh uaidh é a bheith le rá aige gur bhuail sé leis an Athair Peadar Ó Laoghaire mór le rá (554).

Bhí a thaithí féin ag Ó hAnnracháin ar pholasaí an tsagairt gan ach múinteoirí le Gaeilge líofa a cheapadh, mar d'iarr an tAthair Peadar air conradh múinteora a fhianú dó uair amháin. Ba Shéamas Ó Scanaill as Cúil Aodh an t-ainm ar an gconradh agus theastaigh ón Athair Peadar é a chur isteach sa bhunscoil i gCaisleán Uí Liatháin (559).

Dúirt sé le Ó hAnnracháin go raibh roinnt tuismitheoirí ag áitiú air duine áitiúil a cheapadh don phost, ach ní ghéillfeadh sé dóibh toisc nach raibh Gaeilge ag an duine sin. Dos na daoine a bhí ag áitiú air múinteoir gan Ghaeilge a cheapadh, dúirt sé:

Dar ndóigh, arsa mise leo... is mar mhaithe le n-bhúr gclainn-se atá duine Gaedhealach dá chur agam sa scoil. Níl aon chlann agam-sa le cur ann, agus ní bheidh! (560).

Dar le Ó hAnnracháin, thosaigh sé ag gáire leis féin agus é ag cur síos ar an ruaille buaille a bhí aige lena pharóistigh mar gheall ar an múinteoir gan Ghaeilge. Déalraíonn sé ó seo go raibh an tAthair Peadar ar a shuaimhneas agus fios aige nach dtarraingeodh sé míchlú ar an bparóiste le haon dhiabhlaíocht. Nuair a dúirt mé mar sin go raibh sé de rún agam gan phéint a chur síos ar shalachar agus mé i mbun mo phortráid pinn den Athair Peadar, 'siad na rianta beaga mímhaiseacha dínn féin a bhfágaimid inár ndiaidh a bhí i gceist agam. An taobh míthaithneamhach de phearsantacht an duine mhairbh nach labhraíonn a dhaoine muinteartha faoi mar nach maith leo bheith ag caitheamh anuas ar na mairbh. Ach, is tríd an leisce a bhí orthu aghaidh a thabhairt ar na mionsonraí mímhaiseacha seo atá cosaintóirí an Athar Peadar tar éis cuma níos measa a chur orthu, dar liom.

Ar deireadh thiar, fágfaidh mé don léitheoir é an cinneadh a dhéanamh faoi conas go mba chóir cuimhne a dhéanamh ar an Athair Peadar. Sula dhéanann tú breith air, áfach, tugaim cuireadh duit teacht liom ar aistear chun aithne níos fearr a chur air. Sílim go bhfeicfidh tú ar an dtaobh eile duine nach raibh foirfe ná baol air ach a rinne gaisce lena linn mar sin féin. Ba thrua é, le teacht agus imeacht a chomóradh céad bliain i 2020, má ligtear dó dul chun dearmaid arís go tapaidh toisc an scamaill d'amhras atá ardaithe os a chionn ag roinnt scoláirí.

Is léir go raibh eagla ar Cyril Ó Céirín gurb é seo an drochchinniúint a bhí i ndán d'údar *Shéadna* nuair a chríochnaigh sé a réamhrá do *Mo Scéal Féin* leis an nguí "the good that an tAthair Peadar did is not interred with his bones" (19). Ós ag tracht ar adhlacthaí atáimid, fillim ar ais chuig sochraid Thomáis Ceannt uair amháin eile chun focail a lua a chuala mé an lá sin agus a d'fhan liom agus an leabhar seo á scríobh agam, focail a dúirt an Ceannfort Gerry White ina óráid mholta faoin laoch ó Bhánard:

> Thomas Kent was once known only for being the man who gave his name to Kent Station in Cork. "Today, however, all that is changed... Thomas Kent has once again become someone who is very much in the present... Today, he will no longer be the 'Forgotten Volunteer'. Today, after ninety-nine years, Thomas Kent is finally coming home (*Irish Times* 18/09/2015).

Filleadh an "Tírghrathóra Dearmadta" abhaile: cónra Thomáis Ceannt á iompar isteach chuig séipéal Chaisleán Uí Liatháin.

Agus mo smaointe faoi Thomás Ceannt chomh fite fuaite leis an Athair Peadar an lá sin, ní raibh neart agam air ach smaoineamh ar an leacht úd le "Páirc an Athar Peadar Ó Laoghaire" greannta air lámh leis an ngeata den pháirc imeartha áitiúil. Mar b'amhlaidh do Thomás tráth, is amhlaidh d'Athair Peadar anois: níl aithne air i gCaisleán Uí Liatháin anois ach mar dhuine a thug a ainm do "landmark" áitiúil. Bhí íoróin ag baint leis an malartú roil sin.

Mar, cé gur imigh Tomás as cuimhne na ndaoine go tapaidh tar éis a bháis, bronnadh a lán onóracha ar an Athair Peadar i ndeireadh a shaoil. Ba bhuaicphointe é gan amhras nuair a bronnadh Saoirse Átha Cliath air an 26ú lá de mhí Meitheamh, 1911 (Gaughan 92). Thug Cathair Chorcaí an onóir chéanna dó ag deireadh na bliana sin, an Bardas ag déanamh a dhíchill chun a ómós dó a chur in iúl. Is léir ó chur síos an tsagairt ar an lá sin gur chuaigh an searmanas go mór i bhfeidhm air:

> Ní raibh coinne dá laghad agam don radharc a bhí ós mo chomhair an lá sin. Nuair a thuirling mé féin agus Kuno Meyer ón dtraen i gCorcaigh chuir dream páistí fáilte romhainn...bhí An tÁrd-Mhaor ann agus carráiste chun sinn a thógaint go Halla Cathrach. Bhí Gárdaí Ónóra inár dteannta, duine acu ós ár gcomhair, taobh thiar dúinn agus ar ghach aon taobh den charráiste. Chuamar trén Chathair

go Halla Cathrach. Bhí daoine ar ghach taobh na sráide, óg agus aosta ag garthaíl le bualadh bas ag cur fáilte romhainn. Chuamar isteach go Halla Cathrach, bhí slua bailithe laistigh. Bhí sé lán go doras, gan spás ar bith fágtha. Labharamar ansin agus labhair siadsan linn agus bhí ionadh orainn araon cé chomh líofa is a labhair na buachaillí óga linn as Gaeilge. Tá sé in am dom stop anseo a rá, mar na sean-scéalaithe in Éirinn fadó:

Gonadh é sin mo scéalsa go nuige seo (189)

Ach anois, b'é an tAthair Peadar an duine a raibh dearmad glan déanta air fad is atá Tomás Ceannt—an fear ar tugadh "An Tírghráthóir Dearmadta" air tráth—an t-ainm i mbarr a ghoib ar gach éinne nuair a fhiafraítear cé hiad na daoine cáiliúla a raibh baint acu le Caisleán Uí Liatháin. Thug an smaoineamh sin misneach dom. Déanfaidh mé mo dhícheall níos mó ná ainm a dhéanamh as an Athair Peadar ina pharóiste féin, a gheall mé liom féin. Bhí sé in am agam tosnú ar an gcuntas sin, is é sin scéal a bheatha a scríobh. Sin rud a bhí mar rún agamsa le fada an lá.

An leac "Páirc an Athar Peadair Ó Laoghaire" le hais an gheata agus tú ar do shlí isteach chuig an bpáirc CLG i gCaisleán Uí Liatháin.

Seen and Heard

Notes and Notions on Men and Matters

TO-DAY'S THOUGHT.

"John Williams, aged 36, of Pennsylvania, was made a grandfather of twins on Saturday."—News cable.

THE AFTERTHOUGHT.

John should have some grey hairs before he dies.

PAID THE PENALTY.

The tragic death of the Lord Mayor of Cork brings to mind the fact that in its long list of Mayors and Lord Mayors there was only one other Mayor who died a violent death...

WELL LOOKED AFTER.

MAYORS TURNED DOWN.

A CHURCH MASSACRE.

MORE DUBLIN RAIDS

Activity at Harold's Cross and Sandymount

AN t-ATHAIR PEADAR

Passing of a Famous Gaelic Scholar

Very Rev. Canon Peter O'Leary, LL.D., P.P., Castlelyons, the famous Gaelic scholar and author, died yesterday.

CANON PETER O'LEARY.

A MAN OF LETTERS.

Editor's Post Bag

SWEEPSTAKE TICKETS.

Fógra mairbh don Athair Peadar foilsithe san Evening Herald ar an Luain, 22ú de mhí Mhárta, 1920, an lá tar éis a bháis.

43

Caibidil a Dó: "Trí Thréithe mar Chuimhneachán Air"

Nuair a shocraigh mé síos i gCaisleán Uí Liathain i 1979 is dócha go raibh fios éigin agam gurbh é seo an áit ina raibh údar *Shéadna* i mbun pinn ar feadh tríocha bliain ach ní mór thar ainm é domsa ar feadh i bhfad. Ainm a chuaigh mé i dtaithí ar é a fheiscint — Páirc an Athar Peadair Ó Laoghaire — taobh leis na geataí agus mo pháistí á thabhairt chun traenála agam. Agus b'aghaidh é leis, aghaidh ag féachaint síos orm ón mballa aon uair a bhínn i seomra de chuid ranga a sé i scoil naisiúnta Chaisleán Uí Liatháin le haghaidh cruinniú tuismitheora is múinteora.

B'ionann an pictiúr sin, mar a fuair mé amach níos déanaí, agus an grianghraf aitheanta de a mhaisíonn an clúdach laistigh de *Mo Scéal Féin*. Níorbh aon chúis iontais dom cloisteáil gurbh é Caiseal Ó Rodaighe — príomhoide na scoile ag an am sin — an té ar chroch suas an pictiúr sin mar bhí ana-shuim aige riamh i múineadh agus forbairt na Gaeilge. Is cuimhin liom an lá a thug sé leathlá ó cheachtanna dos na scoláirí toisc gur i nGaeilge a scríobh mé nóta tinnis chuige ar son mo mhic. Bhí sceitimíní ar na daltaí ar aon nós as an sos gan choinne a bhronnadh orthu!

Ag smaoineamh siar dom chuig na cruinnithe tuismitheora is múinteora úd le Caiseal Ó Rodhaighe, is cuimhin liom conas mar a shleamhnaigh mo shúile suas go dtí an pictiúr ar an mballa anois agus arís. Cérbh é an fear naofa sin? a rith an smaoineamh trí m'intinn go fánach. Cuma chomh socair staidéarach air agus é saghas mistéireach leis ina chulaith chléireachais. Dreach smaointeach air leis na spéachlaí suite go hacadúil ar a shrón faoi mar a bheadh sé ag machnamh ar snáth an chéad scéil eile a scríobhfadh sé.

Neilius de Róiste, príomhoide na bunscoile i gCaisleán Uí Liatháin agus an grianghraf den Athair Peadar atá fós le feiscint ann ina láimh aige.

44

Níor fhan na smaointe sin ró-fhada liom, áfach, agus ba ghearr go raibh dearmad déanta agam orthu arís. Go dtí lá amháin agus cuairt á thabhairt agam ar thigh mo chomharsan bhéal dorais, Bill Shea. Ba fhear deas grámhar é Bill le grá don tseanchaíocht cois tine agus na mílte scéalta aige faoi ghéaitsíocht na rógairí inár bparóiste fadó.

Nuair a thug mé cuairt air, bhí Bill ag ól cupán tae agus é ar a sháimhín só cois tine bhreá dhearg. Bheannaigh sé dom le fáilte.

"Ar inis mé riamh duit," arsa Bill liom, "faoin sagart a bhíodh de nós aige siúl suas an bóthar seo go rialta agus mise im' gharsún?"

"Níor inis," arsa mise, leath m'intinn ar an ngá a bhí le mé féin a chasadh—tamall lem' bhrollach chun tine, tamall lem' chúl di—ionas nach dtosóinn ag dó. Bhí an lá fuar ach bhí tine Bhill iontach te.

"Ó, sea," arsa Bill, "tá sé os comhair shúile m'intinn fós, "Fr. Peter" mar a thugamarna air, lena chóta fada dubh is a hata ar a cheann aige agus é ag spaisteoireacht suas an bóthar seo."

Bhioraigh na cluasa orm nuair a chuala mé é sin mar, agus na blianta á gcomhaireamh siar agam go hóige Bhill, ba léir dom gurbh ionann an fánaí a bhfaca Bill agus an tAthair Peadar Ó Laoghaire.

"I ndairíre?" arsa mise agus ionadh orm, "tá cuimhne agat ar Fr. Peter agus an bóthar seo á shiúl aige?"

"Is liom is cuimhin! Agus, bhfuil a fhios agat, ba nós leis stopadh chun dreas cainte a dhéanamh le héinne a casadh leis ar a chúrsa dó… rud a tharraingíonn scéal faoi Con Sweeney chun cuimhne dom; bhfuil aithne agat ar Chon? Ba rógaire críochnaithe é má bhí rógaire riamh ann! Pé scéal é, bhí sé ag teacht óna gháirdin lá agus búicéad prataí á iompar aige nuair a stop Fr. Peter agus é ag dul thar bráid.

"Cá bhfuair tú na prátaí galánta sin, a Chon?" ar seisean.

Ba ghasta Con leis an aisfhreagra tráthúil."Ara, ní bhfuair mé iad chomh héasca sin, a Athair, bhí orm dul thuas agus tocailt dóibh!"

Phléasc Bill amach ag gáirí faoi ghliceas an fhreagra agus nuair a rinne mé gáire in éineacht leis bhraith mé ar feadh soicind nasc daonna le pearsa ón stair a raibh cuma neamhréalaíoch air domsa go dtí seo. B'fhusa dom é a shamhlú anois mar fhear beag cairdiúil agus siúlóid a thógaint aige ar mo bhóthar—bóthar Bhallyarra—ina chóta fada dubh agus na daoine á mbeannú aige ar a thaisteal dó.

Bhí fiosracht orm as sin amach faoi shaol an Athar Peadar le linn dó bheith inár bparóiste agus ba ghearr go bhfuair mé amach nach i dTig an tSagairt láimh leis an seipéil a scríobh sé a chuid leabhar go léir, mar a cheap mé cheana, ach i dteach an pharóiste, tigh atá suite ag an áit a dtagann bóthar Bhallyarra agus Cros an Stábla le chéile. Téim thar an dtigh gach aon lá ar mo shlí isteach chun an tsráidbhaile.

B'é Bill Shea, comharsa béal dorais, a mhúscail suim Eilíse san Athair Peadar an chéad lá is é ag trácht ar an 'sagart lena hata agus a chóta fada dubh' a théadh ag spaisteoireacht suas Bóthar Bhaile Uí Eára

B'í uaigh an Athar Peadar an chéad áit le dul agus mé ag dul siar ar a choiscéimeanna. Sin mar a tharla mé bheith i gclós an tseipéil os comhair cros Cheilteach mhór. Cé mhéad uair, a d'fhiafraigh mé díom féin, a chuaigh mé thar an uaigh seo ar mo shlí isteach chuig Aifreann agus níor stop mé chun an inscríbhinn ar a leac uaighe a léamh? Agus an inscríbhinn á léamh agam den chéad uair, chuir a litriú seanaimseartha mearbhall beag orm ar dtús ach tar éis tamaillín, seo cad a léigh me:

> Muinntear Caisleáin Uí Liatháin do chuir an leac seo ar uaigh an Athar Peadar Ó Laoghaire, Canónach, chun a chuimhne do bhuanú i dtaobh a dhílseacht d'fhreastail sé dóibh ar feadh deich mbliadhan is fiche i gcúrsaí cráibhtheachta, leighinn agus grádha dá dtir dúthchais

Seo mar sin, greannta i gcloch, trí thaobh den Athair Peadar—cráifeacht, léinn agus tírghrá—mar a chonacthas dá pharóistigh i gCaisleán Uí Liatháin ag tús an fichiú aois. Agus *Mo Scéal Féin* á léamh agam, fuair mé a lán ann a dheimhnigh na tréithe sin.

Inscríbhinn ar uaigh an Athar Peadar

I. An Fear Cráifeach

Ar an gcéad dul síos, ní dóigh liom go gcuirfeadh sé olc air a chloisteáil an cur síos "cráifeach" á chur air mar, ó bhí sé an-óg, ní raibh faoi ná thairis ach:

> gur im' shagart a bheinn. Bhí an méid sin socair os comhair m' aigne ó thosach, agus ní cuimhin liom go raibh a mhalairt riamh os cómhair m' aigne, ná ní cuimhin liom cathain a thosnuigh m' aigne ar bheith á shocrú gur im' shagart a bheinn nuair a bheinn eirithe suas (33).

Nuair a fuair sé mian a chroí, dúirt sé nár chuir an t-anró a bhain le saol an tsagairt isteach riamh air. Cuid de bheith i do shagart, mar a fuair sé amach ina chéad phost mar shéiplíneach i Cill Seannaigh i dtuaisceart Chorcaí, ná bheith réidh chun do dhualgas a chomhlíonadh am ar bith sa ló ná san oíche:

> Thagadh glaoch ola chúgam go minic aníos ar fad ó bhruach Abhann Móire, agus is minic gur i lár na h-oíche a thagadh sé. Uaireanta… nuair a bheinn im' shámh-chodladh… thiocfadh an glaoch ola, agus chaithinn eirí agus imeacht

47

síos arís. Ach bhíos óg láidir an uair sin agus ní bhíodh puinn binne agam ar nithe den tsórt san (110).

Ach seans gurb é an fhianaise dá chráifeacht ba mhó a bhógfadh do chroí ná scéilín a d'inis Mrs. Smith faoi bhean tí an Athar Peadar, Katie O'Sullivan, nó "Katie the Canon" mar a thug muintir na háite uirthi (*Britway* 132).

"Cá mbeidh mé an t-am seo oíche amárach?" arsa an Canónach lena bhean tí lá roimh a bhás.

"Is baolach go mbeidh tú i bhfochair Dé," a d'fheagair Katie go brónach.

"Ná habair 'is baolach', a Katie," arsa an Canónach, "abair 'tá súil agam' go mbeidh tú i bhfochair Dé."

Agus seo ar cheann dena rudaí deireanacha a dúirt seo sular bhásaigh sé, d'aithneofá ar a chomhrá gur fear cráifeach agus somheanmneach é go dtí a anáil dheireannach.

Dhealródh sé nach raibh gach éinne chomh tógtha lena chráifeacht, afách. D'inis Bill Shea scéal eile dom faoi fhear as Caisleán Uí Liatháin darbh ainm Rael Ó Keeffe. De réir cosúlachta, sheas Rael suas Domhnach amháin i lár seanmóra an Athar Peadar agus gan frapa gan taca dúirt mo dhuine leis an sagart faoi lánseol ar an altóir: "Tá do dhóthain ráite anois agat, Peter! Dún do bhéal!" Ag Dia amháin atá a fhios céard a cheap an Canónach faoin chur isteach mímhúinte seo ach is léir nár chuir sé fearg ró-mhór air mar is iomaí Aifreann a d'fhreastail "Raelo" air ina dhiaidh sin. Tógaim é sin mar chomhartha go raibh taobh foighneach ag an Athair Peadar.

II. An Múinteoir

Ba mhian lena pharóistigh i gCaisleán Uí Liatháin a chuimhne a bhuanú toisc "a dhílseacht d'fhreastail sé dóibh... i gcúrsaí... leighinn" agus tá a lán i *Mo Scéal Féin* a thagann leis an tréithriú seo. Téann fréamhacha a ghrá don léinn siar i bhfad: dar leis féin, ba léitheoir cíocrach é ó bhí sé an-óg agus é de nós aige leabhair a thabhairt leis chun iad a léamh cois claí is cois toim agus é i bhfeighil na mbeithíoch (*Mo Scéal Féin* 32). Agus ní anuas ón spéir a thóg sé a ghrá don litríocht, spreag a mháthair ann é agus, go deimhin, ba léithí na leabhair Bhéarla agus Fraincise a léigh is a ath-léigh sé go dtí go raibh cuid mhaith de Shakespeare, Milton agus Rudeki de ghlanmheabhair aige. Thug a mháthair na leabhair seo léi go Lios Carragáin nuair a phós sí athair Pheadair óig agus í ceithre bliana is fiche d'aois ag am a pósta (31).

Chomh luaithe is a tháinig Peadar in aois dó, chrom sí ar Bhéarla agus Fraincis a mhúineadh dó agus is léir gur rinne an oiliúint neamhghnáthach seo ábhar iontais de go háitiúil sa mhéid is go ndúirt sé gur éirigh sé dóthanach de dhaoine ag iarraidh air beagánín Fraincise a labhairt pé uair a bhuail sé leo (31).

Cruthaíonn sé pictiúir an-sheascair go deo nuair a thugann sé gnáthamh a máthar chun cuimhne maidir lena scolaíocht bhaile: "Nuair a tháinig an oíche, lasfadh mo mháthair an coineall ar an mbórd agus shuíodh sí sinne timpeall an bhóird leis na leabhair agus mhúinfeadh sí ár gceachtanna dúinn" (44). Ach cá bhfuair máthair Pheadair, Síobhán, bealaí an mhúinteora? Bhuel, b'fheirmeoir cuíosach gustalach é a hathair agus an mhaoin dá réir aige le hí a chur chuig scoil chónaithe i gCill Áirne (30). Chuir sé beirt mhac leis chuig scoil Laidine freisin is chuaigh duine díobh siúd le sagartóireacht ach níor lean sé leis. Tar éis dó an cliarscoil a fhágaint, bhunaigh sé scoil Laidine i gCeann Toirc, áit ar mhúin sé Gréigís agus Laidin (31). Nuair a chríochnaigh Siobhán i gCill Áirne, chuaigh sí go Ceann Toirc chun Béarla agus Fraincis a mhúineadh i scoil a dearthár.

Agus é ag smaoineamh siar ar a cheachtanna faoi sholas na coinnle, molann an tAthair Peadar a mháthair as a múineadh, á rá go raibh sé "níb fhearr go mór ná an múineadh a tugtaí do na leanaí a bhíodh sna scoileanna lena linn" (44). Ba oscailt súl dó é dul ar scoil den chéad uair mar is ansin a thuig sé nach ionann cur chuige a mháthar agus an gnáthmhodh múinte sna scoileanna:

> Sa scoil sin a chonaiceas, an céad uair riamh, rud a chuir ionadh mo chroí orm, daoine óga ag foghlaim focal, agus á léamh,agus á labhairt,agus á insint cad é an bhrí a bhíodh leo agus gan aon phioc dá fhios acu cad é an bhrí a bhíodh leis na focail ná leis an mbrí. Ní baol go mbíodh rud den tsórt san sa bhaile againn. Ní baol go bhfágfaí aon fhocal gan a bhrí a thabhairt dúinn i dtreo go dtuigimís idir focal agus brí (45).

I bhfocail eile, chuir Siobhán ina luí ar a mhac an tábhacht a bhain le brí an fhocail a thuiscint agus tú á fhoghlaim. Ní leor focal a bheith de ghlanmheabhair agat, caithfidh greim docht a bheith agat ar cad is brí leis chun bheith i do mháistir air. Ar an dóigh seo, thaispeáin sí dó go raibh sé níos éasca rud a fhoghlaim nuair a thuig tú cad a bhí á fhoghlaim agat. Sílim go raibh lorg na fealsúnachta seo le haithint ar a stíl mhúinteoireachta nuair a thug an tAthair Peadar faoi theagasc agus d'fhéadfá a rá gurb é meon a máthar a spreag sé go pointe áirithe chun *Séadna* a scríobh. Mhínigh sé an smaointeoireacht taobh thiar de *Shéadna* mar seo a leanas:

Chonaiceas ag tosnú na hoibre dhúinn gur ar an aosóg a bhí ár seasamh i gcóir na haimsire a bhí romhainn. Ag macnamh dom ar sin thuigeas im aigne ná raibh aon rud in aon chor againn i bhfoirm leabhair, le cur i láimh an linbh chun aon Ghaeilge a mhúineadh dó. As mo mhacnamh shochraíos ar leabhar fé leith a scríobh dár n-aos óg... leabhar go mbeadh caint ann a thaitnfeadh leis an aos óg. siné an machnamh a chuir féachaint orm "*Séadna*" a scríobh. Thaitn an leabhar le gach éinne, óg agus aosta...thaitn sé leis na daoine óga mar bhí cosúlacht mhór idir Ghaeilge an leabhair sin agus an Béarla a bhí ina mbéala féin (185).

I bhfocail eile, murab ionann agus na téascleabhair Ghaeilge eile a bhí ar fáil an tráth sin, theastaigh ó údar *Shéadna* stíl Ghaeilge a scríobh a bheadh so-thuigthe do pháistí. Chun é sin a chur i gcrích, bhí air labhairt mar a labhródh leanbh agus b'fhéidir gurb in é an fáth gur phioc sé cailín óg, Peig Labhrás, mar reacaire dá scéal. Ba chomharsa béal dorais í Peig don Athair Peadar le linn a óige agus nuair a mhaígh sé gur scríobh sé scéal *Shéadna* díreach mar a chuala sé é óna chomharsa óg (Ó Cuiv 33), b'fhéidir gur fhéach sé ar sin mar sheift le cinntiú go bhfanfadh caint an scéil ar leibhéal an pháiste.

Sa mhéid seo b'fhéidir go raibh tionchar a mháthar le haithint ina chuid scríbheoireachta dachad éigin bliain ar aghaidh óna cheachtanna faoi sholas na coinnle i Lios Carragáin. Óir, dhealródh sé gur mhúin sise dó gur léiriú ar mhúinteoir maith é cabhair a thabhairt dod' dhaltaí meabhair a bhaint as rud. Caithfidh tú teacht anuas ar aon leibhéal leo agus rudaí a mhiniú ina bhfocail féin chun go mbeidh an seans ab fhearr acu eolas nua a thógaint isteach.

Agus ba mhaith an rud é go raibh múinteoir den scoth ag Peadar óg age baile nuair a bhí an scoil ba chóngaraí dó cúig mhíle uaidh (32) agus é trí mbliana déag d'aois mar sin sular leag sé cos thar tairseach aon scoile (44). Ba scoil nua i gCarraig an Ime a chéad scoil agus ní túisce é bheith ann nuair a thuig sé go raibh buntáiste aige ar na daltaí eile: a bhuí lena mháthair, ní haon dua Béarla na leabhar scoile dósan ach ní raibh tóin ná ceann air dosna buachaillí eile agus gan ach Gaeilge amháin nó Béarla briste á chlos sa bhaile acu (46). Bhí sé de nós acu gan mhoill bailiú timpeall ar Pheadar óg chun é a cheistiú faoi mhíniú na bhfocal sna ceachtanna (45). Dar leis, bhí ionadh orthu conas a d'éirigh leis bheith chomh heolach sin ach bhí ionadh airsean conas a d'fhéadaidís bheith chomh haineolach faoi nithe chomh bunúsach sin, dar leis (45-6).

Ba chuimhin leis freisin go bhfeiceadh a mhúinteoir, Cormac Ó Luasa, na buachaillí eile ag teacht chuige le haghaidh freagraí ach lig sé air nach bhfaca mar thuig sé gur bhain na buachaillí tairbhe as an dul i gcomhairle (46). B'shin an chúis is dócha gur chuir sé Peadar leath an lae ag múineadh agus an leath eile de ag foghlaim le linn dó bheith ar scoil i gCarraig an Ime (45).

An t-Athair Peadar Ó Laoghaire
1839 - 1920

Láthair Sean Scoil Charrig an Ime
ar a fhreastal
Sagart agus Scríobhnóir Cáiliúil

PRIEST AND WRITER
ATTENDED THE OLD CARRIGANIMA
PRIMARY SCHOOL
1850 - 1856
WHICH WAS SITUATED ON THIS SITE.

ERECTED BY CARRIGANIMA COMMUNITY
DEVELOPMENT 1999.

Leac ar shuíomh na céad scoile a d'fhreastail an tAthair Peadar air.

Cé go ndeireann sé gur fhág a chomhdhaltaí leath-phlúchtha é ó bheith bailithe ina thimpeall de shíor, is dóigh liom go bhfeicfimid sa chuimhne seo cad é a mheall é chun bheith ina mhúinteoir níos déanaí ina shaol. Óir, dealraíonn sé go raibh an mhúinteoireacht is an fhoghlaim fite fuaite ina chéile dó as sin amach, rud a léirigh sé nuair a dúirt sé: "Is fearr go mór a mhúineann múineadh duine ná mar a mhúineadh foghlaim é" (132).

Tháinig sé ar a dtuairim seo le linn dó friotháil mar shéiplíneach i Ráth Chormaic agus rang Laidine á mhúineadh aige do bhuachaillí áitiúla i 1875. B'é cuid den rud a spreag é chun an deannach á bhaint dá leabhair Laidine ná an smaoineamh go bhféadfadh sé a eolas ar an teanga sin a athnuachan trí í a mhúineadh (130). Mar a d'adhmhaigh sé go maolchluasach, afách, níor lig a dhaltaí síos sa mhéid sin de mar bhí air an mheirg a bhaint dena chuid Laidine go pras toisc gur "uafásach an sás ceistiucháin buachailli idir a dó dhéag agus a chúig déag!" (131).

Ach fós féin, cé gur chuir a dhaltaí tríd an muileann é, dúirt sé gur fhoghlaim sé níos mó faoin Laidin trí í a mhúineadh i Ráth Chormaic ná mar a d'fhoghlaim sé riamh ó í a fhoghlaim insna scoileanna ar a d'fhreastail sé i Máchromtha, Ceann Toirc nó Coláiste Cholmáin fiú (132). Go deimhin, le linn dó cur síos ar an sásamh a bhfuair sé ón Laidin a mhúineadh i Ráth Chormaic, bhraithfeá go raibh gairm chun na múinteoireachta chomh láidir ann is bhí gairm chun na sagartóireachta:

> Bhí an-saol againn, agamsa agus acusan, mise á mhúineadh agus iadsan ag foghlaim uaim, agus aoibhneas aigne orainn ar gach taobh. Ní dóigh liom go bhfuil aoibhneas le fáil ar an saol so a fhéadfadh bheith níos aoibhne ná an t-aoibhneas aigne sin a bhíonn ag muinteoir agus ar lucht foghlama nuair a bhídh ar aon aigne san obair, agus nuair a thuigid féin a chéile... Bhí an t-aoibhneas sin againne an uair sin, agus bhíomar ag dul ar aghaidh leis an obair go buacach (133).

Faraor, níor tugadh mórán ama dó sásamh a bhaint as sin "mar tháinig an litir ón Easpag a rá liom dul siar go Macromtha chun gnó sagairt a dhéanamh ann. Chuir sin deireadh leis an obair i Rathcormac" (133). Ní hé seo an chéad uair a fuair sé ordú tobann ar an gcuma seo mar, arís agus arís eile le linn a shaoil mar shéiplíneach, bhí air bogadh go paróiste nua, go minic ar ghearrfhógra. Shocraigh a chéad athlonnú ó Chill Seanaigh go Cill Uird an patrún i gcomhair na n-athruithe áite go léir a lean é: ní raibh sé "ach bliain agus ráithe" i gCill Seanaigh nuair a tháinig litir gan choinne ón Easpag á rá leis gurb é Cill Uird a pharóiste nua anois agus go gcaithfeadh sé bheith ann maidin amárach le hAifreann an mheán lae a rá (111).

Dar leis féin, ghlac sé leis an t-athlonnú go Cill Uird gan ghearán a dhéanamh ach, nuair a thógann tú san áireamh a liacht uair a bhí air bogadh go háit nua, tá lán leabhair le léamh iontu faoin saol neamhshocair ar chaith sé. Ní foláir nó go raibh sé deacair dó bheith ar a shuaimhneas in aon áit nuair a bhí a fhios aige go bhféadfadh sé bheith bogtha ar aghaidh am ar bith. Ar an aigne seo, seans gur fhéach sé ar an múinteoireacht mar shlí chun fréamhacha a chur síos go tapaidh aon am a bogadh é gó háit nua. B'fhéidir gur chabhraigh sé dó socrú síos ina chúraimí mar shagart trí dheis a thabhairt dó muintearas a bhunú leis na paróistigh. Feictear dom gur aonarach é saol an tsagairt an uair sin nuair ba nós ag daoine fanacht siar ón gcléireach mar chomhartha ómóis dó, agus seans gur fhaoiseamh ón aonarántacht sin an mhúinteoireacht don Athair Peadar tríd an deis ar thug sé dó aithne a chur ar mhuintir na háite.

Ba léiriú ar an meas a bhí air mar mhúinteoir gur lean cuid dá dhaltaí ó Ráth Chormaic é nuair a bhog sé go Má Chromtha, lóistín á thógaint acu ann chun freastail ar an scoil Laidine a chuir sé ar bun ansin (134). Ba ghearr go raibh buachaillí ó Mhá Chromtha mar dhaltaí aige freisin agus bhí an scoil ag dul ó neart go neart go dtí gur chuir an sagart paróiste deireadh leis. Agus é ag áiteamh ar an sagart os a chionn i Má Chromtha gan deireadh a chur lena scoil, dúirt sé go bhféadfadh sé a am saor a chaitheamh i slí níos measa, trí chartaí a imirt, cuir i gcás, nó titim ina chodladh cois tine (135), ach ní haon mhaith é. Tháinig litir ón easpag tamall beag ina dhiaidh á rá leis go raibh sagart paróiste sa Rath a theastaigh uaidh scoil Laidine a chur ar bun ann (135). Thuig an tAthair Peadar ó fhoclaíocht na litreach gurbh é an sagart paróiste i Má Chromtha ba chúis lena aistriú go dtí an Rath:

> Ba dhóigh liom gur mhaith an rud duitse dul ó thuaidh go Ráth agus an obair atá agat á dhéanamh i Macromtha a dhéanamh thuaidh. Bhí fhios agam cad é an bhrí a bhí leis an gcaint sin. Bhí fhios agam nár labhair an tEaspag mar sin gan sagart paróiste Machromtha bheith ag gearán ormsa agus ar mo scoil. Ach scaoileas leis (135).

B'iomaí paróiste eile ar ghabh sé tríd sna blianta ina dhiaidh sin go dtí gur ceapadh é ina shagart paróiste i gCaisleán Uí Liatháin i 1891 agus ligeadh dó faoi dheireadh socrú síos in áit éigin ar feadh na mblianta. Cé nár mhúin sé féin le linn dó bheith i ndúthaigh Bharrymore, chuir sé le "cursaí leighinn" na háite trí mhuinteoirí a cheapadh dosna bunscoileanna sa cheantar. Agus é ina bhuachaill fós nuair a tháinig an tAthair Peadar, ba chuimhin le Peter Hegarty gur chuir an sagart Seamus Ó Néill ag múineadh na Gaeilge sa Scoil Naisiúnta i gCaisleán Uí Liatháin (*Britway* 128). Dar le Peter, le teacht Uí Néill chun na scoile:

> we were given a half hour a day of Irish outside the curriculum, so that we were in school till 4 o'clock every day and we had a book of Irish phrases to learn from. We were the only school in Ireland which had Irish then (128).

Cé go raibh a laethanta múinteoireachta taobh thiar de faoin am a ceapadh é ina shagart paróiste, dhealródh sé nár chaill sé riamh an nós "nóiméad teagaisc" a dhéanamh as nóiméad ar bith mar bhí ceachtanna ar an toirt fós á dtabhairt aige agus é ina sheanfhear i gCaisleán Uí Liatháin.

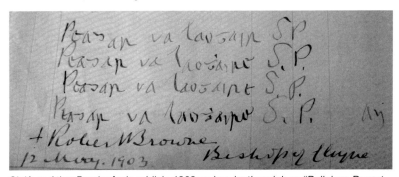

Religious Report Book don bhunscoil i gCaisleán Uí Liatháin agus síniú an Athar Peadar ann trí huaire don bhliain 1899 mar dhearbhú gur tháinig sé ar chuairt chun na scoile i mí Iúil, Lúnasa, agus Deireadh Fómhair na bliana sin

Siniú an Athar Peadar faoin mbliain 1903 ag bun leathanaigh sa "Religious Report Book".

Ba léiriú ar seo ná na ceachtanna gramadaí a fuair Peter Hegarty aon uair a thug an Canónach síob dó ina charr clúdaithe d'fhonn go bhfriothálfadh sé dó mar bhuachaill altóra agus Aifreann á rá aige sna tithe stáisiúin i Kilcor agus sna bailte fearainn máguaird (*Castlelyons Parish Yearbook* 6). Dála an scéil, ba i gcarr clúdaithe a théadh an tAthair Peadar ag taisteal i gconaí, carr a thóg sé ar cíos ó shiopa Ginn's sa sráidbhaile, áit a bhfuil tigh Paddy Kenny anois. Seo mar a théadh na ceachtanna sa charr clúdaithe de ghnáth, dar le Peter:

In the covered car going down the road to the stations, he would be helping me with the Irish. He would say what is that? I would say: Geata, a gate. Then he would say: Cad a dhéanfadh feadh níos mó glóir ná muc ar gheata? I would say: Ní fhéadar, a athair He would say: Dhá mhuc ar gheata. Then he would laugh. He was always full of fun and in good humour.

Baineann an scéilín barrúil sin gáire asam i gcónaí agus i láir an ghrinn d'fhéadfá an múinteoir glic a fheiscint sa tslí ina gcuireann sé níos mó ná ceacht gramadaí amháin in aon abairtín amháin. Dhá mhuc ar gheata!

III: An Tírghráthóir

Maidir leis na tréithe greannta ar leac uaighe an Athar Peadar, b'é an triú rud a chuir ina luí ar mhuintir Chaisleán Uí Liatháin a linne gur cheart dóibh a chuimhne a bhuanú ná "a dhílseacht d'fhreastail sé dóibh... i gcúrsaí grádha dá dtír dúthchais".

Ag éisteacht le caint mar sin, is éasca a shamhlú gur tírghráthóir i múnla Thomáis Ceannt a bhí san Athair Peadar ach ní mar sin a bhí, 'sé sin, má n-éisteann tú le Diarmuid Breathnach agus Máire Ní Mhurchú, beirt scoláire a ndeireann go raibh an Athair Peadar "in aghaidh na láimhe láidre chun saoirse a bhaint amach" ("Ó Laoghaire").

An tAthair Peadar leis an Athair Aibhistín Ó h-Aodáin a fhreastail ar na hÓglaigh in Ard Oifig an Phoist [1916] agus arís nuair a deineadh na ceannairí a lámhach tar éis an Éirí Amach. [Grianghraf le caoinchead ó Sara Twomey]

B'ait le Máirín Ní Dhonnchadha fresin nár luaigh sé ina dhírbheathaisnéis an t-achrann polaitíochta a bhí go forleathan sa pharóiste nuair a bhog sé go Caisleán Uí Liatháin ar dtús, go háirithe nuair a bhí dlúthbhaint ag an gcorraíl leis an dtigh inár tháinig sé chun cónaithe ann (130). B'é "Prospect House" ainm an tí pharóistigh agus thóg gach sagart paróiste ar chíos é ón dtiarna talún áitiúil John Walter Perrot ó lár an naoú haois déag amach.

Bhí an tAthair Tomás Ferris ina shagart paróiste roimh Athair Peadar agus thóg sé an léas de Prospect Cottage ar a sheal ach ansin dhiúltaigh sé an cíos a íoc i samhradh 1883. Dhiúltaigh sé an cíos a íoc i ndlúthphairtíocht le feirmeoirí áitiula a raibh an rud céanna á dhéanamh acu chun brú a chur ar Pherrot an cíos a laghdú. Is dócha gur cheap sé go raibh sé de dhualgas air an seasamh seo a ghlacadh ós rud é gur ceapadh é ina chathaoirleach ar an mbrainse de Chumann na Talún i gCaisleán Uí Liatháin i 1880.

Chuir Perrot an dlí ar an Athair Ferris agus socraíodh lá chun é a chaitheamh amach. Ba chuimhin le Mrs. Smith go raibh an sráidbhaile dubh le daoine lá an díshealbhaithe agus, go deimhin, dúirt an tAthair Ferris in agallamh leis sa *Cork Examiner* gur bhailigh na mílte ar an lá chun tacaíocht a léiriú dó (*Britway* 103). Cé gur bhuail cloigín an tséipéil gan stad agus gur sheinn dhá bhanna cheoil fad is a bhí an díshealbhú ar siúl; cé gur bhéic an slua go magúil ar lucht an díshealbhaithe agus gur thug an tAthair Ferris óráid theasaí faoi "felonious Landlordism" is "legal robbery", ba shaothar in aisce dóibh go léir mar bhí an díshealbhú críochnaithe roimh a dó a chlog um thráthnóna agus aistríodh troscán an Athar Ferris chuig bothán tógtha dó ag Cumann na Talún ar phaiste de thalamh gan saothrú lámh leis an séipéal (104).

Is sa bhothán sin a bhí conaí ar an Athair Ferris ar feadh ocht mbliana ina dhiaidh sin go dtí go bhfuair sé bás i 1891, a shláinte millte, nó sin mar a cheap mórán daoine, ag an ndrochíde a bhfuair sé (Ní Dhonnchadha 130). Cinnte, ní fhéadfadh sé bheith éasca ar a shláinte maireachtaint i mbothán adhmaid agus an braon anuas ón díon ann sa deireadh, mar ba chuimhin le Mrs Smith (*Britway* 134). Agus feirmeoirí tionónteacha fud fad na tíre ag teacht le chéile chun na "Three F's"—'sé sin, "fair rent, fixity of tenure and free sale"—a éileamh mar chuid de Chogadh na Talún ó 1880 amach (Ryan 20-1), ceapadh go forleathan gur bhásaigh an tAthair Ferris ina mhairtíreach ar son na cúise.

Fr. Ferris, sagart paróiste i gCaisleán Uí Liatháin ó 1880–1891.

Ba léir iomhá an Athar Ferris mar mhairtíreach i gcuimhne na ndaoine ó fhoclaíocht a fheartlaoi—greannta ar leacht i séipéal Chaisleán Uí Liatháin—sa chaoi ina ndéanann sé cur síos air mar "an ardent lover of his country, in whose cause he laboured assiduously, and *suffered not a little* during the closing years of his life" (mo italics).

Is mór an t-iontas mar sin go sleamhnaíonn an tAthair Peadar thar chúinsí báis an Athair Ferris ina dhírbheathaisnéis, go háirithe nuair a martraíodh é ar son cúise a bhí an-ghar do chroí an Chanónaigh: sé sin, an gleic idir na feirmeoirí agus na tiarnaí talún.

Shíl Máirín Ní Dhonnchadha go mb'fhéidir gur sheachain sé trácht a dhéanamh ar an gclampar a bhain le bás an Athar Ferris toisc go raibh an paróiste ina raic mar gheall air nuair a tháinig sé ar dtús agus, cursaí socraithe síos ó shin, níor theastaigh uaidh an tseanghoimh sin a tharraingt anuas arís (131). Tagann sé seo le tuairim Mrs. Smith gur thug an Canónach "a great peace" go Caisleán Uí Liatháin agus go raibh muintir na áite "very glad of the new spirit he brought to the parish" tar éis an chlampair mhóir a bhí ann maidir le na tiarnaí talún agus an cíos (*Britway* 133). Ba dhealraitheach an scéal é mar sin má bhraith an tAthair Peadar go raibh sé de dhualgas air cursaí a shuaimhniú tar éis an méid aighnis a chothaigh na sagairt a bhí ann roimhe.

Ba cheart do dhuine machnamh a dhéanamh ar an dtionchar a bheadh ag an bhfógra seo—curtha suas i gCaisleán Uí Liatháin dhá bhliain sular tháinig an tAthair Peadar chun cónaithe ann—ar mhuintir na háite:

> Irish National League, Castlelyons and Coolagown Branch. A special meeting of this branch will be held on Sunday 28 July at Coolagown. The people are requested to attend and show by their presence that they do not approve of land-grabbing, and that the land grabbers will have to glut their greed elsewhere than in Coole.

> Signed: Rev. Thomas Ferris, P.P. Castlelyons, president (201).

Labhair an tAthair Ferris agus a shéiplíneach, an tAthair O'Dwyer, le slua a raibh 300 duine ann nach mór, á ngríosadh chun a míshásamh a léiriú faoi dhíshealbhú Riocáird Rice as a fheirm i gCoole Uachtar tar éis a cheannaithe ag duine darbh ainm Orr McClausland (201). Toisc nár theastaigh ó McClausland conaí ar an bhfeirim, thóg sé Albanach darbh ainm Brown isteach chun an fheirm a shaothrú dó.

Clós an tséipéil i gCúl an Ghabhann, áit a tionóladh cruinniú agóide ar an 28ú lá de mhí Iúil, 1889. Fógraíodh ar "placard" curtha suas go háitiúil go dtógfadh "land grabbers" an cruinniú mar rabhadh go gcaithfidís a saint a shásamh in áit éigin eile seachas Coole.

Cé nach raibh ach tamall beag ann ó tháinig an tAthair O'Dwyer chuig an paróiste, ní raibh sé mall ag séideadh faoin gcorraíl sa cheantar, mar is léir ón gcaint throdach a labhair sé leis an slua i gCúl an Ghabhann, slua a bhí corraithe cheana féin ó dhiúltaigh siad d'fhórsa póilíní dul isteach i gclós an tséipéil:

> There will always be a few black sheep. Old Brown was a black sheep, and they hunted him out of Scotland, and how will he rest here?

> Well, it is for you to say the word, and when you say the word to stick to it. Do not allow anyone to grab a farm, and do not allow anyone to work a grabbed farm; if you do it will be a disgrace to your posterity. Let the word go to Brown, and let him send it up to his master in the North (202).

Chuaigh an baghcat ar Bhrown i ndéine tar éis an chruinnithe sin, na gníomhartha chun eagla a chur air ag dul in olcas ó fir sná sála air ag aonach Mhainistir Fhear Maí ag iarraidh chosc a chur air a mhuca a dhíol. Ansin leagadh claíocha ar a fheirm agus íonsaíodh faoi dheireadh é ag Cros Chúl an Ghabhann agus é ag filleadh ar ais ó sheirbhís eaglaise (201).

Agus é curtha ina leith gur úsáid sé imeaglú i gcoinne Bhrown agus gur ghríosaigh sé daoine eile chun eagla a chur air (209), cuireadh an tAthair O'Dwyer ar a thriail é i dTeach na Cúirte i Mainistir Fhear Maí mar dhuine de na ceannairí ar chomhcheilg ar tugadh "the Coolagown Conspiracy" air sula i bhfad (204). Tugann an comhrá teasaí seo ón gcás cúirte léargas ar cé chomh trodach is a bhí an tAthair O'Dwyer nuair a bhí sé tógtha:

Fr. O'Dwyer:	If I am to be shut up like this, give me my sentence at once. I will be very glad to get out of this place.
Judge Gardiner:	You have mentioned that a dozen times before.
Prosecutor Wright:	It is not at all consistent with his efforts for the defence.
Fr. O'Dwyer:	Sit down. I don't mind the barkings of a little puppy.
Judge Caddell:	I think you should have some little respect for yourself and your calling.
Fr. O'Dwyer:	We do not look to you for respect or anything else (205).

Lean an tAthair O'Dwyer a dhúshlán a thabhairt don bhreitheamh go dtí an deireadh ar fad, ag cur isteach air le linn dó a thréimhse phríosúnachta a ghearradh air fiú:

| *Judge Gardiner:* | Under the first charge—the reverend Mr. O'Dwyer will be imprisoned for three calendar months— |
| *Fr. O'Dwyer:* | Hear, hear. Why not make it six? (206). |

Gearradh dhá mhí breise ar an sagart mar gheall ar an óráid a thug sé i gclós an tséipéal (209) agus b'éigean dó sé mhí a chaitheamh i bpriosún san iomlán sara ligeadh saor é ar an 28ú de Mhárta, 1890. Fuair sé fáilte an ghaiscígh ar theacht abhaile go Caisleán Uí Liatháin dó agus lean sé lena dhualgaisí sa pharóiste go dtí gur aistríodh go paróiste nua é i Mí Mheán Fómhair, 1890.

Is léir mar sin gur ar éigean a bhí an ruaille buaille a bhain leis an "Coolagown Conspiracy" socraithe síos nuair a tháinig an tAthair Peadar go Caisleán Uí Liatháin go luath i 1891 agus, muintir na háite fós an-chorraithe faoi, seans gur bheartaigh sé an teannas a laghdú seachas é a ghríosadh.

Ní hionann sin agus a rá gur sheas sé siar ó cheist na talún fad is a bhí sé i ndúthaigh Bharrymore mar, dar le Peter Hegarty, léirigh sé go raibh sé "anxious to see a settlement between tenant and landlord" (130). Rinne sé beart de réir a bhriathair sa mhéid sin nuair a ghníomhaigh sé ar son grúpa feirmeoirí ó Kilcor ina idirbheartaíocht lena dtiarna talún i 1907. B'fhada a bhí agóid ar siúl acu i gcoinne leithéidí Henry Dwyer, fear ar a raibh drochchlú toisc é ina "bad type of landlord", dar le Peter Hegarty, maidir le hainchíos a éileamh ar fheirmeoirí le fada (129).

Tar éis dó labhairt le buíon de fheirmeoirí ag Cros Uí Laoire, chuaigh sé i mbun idirbheartaíochta leis an dtiarna talún agus, nuair a d'éirigh leis socrú a dhéanamh, ceannaíodh na feirmeacha gan mhoill ina dhiaidh sin (130). Agus é i mbun seo, is léir nach raibh an naimhdeas céanna ag baint lena chur chuige is a bhain leis na gníomhaithe talún a bhí ann roimhe, mar dúirt Peter Hegarty nach raibh sé ina "activist as had been the case with his predecessors in the parish. In temperament, he was a very different kind of man".

Ach ba bhotún é á rá go raibh sé chomh mín mánla le haingeal ina chuid mothúcháin maidir le naisiúnachas mar d'fhéadfadh sé bheith chomh fíochmhar le haon naisiúnaí ar uairibh. Tá an méid seo soiléir ón racht feirge a bhuaileann é le linn dó cur síos ar a laethanta i Má Nuad:

> Bhí fhios agam go maith go raibh an cos-ar-bolg ag muintir Shasana á dhéanamh ar Éirinn. Bhí fuath fíochmhar agam do mhuintir Shasana mar gheall air sin. Ní cuimhin liom riamh gan an fuath san a bheith ar lasadh istigh im chroí. Is cuimhin liom, agus mé an-bheag, gur taispeánadh dom caint éigin a bhí sa "Times" á rá ná raibh dlithe Shasana cruaidh a dhóthain in aon chor ar na coirpigh sin, muintir na hÉireann. Is cuimhin liom gur rugas ar an bpáipéar agus gur chuireas anuas ar an dtalamh é agus gur ghabhas do chosa ann go raibh sé ina ghiobal (*Mo Scéal Féin* 102).

Is beag duine a léifeadh an sliocht thuas sa lá atá inniu ann nach mbainfí stangadh astu le fíochmhaire an dearcaidh frith-Shasanaigh atá le sonrú ann, go háirithe agus an caidreamh Angla-Éireannach éirithe i bhfad níos cairdiúla ó aimsir an Athar Peadar. Ach, chun a cheart a thabhairt don Chanónach, caithfimid cúlra a feirge a thuiscint.

Chun cúlra a rachta frith-Shasanaigh a líonadh isteach: b'iad 1860í a bhí ann agus ní fada a bhí an tAthair Peadar sa chliarscoil—is ar éigean a bhí fiche bliain d'aois slánaithe aige faoin am seo—nuair a tháinig ráfla chuige go raibh cumann rúnda nua curtha ar bun—"Phoenix Men" a thug siad orthu féin ar dtús ach tugadh na Fíníní orthu ina dhiaidh sin—agus bhí siad meáite ar éirí amach á dhéanamh (96).

Bhunaigh na Fíníní nuachtán roimh i bhfad agus d'aontaigh an tAthair Peadar lena lán a léigh sé ann ar dtús. Go háirithe an seasamh láidir a thóg siad ar tiarnaí talún cama, ag cur brú poiblí orthu trí aird a tharraingt ar "uile ghníomh eagóra a dhéanadh tiarnaí talún ar thionóntaí" (100). Ach tháinig uafás ar an Athair Peadar ansin nuair a dhírigh an nuachtán Fíníneach na teacticí céanna ar chléir na hÉireann nuair a scaip an scéal go raibh sagairt ag iarraidh cur ina luí ar fhir óga gan páirt a ghlacadh san éirí amach. Dar leis an Athair Peadar, bhí na sagairt ag iarraidh na fir óga a choiméad amach óna bhFíníní ní ar mhaithe le cumhacht Shasana in Éirinn ach mar chreid siad go láidir nach mbeadh ach an chroch nó deoraíocht thar sáile i ndán d'aon fhear óg tarraingthe isteach in éirí amach na bhFíníní nuair a chuirfí faoi chois é amhail gach éirí amach Éireannach eile a chuaigh roimhe (101).

B'é freagra na bhFíníní ar sin ná feachtas clúmhillte a chur ar bun agus a nuachtán á úsáid acu chun cáineadh poiblí a dhéanamh ar aon sagart a raibh sé d'éadan aige fir óga a mholadh gan dul isteach i ngluaiseacht na bhFíníní (102). D'fhoilsigh siad alt ina dhiaidh ailt inar léirigh siad cléir na hÉireann mar chomhoibrí Shasana a bhí i gcoinne na réabhlóide (102). Dar leis an Athair Peadar, lean siad den phoiblíocht dhiúltach go dtí go raibh sé curtha ina luí acu ar aos óg na tíre gur "namhaid gurbh ea an sagart, go raibh sé ina namhaid ag Éireann". Agus é faoi ordú ag ceannairí na hEaglaise an chluas bhodhar a thabhairt don chlúmhilleadh seo, ní raibh leigheas ag an Athair Peadar air ach éisteacht leis na Fíníní agus iad ag caitheamh anuas ar na sagairt sna meáin seachtain in dhiaidh seachtaine. Gan chead aige a fhearg a chur in iúl an uair úd, lig sé a racht feirge amach na blianta ina dhiaidh sin lena dhearbhú naimhdeach faoin "fuath fíochmhar… [a bhí aige] do mhuintir Shasana" as an cos-ar-bolg a bhí déanta acu ar mhuintir na hÉireann. Léirigh sé neart a fheirge leis an gcuimhne óna óige dá féin agus The Times á satailt ina ghiobal aige toisc go ndúirt sé nach raibh dlithe Shasana cruaidh a ndóthain ar na coirpigh sin, muintir na hÉireann.

Is dócha go raibh cúinse eile a spréach é chuig na Sasanaigh, cúinse a bhain leis na rudaí uafásacha a chonaic sé mar pháiste óg. Óir, caithfear cuimhneamh nach raibh sé ach sé bliana d'aois nuair a tharla an Gorta Mór agus gur chonaic sé radhairc scáfara le linn na tubaiste sin, dar leis féin. Ghoill a chuimhní faoin Ghorta Mór fós air agus é ina sheanfhear mar atá soiléir ón dtrácht a rinne sé ar Athair Tomás Ó Muirithe, an sagart pharóiste i gCill Seanaigh faid is a bhí sé ina shéiplíneach ann (111) ag deireadh na 1860 idí.

Bhí an tAthair Tomás ag tarraingt ar na seachtóidí nuair a d'oibrigh an tAthair Peadar in éineacht leis agus bhí sé thar nócha nuair a fuair sé bás. Agus é ag machnamh ar an aois mhór a bhain an tAthair Tomás amach, rith sé leis an Athair Peadar gur dócha gur fhulaing sé a sháith de chruatan an tsaoil i rith a sheasca bliain mar shagart. Go mórmhór in aimsir an Drochshaoil, am a:

> chonaic sé na daoine ag fáil bháis cois na gclathach agus ar na bóithre—agus an bia ag imeacht thar farraige chun cíos a dhéanamh dos na máistrí talún. Ní féidir liom cuimhneamh ar anois féin gan buile feirge a theacht orm.

Má chuir sé fearg air cuimhneamh ar cad a chonaic an tAthair Tomás le linn an Ghorta, chuir a chuimhní féin ó aimsir an Drochshaoil ar buile ar fad é. An rud a ghoill air ná an smaoineamh gur tubaiste de dhéantús an duine a bhí sa Ghorta Mór. Rialtas Shasana ba bhun leis nuair nár chuir siad srian le héilimh iomarcacha na dtiarnaí talún ag am a bhí sé práinneach go gcuirfeadh na húdaráis a ladar isteach ar a son na tionóntaí bochta (43). Óir, dar leis an Athair Peadar, b'iad na tiarnaí talún a d'fhág na tionóntaí i mbaol báis den ocras nuair a loic fómhair na bprátaí tar éis dóibh iachall a chur orthu gach saghas bia eile a dhíol chun an cíos míréasúnta ard a íoc.

Ansin, agus muintir na hÉireann in umar na haimléise, sheas rialtas Shasana siar agus lig siad imeacht as an dtír dhá oiread coirce is a chothódh na daoine go léir a bhí ag fáil bháis leis an ocras in Éirinn. Is de dheasca na héagóra sin a chuir sé an cheist, a pheann lán de shearbhas, cad chuige nár deineadh dlí chun na daoine a chosaint ar an éagóir sin a chuir iachall orthu an t-arbhar a dhíol agus gan aon rud le n-ithe a coiméad dóibh féin? (44-5). "Mo thrua do cheann gan chiall!" a d'fhreagair sé go neamhbhalbh, a dhímheas soiléir d'éinne gur gá an éagóir fhollasach seo a mhíniú dóibh. "Dlí chun na daoine a chosaint," a leanann sé:

> Airiú dá dtráchtfá an uair sin le huaisle Shasana ar dhlí chun daoine a chosaint, déarfaidís gur ar buile a bhí tú. Ní chun daoine a chosaint a dheineadh muintir Shasana dlithe an uair sin. Chun na daoine a bhrú síos agus a chreacadh agus a chur chun bháis le gorta agus le gach aon tsaghas éagóra... bhí saghas seanfhocail ag muintir Shasana an uair sin: "Éagóir ar an máistir is ea ceart a thabhairt don tionónta (44).

Arís is leor an meon seicteach le sonrú anseo chun míchompord a chur ar mhórán Éireannach sa lá atá inniú ann. Ach fós, s'é díreach an rud a chuireann míchompord orainn-ne—an chaoi nach ndéanann sé idirdhéalú idir na tiarnaí talún Sasanacha cama agus muintir Shasana i gcoitinne—atá ina mheabhrú dúinn freisin go bhfuil a chuid mothúcháin dona ghriogadh sa bheo i slí nach féidir linn a thuiscint.

Ní rud neamhghnách é sa lá atá inniú ann fearg a theacht ar Éireannaigh nuair a léann siad faoi neamhshuim rialtais Shasana agus milliún duine ag fáil bháis den ocras ar leac an dorais acu. Ach fiú agus téarmaí corraitheacha leithéidí "Banríon an Drochshaoil" do Bhanríon Victoria á gcaitheamh timpeall againn, níl ann ach fearg ó fadó dúinn-ne é. I gcás an Athar Peadar, afách, mhair sé tríd an dearg-éagóir seo; b'iad comharsana a raibh cion agus meas aige orthu a chonaic sé ag fáil bháis. Agus is dócha gur chuir sin chun searbhais a dhearcadh ar ról na Sasanach in Éirinn go dtí nach raibh sé in ann smaoineamh orthu fiú gan an sean-nimh san fheoil teacht ar barr arís.

Ós ag trácht ar nimh san fheoil atáimid, ní nach ionadh gur ghoill scéalta clúmhillteacha na bhFíníní air nuair nach féidir leis a sciolladóireacht a sheachaint fiú agus é sa bhaile. Ar ais i Má Chromtha ar a laethanta saoire agus na ráflaí maidir le sagairt bheith ina bhfealltóirí faoi lánseol, thug sé "athrú gránna" faoi deara i roinnt daoine áitiúla, go háirithe fir óga na háite. Ní raibh tásc ná tuairisc den urraim a léirigh siad cheana dó mar dhuine ag dul le sagartóireacht agus chaith siad mar dhíbeartach leis anois in ionad an chairdis a thaispeáin siad dó tráth.

Cuireadh é sin in iúl go soiléir dó agus é ag siúl ar bhóthar Mhá Chromtha lá amháin. Chonaic sé ceithre nó cuigear óganach ag teacht ina choinne agus iad ag gabháil an bhóthair ar a suaimhneas. Ach ghéaraigh a gcoisíocht go máirseáil bhagrach chomh luath agus a chonaic siad é (103). Nuair a tháinig sé chomh fada leo, dúirt sé nach ndéanfadh sé dearmad go deo ar an ndrochmheas a chonaic sé ar a n-aghaidheanna agus iad ag gabháil thairis. Iad ag féachaint as eireaball a súile air mar a fhéachfadh duine ar ropaire bithiúnaigh. D'fhág an rud go léir seirfean, díomá agus buairt mhór air.

Is amhlaidh is mó a ghoill caitheamh a mhuintire leis nuair a rith sé leis gur sheachain siad é mar chreid siad bréag eile curtha amach ag an nuachtán Fíníneach: sé sin, agus iad ag cur bac ar iarrachtaí na bhFíníní an fód a sheasamh d'óganaigh a bhí "ag obair go cruaidh gach lá den tseachtain, agus an uile bhlúire de thoradh na hoibre sin ag imeacht sa chíos", bhí sagairt Éireannacha leithéidí an tAthair Peadar ag cabhrú leis an éagóir sin (102). Bé sin an buille ba mheasa ar fad don Athair Peadar mar bhí taithí aige ar é féin a fheiscint i ndlúthpháirtíocht leis na tionóntaí faoi chois ó bhí sé óg. Sa chéad áit, mar ba nós leis smaoineamh air féin mar fhear tuaithe, mar atá soiléir ón mbród atá air faoi cé chomh oilte is bhí sé ar chúraimí feirme ó bheith ag obair ar fheirm a mhuintire féin agus é sa bhaile ag an deireadh seachtaine agus le linn a laethanta saoire sa samhradh:

Bhíos ábalta an ráinn a láimhseáil nó an tsluasaid. Ní hannamh a bhí tinneas im ghéaga agus im dhroim ó bheith ag baint féir le speil, nó ag baint mhóna le sleán, nó ag baint choirce le corrán. Bhí fhios agam an mó dias a dhéanfadh teadhall agus an mó teadhall a dhéanfadh dornán agus an mó dornán a dhéanfadh punann. Bhí fhios agam conas súiste a chasadh agus láithreán arbhair a bhualadh, gach re mbuille i gcoinne buailteora eile, agus mo bhuille a bhualadh ar an gcuma ab fhearr chun an gráinne a bhaint as an dtuí (63-4).

Go deimhin, ós rud go dtagann an sloinne "Ó Laoghaire" ón bhfocail "lao" agus bunbhrí "coiméadaí na laonna" leis (Ó Céirín 162), d'fhéadfá a rá go raibh sloinne an Athar Peadar féin ina chomhartha go raibh a mhuintir gafa le cursaí talamhaíochta leis na cianta cairbreacha. Nuair a chuireann tú san áireamh gur mhic de fheirmeoirí iad na hógánaigh sin a casadh air ar bhóthar Mhá Chromtha, is dócha gur bhraith sé gurbh iad a mhuintir féin a bhí ag tabhairt droim láimhe dó. Gó háirithe mar, ó tháinig an chuimhne chuige, bhí sé i gcroílár throid na cosmhuintire i gcoinne tiarnaí talún cama ina cheantar féin.

Go deimhin, bhí suíochán i lár baill aige ar fheirmeoirí áitiúla agus a gcúis ghearáin a chur in iúl os ard mar is chuig tigh a mhuintire a thagaidís toisc gurbh é "an tigh ba chomhgaraí dóibh go léir é" (50). Agus iad bailithe i dtigh Uí Laoghaire, phléidís an seift is déanaí a bhí ar bun ag an dtiarna talún chun níos mó cíosa a fháscadh astu.

Nuair a deirim "suíochán i lár baill", sin díreach a bhí i gceist, mar ba nós le Peadar óg bheith "sáite istigh sa chúinne" cois tine nuair a thagadh na feirmeoirí go tigh a athar ag déanamh comhairle (29, 26). Is ansin, suite sa chlúid, a bhí sé nuair a chuala sé faoin chéad uair a tháinig feirmeoirí na háite le chéile chun chosaint dlí a dhéanamh i gcoinne a dtiarna talún agus b'é sean-Dhiarmuid Ó Laoghaire, uncal a athar, a d'inis an scéal.

Ba nós le sean-Dhiarmaid teacht ar cuairt oícheanta dorcha an gheimhridh, a ghadhar leis, chun an t-am a mheilt le comhrá agus scéalaíocht. Bhí cuimhne ghrinn ag an Athair Peadar ar an oíche a d'inis sean-Dhiarmaid faoin gcéad clampar dlí sa pharóiste: é féin "an bheag" agus soiprithe sa chúinne is sean-Dhiarmaid suite lasmuigh de, a mhadra ina luí faoi chosa a chathaoireach. Dúirt an scéalaí nach raibh athair Pheadar óig ach ina pháiste nuair a thosaigh an t-achrann.

Cé go raibh scata feirmeoirí a chónaigh ar Leaba Dhiarmada—áit ar an dtaobh eile den chnoc ó fheirm Uí Laoghaire—sáite ann ar deireadh, ba thionónta amháin le feirm i bhFaill na bhFiach a chuir tús leis an achrann go léir. Bhí cás a chomharsan ceangailte leis toisc go raibh a gcuid feirmeacha go léir tógtha amach ar ghrúpléas acu. Ba siar i dtosach an ochtú haois déag a tharla an eachtra seo, am a bhí cúrsaí talmhaíochta ag dul go maith toisc éileamh níos mó bheith ar thairgí feirme de bharr Chogadh Napóilean. Bhí cíocras ar an dtiarna talún a chuid de rath nuafhaighte na dtionóntaí a fháil ach ní féidir leis an cíos a hardú go dtí go raibh deireadh leis an léas, rud nach dtarlódh go ceann i bhfad eile mar bhí a gcuid feirmeacha ar léas fada ag na tionóntaí i Leaba Dhiarmada.

Bé an t-aon chás ina bhféadfadh an tiarna talún an cíos a ardú roimh dheireadh an léasa ná má bhris a thionóntaí téarmaí an léasa trí, abair, gan an cíos a íoc. Thug briseadh téarmaí an léasa cúis dó iad a chaitheamh amach agus tionóntaí nua a chur isteach ina n-áit ar chíos níos airde. Agus é ag iarraidh teacht ar sheift chun brú a chur ar na tionóntaí an léas a bhriseadh, thapaigh an tiarna talún an deis nuair a chonaic sé go raibh an tionónta i bhFaill na bhFiach déanach lena chíos. In ionad á rá leis é a íoc láithreach, dúirt sé leis nach raibh deifir ann ionas go mbeadh sé go mór chun deiridh lena chíos le himeacht aimsire, agus bheadh cúis ag an tiarna talún ansin é a chur amach as a fheirm.

Agus ansin, nuair a bhí an tionónta imithe chomh mór sin i bhfiacha go raibh an tiarna talún cinnte de go loicfeadh comharsana an tionónta roimh theacht i gcabhair air, d'éiligh sé an cíos go léir air le súil go mbeadh an leithscéal aige ansin an t-iomlán dearg acu a chaitheamh amach. Ach, in ionad géilleadh don tiarna talún, sheas na tionóntí le chéile i gcúis dlí agus, tar éis mórán dua agus costais, rug siad an lá leo i gcoinne an tiarna talún (27).

Le linn dó éisteacht leis an scéal faoi conas mar a fuair tionóntaí na háite an bua ar a dtiarna talún trí an dlí a chur air, dúirt an Canónach gur thuig sé gach focal de chuntas shean-Dhiarmada an oíche sin cois tine, cé go raibh sé an-óg ag an am sin (29). Níl dabht ach gur thuig sé cás na talún go maith ó bheith ag éisteacht leis na saineolaithe bailithe i gcistin a athar fadó, iad ag plé a n-iarrachtaí chun iad bhféin a shábháil ó ansmacht na dtiarnaí talún.

Seasann beirt phearsa amach i gcuimhní an Chanónaigh maidir le dúshaothrú na dtionóntaí ina cheantar féin le linn a óige. Ba léir go raibh siad ina eiseamláirí dó ar na fadhbanna do-réitithe a bhain le córas na dtiarnaí talún in Éirinn. Go deimhin, agus Peadar óg ag éisteacht le caint na ndaoine fásta fúthu óna chúinne cois tine, ní chuirfeadh sé iontas ort má tháinig cuma na bpucaí ar an mbeirt ina shamhlaíocht. Go háirithe nuair a luaigh a chomharsa Seán Ó Laoghaire—mac le sean-Diarmuid, an fear a thagadh ar scoraíocht go rialta—a n-ainmeacha chun scanradh a chur ar scata feirmeoirí le hiad a spreagadh chun gnímh.

B'é Mr. Saunders, tiarna talún mhuintir Uí Laoghaire, duine den bheirt fhear urchóideacha seo agus a ghníomhaire Broderick an duine eile, fear a bhí ina "c[h]ladhaire rógaire"(50) dar leis an Athair Peadar. Ní raibh faoi ná thairis ag Broderick ach brú a chur ar thionónataí chun a léas a bhriseadh ionas go bhfaigheadh sé breab mhaith óna mháistir "as gach feirm bheag dá dtabharfadh sé do thionóntaithe nua". Is dócha go raibh an tAthair Peadar ceithre nó cúig déag bliana d'aois nuair a bhí Broderick i mbun a chuid seanchleasaíochta arís: d'fhan sé go dtí gur theip ar thionónta amháin a chíos a íoc agus ansin níor éiligh sé an chíos air go dtí go raibh sé go mór i bhfiacha.

Bhí an gad níos giorra don scornach an uair seo mar b'iad na feirmeoirí ar an dtaobh eile den chnoc ó Leaba Dhiarmada, an taobh Lios Carragáin de, a bhí i dtrioblóid agus feirm mhuintir Laoghaire i measc na feirmeacha a bhí i mbaol mar sin. Bhailigh na feirmeoirí go léir isteach i dtigh Uí Laoghaire agus chaith siad an lá ar fad ag plé na ceiste, ach um thráthnóna, bhíodar fós gan réiteach. Labhair Sean Ó Laoghaire go láidir don ghrúpa, ag moladh dóibh comhairle dlí a fháil go fíor-thapaidh mar, má rinne siad aon mhoilleadóireacht faoi, bheadh an bheirt rógaire sin Saunders agus Broderick anuas sa bhraiceal orthu go léir agus neart dóibh a rogha cor a thabhairt dóibh (51). Cé go raibh na feirmeoirí "ag cur an anama amach ag gáirí" faoi cé chomh tógtha is a d'éirigh Seán agus é ag tabhairt an diabhail le hithe dóibh, thóg siad a chomhairle mar sin féin, agus bhuaigh siad a gcás i gcoinne an tiarna talún dá réir sin.

Ní raibh an tAthair Peadar ach trí bliana d'aois nuair a bhuail sé le Mr. Saunders den chéad uair. Bhí sé ar a sháimhín shó "ag marcaíocht ar bhata suas agus síos ar an úrlar, mar dhea gur chapall an bata" nuair a chonaic sé scata stróinséirí amuigh sa chlós ag caint le chéile (22). D'aithin sé cúpla focal mar "mháistir" agus "Saunders" ón gcómhrá ós íseal agus thuig sé ó sin go raibh siad ag feitheamh le duine éigin mór le rá (23). Bhuail fear mór ramhar an doras isteach agus nuair a shuigh sé ar shuíochán i lár na cistine, thit tost ar an slua mórthimpeall air. Níor chuir ceann fé na ndaoine fásta isteach ar an marcach óg agus, é lán de mhuinín na hóige, anonn leis ar sodar chuig an aoi ramhar chun fíorchaoin fáilte a chur leis:

"Good morrow Mr. Saunders!" ar seisean

"Oh, good morrow, boy! Good morrow, boy!" a d'fhreagair Mr. Saunders agus tuin mhagaidh ar a ghuth. "Tell me, boy, did you eat any meat today?"

"Don't you know that I ate a piece of goose a long time ago when it was Christmas!" arsa Peadar óg.

Bhris gach éinne amach ag gáirí ar chloisteáil dóibh freagra Pheadair agus baineadh geit as mar ní raibh fhios aige "go raibh aon chúis gháirí sa mhéid a dúras". Agus súil siar a thabhairt aige ar an eachtra seo na blianta fada ina dhiaidh, thuig an tAthair Peadar gur ar thóir ardú cíosa a tháinig Mr. Saunders an lá sin. Má thug Peadar óg an freagra lena raibh Mr. Saunders ag súil—sé sin, gur ith sé feoil le déanaí—bheadh an leithscéal aige chun an cíos a ardú, á rá go raibh muintir Laoghaire breá ábalta ardú cíosa a íoc ós rud é go raibh siad saibhir a dhóthain chun feoil a ithe go minic. Chuir Peadar óg an chleas ó mhaith nuair a d'fhreagair sé nár ith sé feoil le fada an lá agus sin an fáth gur lig Mr. Saunders "gáire Sheáin dóite" as (24). Bhí a chleasaíocht curtha ó mhaith le freagra soineanta ó bhuachaill óg agus ní gach lá a fheiceann tú a leithéid.

Bhraithfeá ó bhród an Chanónaigh agus an scéal seo a insint aige gur fhéach sé air féin agus é óg mar shaghas "mascot" don chosmhuintir agus iad ag cur in aghaidh tiarnaí talún santacha ina chomharsanacht. Ní nach ionadh gur ghoill sé air mar sin nuair a sheachain na hógánaigh áitiúla ar bhóthar Má Chromtha é amhail is go raibh sé ina chara le Mr. Saunders.

Cé go raibh cuimhne ar an Athair Peadar mar dhuine a chuir an paróiste ar a suaimhneas ar theacht go Caisleán Uí Liathain dó tar éis é bheith ina raic ag Cumann na Talún, caithfear a rá gur ghríosaigh sé a pharóistigh chun feirge ar son Chumann na Talún agus é ina fhear óg, go háirithe nuair a bhí sé i Ráth Luirc. Cuireadh tús lena thréimhse mar fheachtasóir nuair a toghadh é mar chathaoirleach ar an mbrainse de Chumann na Talún i Ráth Luirc. Tairgeadh an post seo dó mar d'éirigh an cathaoirleach ann roimhe as nuair a chuala sé go raibh ruathar déanta ag na póilíní ar Chumann na Talún i dTraighlí (147). Is amhlaidh a shiúil na baill go léir isteach i seomra scoile an Athar Peadar lá amháin chun an cheist seo a chuir air: "Arbh é do thoil é, a Athair, teacht agus bheith id fhear cathaoireach againn?" (147). Ghlac sé lena gcuireadh gan stró ar bith (148) ach chruthaigh a ról le Cumann na Talún a lán teannas idir é féin agus an sagart a bhí ós a chionn sa Ráth, mar cheap seisean nach raibh iontu ach Fíníní faoi ainm eile.

An phríomhshráid i Rath Lúirc fadó. [Tógtha ó "My Own Story" 1973 pg. 92]

Agus ní mar gheall ar Chumann na Talún amháin a chuaigh siad in adharca a chéile. Mar shampla, tháinig siad salach ar a chéile maidir le táillí a thógaint óna scoláirí a d'fhreastail ar scoil Laidine an tséiplínigh (137). Ag iarraidh an fhóid a sheasamh ach i slí mhín, mhol an tAthair Peadar don sagart paróiste ceist a chur ar an easpag faoi, mar b'eisean a sheol go Ráth Luirc an chéad lá é chun Laidin a mhúineadh. Thaobhaigh an t-easpag leis an séiplíneach an uair seo ach ní mó ná sásta a bhí sé le gníomhú an Athar Peadar ar son Chumann na Talún. Sheol sé litir chuige a rá go raibh baol ann go n-imeoidh na buachaillí ón scoil Laidine toisc gur chuir baint a mhúinteora le Cumann na Talún scannal ar a dtuismitheoirí (148). Insan litir a scríobh an tAthair Peadar ar ais chuig an easpag, dúirt sé go raibh formhór de na daltaí ina rang ó chlanna feirmeoireachta (149) agus b'amhlaidh go raibh áthas ar a dtuismitheoirí go raibh sé sáite i gCumann na Talún. Ina theannta sin, scríobh sé:

> Dá n-abrainnse leis na fir úd a tháinig chugam an oíche úd,
> á iarraidh orm bheith mar stiurthóir orthu, dá n-abrainn ná
> féadfainn é mar nár bheag dom cúram na scoile bheith orm,
> cad is dóigh leat a déarfaidís? Déarfaidís gur eagla roimh
> na piléir a bhí orm, nach deas a bheadh an scéal agam?...
> Conas d'fhéadfainn féachaint sna súile ar na fir úd go deo
> dá dtaispeánainn an mheatacht an uair sin? Go mór mór
> nuair ná raibh meatacht ionam!

Nuair a deireann sé nach mbeadh sé in ann "féachaint sna súile ar na fir úd" má thug sé an t-eiteach dóibh, tugann a chaint ar ais chun chuimhne an tsúil mhallaithe a thug na hógánaigh dó ar bhóthar Mhá Chromtha. Gan amhras, ba léir ón bhféachaint nimhneach a thug na hógánaigh dó an tráth sin gur cheap siad go raibh sé ina mheatachán ar nós gach sagart eile a bhí ag cur in aghaidh an éirí amach. Téir ar aghaidh fiche bliain go dtí Ráth Luirc agus seans gur bhraith an tAthair Peadar déjà vu faoi ualach na súile go léir sin ag féachaint air óna mbinsí scoile: "Arbh é do thoil é, a Athair, teacht agus bheith id fhear cathaoireach againn?" (147). Seans gur léim a aigne siar go dtí an náire agus an briseadh croí a bhuail é nuair a d'fhéach na buachaillí sin as Máchromtha "as cúinní a súl orm mar fhéachfadh duine ar ropaire bithiúnaigh" (103).

Cé go raibh an tAthair Peadar ar nós chuma liom nuair a d'iarr baill an Chumainn sa Ráth air bheith ina chathaoirleach orthu, ní chuirfeadh sé ionadh ort má bhí fonn mór air ina chroí istigh an ról lárnach seo a ghlacadh sa troid ar son chearta na dtionóntaí go háitiúil mar thug sé deis dó é féin a ghlanadh ó chúis i súile na cosmhuintire. Tagann sé seo leis an gcaoi a mhothaigh sé agus é ag freastal ar chruinniú mór chun ceiliúradh a dhéanamh ar bhunú bhrainse de Chumann na Talún sa Ráth i bpáirc lámh leis an scoil Laidine (142). Tháinig sean-chuimhní ar barr arís agus a shlí á déanamh aige tríd an slua. Shleamnaigh a smaointe ar dtús chuig an nuachtán Fíníneach agus conas mar a bhí siad "ag tromaíocht go géar orm féin agus ar an gcuid eile againn, á rá go rabhamar ag gabháil páirte le cumhachta Shasana" in Éirinn. Ba choiscéim bheag é dul ón smaoineamh sin go smaoineamh ar:

> Saunders agus Broderick, ar an ndlí agus ar an gclampar agus ar an "smut de ghé úd a hitheadh fadó nuair a bhí an Nollaig ann" agus go deimhin ghabhas mo bhuíochas ó chroí le Dia na Glóire a bhreith im' bheatha orm go bhfacas an t-athrú aimsire sin agus an sceimhle sin agus an briseadh catha san tagtha ar na bithiúnaigh (146).

Bhí saol difriúil ann anois, dar leis, agus Cogadh na Talún faoi lánseol, murab ionann is 1867, tráth nach raibh sé ceart tacú leis na Fíniní ar eagla gurbh iad an chosmhuintir a bheadh thíos leis nuair a theip ar a éirí amach toisc nach raibh siad láidir a dhóthain chun dul i ngleic le cumhacht Shasana. Bhí seans maith anois ann, áfach, go mbuafadh na tionóntaí feirme ar na tiarnaí talún agus a rialacha éagóracha (143).

D'fhéadfadh an gnáthdhuine páirt a ghlacadh sa chogadh seo gan fuil ar bith a dhoirteadh toisc nach raibh aon chúis díoltais ag an rialtas orthu nuair nach raibh dlí ar bith á bhriseadh ag duine agus é ag iarraidh greim a choimeád ar a thalamh féin. B'shin téama an tsoiscéil a bhí á scaipeadh sa pháirc i Ráth Luirc an lá sin agus cluasa an tséiplínigh ar bior chuige. Ba chúis áthais agus b'fhaoiseamh dó nach raibh aon rud á bhac anois ó chomhairle a chur ar fheirmeoirí an fód a sheasamh i gcoinne córas éagórach.

Agus bhí ardú croí de dhíth ar an slua a bhí bailithe sa pháirc i Ráth Luirc, an ísle bhrí le feiscint ar gach aghaidh nuair a d'fhéach an tAthair Peadar ar na feirmeoirí mórthimpeall air. Faitíos a bhí orthu roimh dhíoltas a dtiarna talún nuair a tháinig an scéal chomh fada leis gur chonacthas a thionónta ag cruinniú de chuid Chumann na Talún. D'athraigh an t-atmaisfeár nuair a léim sagart óg ó Luimneach ar an stáitse agus labhair sé ós árd leis an slua faoin ndrochíde a fuair feirmeoirí óna tiarnaí talún.

Chuaigh an tAthair Peadar ar stáitse leis i dteannta a lán sagairt eile agus chonaic sé ón áit sin an sceon is an bhuairt ag imeacht ó haghaidheanna na bhfeirmeoirí. Bhí sé ana bhuíoch dos na sagairt eile a sheas chomh láidir leis ar stáitse, bród air faoin tslí a léirigh siad go raibh dlúthpháirt a thógaint acu leis na tionóntaí (145). Faraor, chuaigh an tAthair Peadar agus sagart paróiste an Rátha in adharca a chéile arís mar gheall ar Chumann na Talún. Tharla sé le linn chósir dhinnéir i dteach an tsagairt pharóiste agus, tar éis dó féachaint ar an seisear eile a bhí i láthair, dúirt an tAthair Peadar go raibh sé le haithint orthu go raibh an meas céanna acu ar Chumann na Talún is a bhí ag fear an tí. Tar éis tamaill, labhair duine de na haíonna mar seo:

> Nach ar a mhargadh a mhaireann gach éinne? Nuair a dheanfadh feirmeoir margadh le tiarna talún agus nuair a gheallfadh sé cíos áirithe a dhíol as feirm tailimh, ná fuil ceangailte air an cíos a dhíol nó an talamh a thabhairt thar nais don té gur leis é?" (150).

Rinne an séiplíneach iarracht srian a choiméad ar a theanga ach faoi dheireadh ní raibh neart aige air ach briseadh isteach sa chomhrá. Chaith sé scéal chuig an sagart paróiste faoi thionónta a chuala sé faoi tráth. Dúirt sé gur tháinig an tiarna talun chuig an tionónta seo a rá gur cheart dó a dhúbailt de chíos a híoch. Nuair nár fhreagair an feirmeoir é, labhair 'an máistir' go borb leis: "Is cuma liom sa diabhal cé acu taoi sásta nó ná fuilir… ach sin é an cíos a chaithfir a dhíol feasta" (151).

Tar éis dó an scéal seo a chríochnú, chuir sé an cheist ar fhear an tí: "An dtabharfá margadh ar an méid sin deighleála, a Athair?"

> "Ó," arsa an sagart paróiste faoi dheireadh, "is cás faoi leith é sin."

Rinne an séiplíneach spior spear de sin:

> Ní hea, a Athair," arsa mise. Táim ag féachaint ar ghnóthaí talún idir mhaistrí agus tionóntaithe anois le dachad bliain agus ní fhacas riamh fós a mhalairt sin de shaghas margaidh á dhéanamh eatarthu (151).

Nuair nár fhreagair éinne é thuig an tAthair Peadar ó sin go raibh faobhar tar éis teacht ar a ghuth. Tarraingíodh ábhar cainte níos neamhurchóidí anuas ansin agus níor labhair siad a thuilleadh ar Chumann na Talún an tráthnóna sin. An rud suntasach faoin eachtra seo ná cé chomh deacair is a bhí sé ar an Athair Peadar agus é ina fhear óg srian a choiméad ar a theanga nuair a chuala sé daoine ag gaotaireacht faoi chúrsaí nach raibh aon taithí phraicticiúil acu orthu, dar leis.

Agus níor náir leis na h-údaráis a mhaslú os comhair a pharóistigh i Ráth Luirc ar uairibh mar a léirigh sé nuair a thug sé óráid go cruinniú mór i dTulach Lias. Agus é thuas ar an stáitse, thug sé faoi ndeara go raibh póilín taobh leis agus é de dhualgas aige aon rud mídleatach a dúradh sna óráidí á bhreacadh síos. Ós rud é go raibh a fhios aige go raibh tuiscint ar an nGaeilge ag formhór a lucht éisteachta, chrom an tAthair Peadar ar a óráid a thabhairt trí Ghaeilge (179). Bhí fhios ag an lucht éisteachta cad a bhí ar siúl aige agus lig siad gáire mór astu nuair a d'fhéach sé ar fhear na notaí agus dúirt: "Ní deirim ná go bhfuil breall ar Dhiarmuid". Ní sampla ró-mhúinte a thug sé dá pharóistigh mar sin trí cheap magaidh a dhéanamh de fhear na notaí ach is léir nach chuir sé sin mórán imní air.

Le linn don rialtas feachtas géar a dhéanamh ar Chumann na Talún, cuireadh fir óga ón Ráth i bpriosún agus d'eagraigh an tAthair Peadar crannchur chun airgead a bhailiú dóibh (156). Agus é ag rith ar thanaí leis an sagart pharóiste cheana féin, chuaigh sé thar fóir ar fad leis na duaiseanna magúla a d'fhógair sé ar na ticéidí:

"A splendid Bengal tiger called 'Resources of Civilisation.' Warranted sound in wind and limb."

"A huge African elephant called 'Passive Resistance.'"

"An Egyptian mummy called 'Rackrent,' said to be as old as the days of Moses."

"A magnificent puck goat called 'Peel,' alias 'Fix Bayonets.'"

With many other highly interesting and valuable prizes.

Bhí sciob sceab ar na ticéidí go dtí gur spréach an sagart paróiste nuair a tháinig sé ar cheann acu. Agus é féin á chosaint, dúirt an tAthair Peadar gur dhíol sé na ticéidí le airgead a chur "ag triall ar na fir ón sráid seo atá istigh i bpriosún ag Buckshot". Ba bheag nach raibh siad araon sna doirne le chéile ag deireadh mar d'adhmhaigh an tAthair Peadar go raibh "fearg i nglór gach duine againn an fhad a bhíomar ag caint" (157). Ba léir go raibh an clampar seo ina bhuille maraithe na muice don sagart paróiste mar fuair an tAthair Peadar litir ón easpag ní fada ina dhiaidh sin á rá leis go raibh air bogadh go Cill Uird.

Is léir gur tháinig ainm an ghríosóra talún ar an Athair Peadar le himeacht aimsire ó rud a dúradh leis agus é ag cóisir dhinnéir i dtigh fir uasail i gCill Uird (164). Bhí tiarna talún ag an mbord ag cnáimhseáil anois is arís faoin éagóir a bhí á déanamh ar na tiarnaí talún. Choimeád an sagart a bhéal dúnta go dtí gur labhair dochtúir leis a bhí go follasach ar thaobh na dtiarnaí talún. Chuir sé an cheist seo air: "Inis an méid seo dom, a Athar, cad tá uaibh?", á chur in iúl tríd an mbéim a chuir sé ar 'uaibh' gur chreid go raibh an tAthair Peadar agus na gríosóirí talún ag obair as lámha a chéile. Agus a fhios aige go raibh an dochtúir ag iarraidh séideadh faoi, phioc an tAthair Peadar a fhocail go cúramach agus é á fhreagairt aige:

'Neosfad duit, a Dhochtúir, cad tá uainn. Sidé atá uainn; gan bheith ar chumas duine cuid duine eile a bhreith leis agus a choimeád. An té a dheineann an saothar is leis toradh an tsaothair. An té a bhainfidh den duine sin toradh an tsaothair sin déanfaidh sé éagóir. Is é rud atá uainn ná cosc a chur leis an éagóir sin le dlí.'

Cé go raibh ainm an tacadóra diongbháilte aige ó thaobh Chumann na Talún de agus é i gCill Uird, caithfidh gur tháinig bogadh éigin ina dhearcadh ina dhiaidh sin chun go mbeadh aithne air i gCaisleán Uí Liatháin mar dhuine a thug spiorad na síochána go dtí an paróiste i ndiaidh Cogadh na Talún. Seans gurb é an aois a rinne fear bog séimh ar an ábhar seo. Tar éis an tsaoil, sin an míniú a thug sé ar cén fáth nach raibh an sagart paróiste i Ráth Luirc ró-thógtha le Cumann na Talún: "bhí sé aosta" (148).

Nó seans gurb é ciall ceannaithe a chuir ina luí air gan sampla teasaí a thabhairt don chosmhuintir faoin am a tháinig sé go Caisleán Uí Liatháin mar ba léir dó óna thaithí féin gur féidir do chúrsaí dul chun donais go tapaidh nuair a shéid tú faoi fhearg an tslua chun chur in éadan na héagóra.

Sin cad a tharla i gCúl an Ghabhann i 1889 nuair a gheall an tAthair Ferris nach n-úsáidfí aon fhoréigean chun Brown a dhíbirt as an bparóiste ach rinneadh ionsaí air go gairid ina dhiaidh sin (*Britway* 202). Agus b'amhlaidh a bhí sé nuair a d'fhreastail an tAthair Peadar ar chruinniú—eagraithe chun míshásamh a léiriú faoi thriail Sheáin Mandeville agus William O'Brien—i mBaile Mhistéala i 1887 (*Mo Scéal Féin* 171). Caithfear admháil a dhéanamh sula théimid níos faide: agus cuntas finné súl an Athar Peadar ar cad a bhfaca sé an lá sin i mBaile Mhistéala á phlé againn, caithfimid a thabhairt san áireamh léamh Anthony Gaughan ar an eachtra seo mar shampla den nós de "vicarious history" a chuireann sé i leith an tsagairt. Sé sin, seans nach raibh an Canónach ann i mBaile Mhistéala lá an tsléachta agus gur shamhlaigh sé é féin i lár na círéibe tar éis dó tuairiscí nuachtán faoi a léamh.

Fiú más amhlaidh a bhí, fós ceapaim gur fiú a chuntas a chíoradh ar mhaithe leis an léargas a thugann sé dúinn ar cad a d'iompaigh é i gcoinne oll-léirsithe. Maidir le cad a thug an slua de agóideoirí go Baile an Mhistéala an lá sin, tháinig siad mar bhí Mandeville agus O'Brien le dul os comhair cúirte de bharr a n-iarrachtaí chun cur i gcoinne dhíshealbhú ó Estáit Kingston, Baile Mhistéala (Ryan 59) agus baghcat ar thiarna talún a heagrú ina theannta sin (56). Ba léir gur agóid shíochánta a bhí óna heagraithe nuair a thug siad ordú don slua "not to indulge in stone throwing and to conduct themselves in a peaceful and orderly manner" (60). Ach roimh dheireadh an lae sin bheadh triúr marbh agus a lán daoine gortaithe go dona (61) i racht brúidiúlachta a chuimheofaí amach ansin mar "the Mitchelstown Massacre."

An Bheairic i mBaile an Mhistéala, áit a scaoil saighdiúir piléir leis an slua bailithe sa chearnóg.

Dar leis an Athair Peadar, bhí sé thuas ar árdán na hóráidíochta agus radharc aige ón áit sin ar shlua le tuairim is 8000 duine ann, dar leis, agus iad ag éisteacht le hóráidí ó leithéidí Seán Diolúin ag gearáint faoi aincheart dlí Shasana in Éirinn. Thosaigh an trioblóid nuair a thionlaic buíon de phóilíní 'fear nótaí' chun stáitse ach in ionad é a thabhairt thar imeall an tslua, rinne siad iarracht a mbealach a dhéanamh trí lár an tslua.

Nuair nach raibh spás go leor dóibh "d'árdaigh na píléir a mbaitíní agus bhuaileadar na daoine... tháinig deichniúir agus dachad de na piléir agus a ghunna ag gach fear díobh" (172–173). Bhí cuid de na feirmeoirí ar mhuin capall agus "siúd timpeall iad go dtí go rabhadar ina marcshlua láidir daingean idir na daoine agus na piléir." Chualathas pléasc ó ghunna agus ní raibh fhios ag an Athair Peadar cad a tharraing an t-ionsaí ar an slua mar ní raibh siad i mbun círéibe ag an bpointe sin.

Nuair a tharla pléasc eile, léim Seán Diolúin ón árdán agus rith sé díreach isteach i mbeairic na bpóilíní agus thuas staighre. Chualathas ina dhiaidh sin go bhfuair sé póilín amháin laistigh den fhuinneog agus é ag scaoileadh díreach amach ar an slua lasmuigh (175). Rug Diolúin greim air, á tharraingt ón bhfuinneog agus deireann an Canónach murar stopadh é, go mbeadh i bhfad níos mó daoine marbh, gan aon idirghabháil ó Cheannairí na bpoilíní. Scaip an slua ar chloisteáil dóibh go raibh beirt marbh agus fear eile ó Chaisleán Uí Liatháin gortaithe go dona, fuair sé bás an lá dár gcionn (62). Bhí daoine eile ón bparóiste sin i láthair ar an lá: d'fhreastail Mary Kent, cara dhílis do Sheán Mandeville (56), í ann lena beirt mhac Edmond agus David (59). D'fhan an lá sin i gcuimhne an Chanónaigh agus deireann sé:

> nár deineadh marú daoine riamh a bhí ni ba ghráinne,niba dhéistini, níba neamh-ghátaraí, ná an marú sin a deineadh i mBaile Mhistéala an lá san... tosnú ar na daoine a lámhach gan chúis gan ábhar (*Mo Scéal Féin* 178).

Fuair sé amach níos déanaí gurbh é Captaen Pluincéad a bhí ar cheann de na hOifigigh a bhí i gceannas ar an lá; an póilín a d'órdaigh "Don't hesitate to shoot!" ag cruinniú de Chumann na Talún in Eochaill agus ní nach ionadh gur thit a leithéid de mhí-órd amach agus fear den chineál sin i gceannas (175). Ach admhaíonn an tAthair Peadar in áit eile gur bhris an t-aighneas cruthaithe ag na "boycotts" amach i bhforéigean agus dúnmharú go minic, d'ainneoin an chaint go léir ar frithbheartaíocht shíochánta (154). Mar a chonacthas don Chanónach é, níor bhris an tionónta aon dlí nuair a theip air cíos a híoch ach bhris sé dlí na ríochta agus dlí Dé nuair a "chuir sé pilear trí fhear na sainte mar gheall ar an bhfeirm a bhreith uaidh" (155).

Seans gurb é sin an fáth mar sin go raibh an tAthair Peadar éirithe níos cáiréisí maidir le leas a bhaint as mhíshástacht an phobail faoin am a tháinig sé go Caisleán Uí Liatháin. Seans gur mhúin an saol dó gur chuma más ar mhaithe le cúis mhaith é, tá sé de nós ag fearg an tslua imeacht ó smacht nuair a shéideann tú faoi.

Caibidil a Trí: "Na Blianta Luatha"

I: Lorg a Shinsear

Mar a fuair mé amach agus an leabhar seo á scríobh agam, tosaíonn daoine ag cur spéis san Athair Peadar ar chúiseanna difriúla. Bíonn spéis níos mó ag cuid acu ina ngaol leis seachas aon rud a scríobh nó a rinne sé. Duine amháin atá brodúil as a gaol leis an Athair Peadar ná Sara Twomey, an bhean a tháinig liom chuig an scoil Laidine ina raibh an tAthair Peadar ina dhalta ann tráth. Mar atá ráite agam cheana, bhí sinseanmháthair de Shara, Cait Ní Laoire, ina col ceathrar don Athair Peadar. Nuair a d'iarr mé ar Sara mé a thabhairt timpeall chuig na háiteanna a bhain le óige an Athar Peadar siar i 2016, is dócha gurb é m'aidhm ná pictiúr níos beoga a fháil de ina steillbheatha. Roghnaíomar lá fabhrach chun dul siar ar bhóithrín na smaointe ar shlí mar, cothrom an lae sin céad bliain ó shin, fuair fear chéile Cháit bás ar an 28ú lá de mhí Iúil, 1916.

Thaispeáin Sara dom a bailiúchán grianghrafanna de mhuintir Laoghaire ag dul siar na glúnta freisin. D'fhéach aghaidh Cháit amach orm ón raidhse grianghrafanna a leag a fionnó amach ar an mbord ós mo chomhair. Mar atá sí caomhnaithe go deo sa ghrianghraf dubh agus bán, suíonn sí agus staidiúir á cur uirthi féin don cheamara, a gúna fada spréite feistithe go modhmhar thairsti féin agus greim láimhe aici ar bhuachaill óg gléasta go péacach, a garmhac Pádraig ó Mhontana, Meiriceá. Agus í ag féachaint isteach sa cheamara, tá cuma mháithriúil féin-mhuiníneach uirthi.

Labhraíonn Sara Twomey le Warren O'Sullivan ó Rhode Island, Meiriceá. Is é Warren an duine is sine de shliocht an Athar Peadar atá fós beo.

Col ceathrar an Athar Peadar, Cáit Ní Laoire lena garmhac Pádraig Óg ó Mhontana, Meiriceá. [Grianghraf le caoinchead ó Sara Twomey]

Tá píosa d'éadach, nó páipéar b'fhéidir, fillte ar a glúine, ach b'fhearr liom smaoineamh gur phíosa páipéar a bhí ann, nuachtán abair, mar tagann sé sin le tréith a bhí coitianta i measc mhuintir Laoghaire a linne, dar le Sara: bhí ardmheas acu ar oideachas mar shlí chun a bpáistí a fhuascailt ó sáinn na bochtaineachta, roinnt acu ag dul ar an ngannchuid chun deis a thabhairt do mhac nó iníon leo dul ar aghaidh sa saol. Bhí an meon seo ag athair Pheadair, sé sin Diarmaid Rua, agus rinne sé beart de réir a bhriathair nuair a chruinnigh sé na pinginí chun an £6 a íoc do scolaíocht a mhic i Mainistir Fhear Muí. Ina theannta sin, is léir nár chuir a chéim íseal mar fheirmeoir bocht scáth air nuair a chuaigh sé chun cainte leis an easpag tráth a raibh amhras ann an raibh áit do Pheadar Óg i gColáiste Cholmáin, Mainistir Fhear Muí (*Mo Scéal Féin* 63). Is maith a thuig an tAthair Peadar go raibh sé faoi chomaoin ag a athair dá réir:

> Thuig id aigne, a léitheoir, go raibh an saol an-chruaidh an uair sin ar mhuintir na hÉireann... An fear a bheartaíodh tabhairt suas a chur ar mhac leis, chaitheadh sé dúbhailt oibre a bhaint as féin agus as an gcuid eile den chlann chun an t-aon daoine amháin sin a chur chun cinn. Dá bhrí sin, an buachaill a raghadh go Coláiste Cholmáin agus a thógfadh lóistín sa tsráid dó féin, chaithfeadh sé é féin a chothú gan puinn rabairne, nó bheadh éagóir a dhéanamh aige ar a mhuintir a bheadh sa bhaile ina dhiaidh, ag obair go cruaidh chun eisean a chur chun cinn (*Mo Scéal Féin* 61-2).

Ag filleadh ar Sara Twomey, ní raibh na grianghrafanna dá gaolta ach ina chomhartha amháin den spéis doimhin a bhí aici i stair a muintire agus is dócha go mbeadh an Canónach an-sásta lena hiarrachtaí mar ba léir go raibh eolas ar a shinsir ana-thabhachtach dósan freisin. Murach sin, ní chuirfeadh sé caibidil i leataobh ina dhírbheathaisnéis chun a chraobh ginealaigh a rianú siar dhá chéad bhliain chuig Diarmuid agus Conchubhar Ó Laoghaire, beirt deartháir a dibríodh as a gcaisleán i gCarraig na Cora i 1694 (Ua Súilleabháin 145). Ba den mhionuaisleacht "a chónaigh ins na gleannta agus áiteanna iargúlta" an tráth sin iad (11) agus nuair a cuireadh an ruaig orthu as a gcaisleán in Inse Geimhleach, theith siad siar go Carraig Na Madraí, Baile Bhúirne, áit ar shochraigh Diarmuid síos ansin. B'ón Diarmaid céanna a leanann an tAthair Peadar lorg a shinsir síos cúig ghlúin (Diarmaid → Máistir Conchubhar → Barnaby → Diarmaid→ Peadar → Diarmaid→) go dtí a bhreith féin.

Ar shlí is ionann an líne ghinéalaigh ó na deartháireacha a dibríodh ó chaisleán Charraig na Cora i 1694 síos go dtí an buachaill a rugadh i Lios Carragáin i 1839 agus scéal de theaghlach ag teacht anuas sa saol, malairt ratha a chuireann Cyril Ó Céirín in iúl go deas nuair a rinne sé cur síos ar mhuintir Uí Laoghaire mar "aristocrats in 1642, tenant farmers with the grass of seven cows 200 years later" (12). Go deimhin, cé nach mbeifeá ag súil lena leithéid ó mhac feirmeora boicht, b'fhéidir nach raibh an féinmhuinín a léirigh an tAthair Peadar i rith a shaoil chomh aisteach sin má cothaíodh é leis an smaoineamh tabhartha síos ó ghlún go glún gur de shliocht uasail an dream de mhuintir Laoghaire a chónaigh i Lios Carragáin.

Agus é ina sin-sin-sin-seanathair den Athair Peadar ar thaobh a mháthar, tugadh "Conchubhar Meirgeach Ó Laoghaire" ar an gConchubar a dibríodh as Caisleán Charraig na Cora i 1694 (Ua Súilleabháin 145). Ós rud é go bhfuil "cantalach" mar bhrí eile ag an bhfocal "meirgeach" (*Foclóir Uí Dhónaill*), d'fhéadfadh feidearachtaí suimiúla bheith taobh thiar den leasainm sin a bhí ag an mbrainse de mhuintir Uí Laoghaire ó Charraig na Cora maidir le tréithe tabhartha síos chuig an Athair Peadar. B'fhéidir gur sampla den dúchas ag briseadh trí shúile an chait é an leasainm a bhí ag athair Pheadair: sé sin, seans gur tugadh Diarmaid "Rua" air mar bhí a chuid gruaige ar dhath na meirge. Tugann an féidearacht sin ábhar machnaimh dom maidir le cén dath gruaige a bhí ag an Athair Peadar féin mar níor tháinig síos chugainn ach grianghrafanna de agus é ina seanfhear le gruaig bhán. Maidir leis an mbrí eile de mheirgeach, "cantalach", agus é tabhartha síos ón gConchubhar Meirgeach Ó Laoghaire a chónaigh i gCaisleán Charraig na Cora, seans go raibh an chantalacht sa dúchas ag an Athair Peadar freisin más aon chomhartha de thréith fréamhaithe go daingean ina nadúr an chaoi ar chaith sé le Conradh na Gaeilge tar éis titim amach leo [féach Caibidil a Sé le haghaidh na sonraí].

Ag teacht ar ais chuig Diarmaid ó Chaisleán Charraig na Cora, dar leis an Athair Peadar, bhí mac aige darbh ainm "Conchubhar Máistir" agus insíonn an Canónach scéal faoin mac seo mar mhíniú ar rud ait i gcraobh ginealaigh mhuintir Uí Laoghaire a chuireann mearbhall fós ar roinnt dá shliocht sa lá atá inniu ann. 'Sé sin, agus tú ag dul siar na glúnta, cad as a thagann an t-ainm "Barnaby" agus gan ach "Conchubhar", "Diarmaid" agus "Art" mar ainmeacha ar bhuachaillí i muintir Laoghaire go dtí sin?

Tugadh "Máistir" mar leasainm ar Conchubhar Máistir chun idirdhéalú a dhéanamh idir é féin agus Conchubhar Ó Laoghaire eile a d'oibrigh mar bhuachaill feirme dó (12). Bhuel, dar le scéal a tháinig anuas ó ghlúin go glúin, bhí bunús ósnádúrtha leis an mbriseadh ón dtraidisiún agus baint aige le mí-ádh éigin a bhí ag dul le gach leanbh nua a rugadh do Mháistir Conchubhar agus a bhean chéile: fuair siad bás go luath i ndiaidh na breithe. Bhí siad araon ana-bhuartha faoi seo agus an bhean ite le himní nuair a bhí sí ag súil le leanbh nua eile ach ní raibh dul as aici ach leanúint ar aghaidh in umar an éadóchais. Tharla rud mistéireach lá amháin nuair a bhuail bean stráinséarach an doras isteach chuici agus d'fhiafraigh Conchubhar di carbh as í. D'fhreagair sí go raibh sí tar éis teacht aduaidh agus slí fada curtha dhi ó Chill Dara. Ansin labhair sí leis an mbean:

> "Ná bíodh aon bhuairt ná aon eagla ort an turas seo... Mairfidh an té atá ag teacht anois, ach is ar aon choinníoll amháin é... Tugtar ainm cúil le cine air, agus mairfidh sé". Nuair a bhí an méid sin ráite aici d'imigh sí uathu an doras amach agus ní fhaca éinne í, beo ná marbh, san áit ina dhiaidh sin (13).

Rugadh mac do bhean Chonchubhair go luath ina dhiaidh sin agus, in ionad cloí leis an dtraidisiún a mhair sa chlann go dtí sin—'sé sin, Conchubhar, Diarmaid, Airt, Céadach nó Fear a bhaisteadh ar aon mhac a rugadh— thug siad "Barnaby" mar ainm ar an mac seo, ainm nár chualathas riamh roimhe sin sa chlann. Agus, an gcreidfeá é, ach chuaigh an mac den lánúin mhí-ámharach sin ó neart go neart den chéad uair riamh. Tharla an rud céanna leis an gcéad mac eile a rugadh dóibh tar éis dóibh "Peter" a thabhairt mar ainm air. Ba bhriseadh é seo le traidisiún na muintire sin chomh maith, mar a thugann an tAthair Peadar le fios nuair a deireann sé: "Mura mbeadh an bhean úd a tháinig aduaidh agus a thug léi an ainm cúil le cine úd, ní bheadh Peadar mar ainm ormsa. B'fhéidir ná beinn ann in aon chor" (29).

II: Dúil Aige Bheith Amuigh Faoin Aer

Is léir gur bhraith an tAthair Peadar mealladh san aer úr agus bheith lasmuigh ó thús deireadh a shaoil. Go deimhin, ba thrácht ar a chuid spaisteoireachta suas mo bhóthar féin a tharraing m'aird air den chéad uair. Tagann cuimhne Mrs. Smith le cuntas mo chomharsan Bill Shea sa mhéid seo: dúirt sí gur chuimhin léi é mar fhear bheag a shiúil go leor chun é féin a choiméad aclaí (*Britway* 132). É sin ráite, is ar rothar a chonaic sí ar dtús é. D'éirgh sé as an rothaíocht nuair a chuaigh sé in aois.

Is cuí é mar sin go léiríonn sé fiosracht sheanchríonna faoin saol mór amuigh faoin aer sa chuimhne is sia siar ina cheann:

> Is dóigh liom gurb é cuimhne is sia im cheann mé bheith ar a baclainn ag mnaoi éigin, ní cuimhin liom anois cérbh í. Bhí sí ina seasamh ar aghaidh an dorais isteach, i dtreo go raibh radharc agamsa an doras amach agus anonn ar an mbaile ar a dtugtaí An Chathairín Dubh, agus ar an gcnoc ar a dtugtaí an Doire Liath. Bhí, agus tá fós, drom fada fiaclach bearnach ar an gcnoc san agus is cuimhin liom go maith

bheith ag déanamh ionadh de na fiacla, agus de na bearnaí a bhí eatarthu agus á fhiafraí dhíom féin cad fé ndear iad a bheith chomh garbh san i ndroim an chnoic sin (16).

Thug mé cuairt ar shuíomh a thí i Lios Carragáin i 2016 agus sheas mé san áit inar shíl mé go raibh doras an tí chun go bhféachfainn amach ar an radharc céanna ar a d'fhéach seisean agus é i mbaclainn na mná gan ainm sin fadó.

An "c[h]uimhne is sia siar im cheann", dar leis an Athair Peadar: an radharc ó dhoras a thí i Lios Carragáin.

Cuireann a chuid focail pictiúr im' cheann de leanbh deargleicneach agus é bolgshúileach le fiosracht faoin radharc a bhí ag síneadh amach uaidh; a mhéara bheaga, ramhra á síneadh aige faoi choinne na bhfiacla ar an gcnoc mór sin ag bun na spéire. Ach bhí air éirí níos miotalaí sar a raibh sé láidir a dhóthain chun dul amach chomh fada le cúinne na hiothlainne (17). Bhí radharc aige ón áit sin ar an gCathairín, an Doire Liath, is soir ó thuaidh go Cura Liath agus talamh a athar go léir. Bhraithfeá go raibh an créatúr óg mí-fhoighneach agus scúite chun dul amach ag siúl sna háiteanna seo a d'fhéach cóngarach go leor dó.

Ní raibh an mhealltacht chéanna ag baint le gach rud sa radharc sin, áfach: tóg, mar shampla, an scata géanna a bhí ag muintir Iarlaithe, teaghlach a chónaigh laistiar de thig Uí Laoghaire mar shampla. Tagann acmhainn grinn an Athar Peadar amach le linn dó cur síos ar "scafaire glégeal gandail" a chuir eagla mór air ó ham go ham (20) le linn dó teacht idir é féin agus an raon radhairc sin ón iothlainn. Ba ar éigin a rug Peadar na cosa uaidh lá amháin nuair a chonaic sé an gandal glórach úd ag déanamh air:

> a cheann chun an tailimh aige, agus a mhuinéal sínte aige.
> Bhéiceas agus ritheas. Rugas na cosa uaidh, ach b'ar éigin
> é. D'iompaigh sé thar n-ais agus d'aireofá míle ó bhaile é ag
> maoímh as an ngaisce a bhí déanta aige (21).

Ná leath do bhrat ach mar is féidir leat a chumhdach, mar a deireann an seanfhocal.

Ach, tríd is tríd, is i méid a chuaigh an dúil a bhí ag Peadar óg i radharc álainn de réir mar a d'fhás sé suas. Go deimhin, tharraing sé achrann air féin uaireanta ar mhaithe le radharc álainn a bhaint amach. Sampla maith de seo ná nuair a thug sé faoi Chnoc "Mangarta an Cheoigh" a dhreapadh agus gan é ach deich mbliana d'aois. Chun a cheart a thabhairt dó, b'é a athair a chuir an cathú air nuair a sheol sé é fiche míle nó mar sin siar go Litir Ceannann leis an oibrí-feirme Micheál Ó Finneagáin. D'iarr athair an bhuachalla óig ar Mhicheál ba sheasca a thabhairt chuig Leitir Ceannann chun go mbeidís in ann iníor ar a suaimhneas don samhradh. Chuir sé Peadar óg ina theannta le rith i ndiaidh na mbó má rinne siad iarracht faoi éalú. Ní raibh Micheál ábalta an rud céanna a dhéanamh toisc go raibh na dathacha aige (69).

Nuair a shrois siad Leitir Ceannann, thóg Micheál sos i dteach an teaghlaigh go mba leo an sliabh le linn do Pheadar agus garsún eile na beithígh a thabhairt go cumar breá cluthar (70). Sheas siad ar bharr an tsléibhe ansin agus ba dheas an radharc a bhí thíos fúthu. Leag Peadar óg súil ar chnoc ard lastuaidh den ghleann doimhin agus chuir sé an cheist: "Cad é an ainm atá ar an gcnoc mór san?" ar seisean.

"Ar airís riamh teacht thar an Mangartain?... radharc an-mhór óna bharr. Ba dhóigh leat go bhfeicfeá Éire go léir óna bharr dá mbeadh an lá glan," arsa an garsún (70).

Ní túisce é sin ráite ag mo dhuine ná dúirt Peadar óg: "Tá sé an-ghlan anois... Beidh aimsir ár ndóthain againn chun dul suas go dtí a bharr agus an radharc breá d'fheiscint. Téanam ort!"

D'fhéach an buachaill air le hiontas. "An bhfuil fhios agat cad é an fhaid atá an cnoc sin uait anois... deich míle, a mhic ó, agus dob usa dhuit go mór fiche míle de bhóthar a shiúl ná an deich míle sin" ar seisean.

Ní dúirt Peadar a thuilleadh don fhear óg ach cé go raibh an chuma air go raibh dreapadh Mangerton caite as a cheann aige, ina chroí istigh bhí sé meáite ar éirí go luath an mhaidin dar gcionn le bheith ar bharr Mangerton sar a bheadh Micheál ná éinne eile as an leaba ambaist! (71). Tar éis dó dul a chodladh an oíche sin lena intinn leata ar Mangerton, d'éirigh sé le breacadh an lae agus as go brách leis i dtreo Mangerton.

B'éigean dó an bóthar a fhágaint tar éis tamaill agus d'éirigh an choisíocht ana-dheacair ina dhiaidh sin mar bhí air crágáil thar talamh an-gharbh, an-mhícothromach, lán de chlocha agus de thortóga agus de phoill.

In ainneoin an dua a bhí air, bhí súil a choinneáil amach aige d'áilleacht an nadúir: mar shampla, ar a bhealach chonaic sé bric bheaga 'ag scinnt anonn agus anall... fé na clocha' ins na tsrutháin" agus é ag faire amach do cheann mór ramhar Mangerton ag eirí chuige aon nóiméad.

"Mangarta an Cheoigh", an sliabh 2750 troigh gar do Chill Áirne a rinne an tAthair Peadar iarracht é a dhreapadh agus gan é ach deich mbliana d'aois. D'imigh sé gan faic a rá le héinne an lá ar thug sé a aghaidh ar Mangerton.

Mo chreach chráite! Bhí an lá ag dul thart, an ghrian ag árdú sa spéir agus tart ag teacht air (72). Smaoinigh sé ar an méid a dúirt an fear óg dó faoin deich míle de chúrsa a bhí ba dheacra a shiúl ná fiche míle agus stop sé (73). Go drogallach d'éirigh sé as a phlean chun Mangerton a dhreapadh agus chas sé thart.

Ar a bhealach ar ais, chuaigh sé ar seachrán nuair a rinne sé iarracht dul an cóngar go Litir Ceannann. Bhí air siúl míle tuirsiúil i ndiaidh míle tuirsiúil agus an bonn titithe as a bhróg sul a chonaic sé crosaire agus fear ag feitheamh ann roimhe (75). Cé a bhí ag an gcros ach Micheál O Finneagáin agus é ag croitheadh an bhata chuige go feargach. Bhí Micheál tar éis cuardach do Pheadar óg i ngach aon áit agus é ag filleadh abhaile gan tásc ná tuairisc de mhac a fhostóra is sceoin air dá réir, nuair a chonaic sé buachaill óg ag teacht ina threo (75).

Ba mhór an faoiseamh aigne dó nuair a chonaic sé é thar nais, áfach, agus ní ligfeadh sé as a radharc é go rabhadar sa bhaile. Níor labhair sé focal don athair faoin scanradh a cuireadh air agus ní raibh baol dá laghad go labharfadh Peadar féin faoi eachtraí an Oilithrigh!

"The Devil's Punch Bowl" gar do bharr chnoc Mangerton.

Ní raibh sé ábalta brionglóid Mangerton a dhíbirt óna chuimhne, afách, agus bhain sé a bharr amach níos déanaí ina shaol. Thóg áilleacht na háite a anál uaidh agus ní féidir sarú na bhfocal a fháil ar an gcur síos a dhéanann sé ar an radharc draíochtúil ón gcnoc sin:

> Bhí an lá chomh glan le criostal. Bhí scamaill bheaga bhána ar an spéir... bhí an t-aer fúthu gan aon bhlúire ceo ann, i dtreo is gur fhéadas an talamh agus na páirceanna agus na coillte agus cuid de na haibhne agus an-chuid tithe cónaithe ná raibh ró-fhada uaim, d'fheiscint go soiléir. Bhí Cill Áirne ansúd thíos im aice... go measainn go bhféadfainn mearóg chloiche a chaitheamh síos isteach sa tsráid bheag... na

cnoic mhóra agus na cnoic bheaga ar a measc laistiar agus laisteas agus laistoir díom... ba dhóigh leat ná raibh sa chuid eile acu ach coirceoga bheaga seachas an beithíoch cnoic a bhí fém chosa (76–77).

D'fhan sé tamall fada ag breathnú siar ar na hinbhir ó Bhaoi Bhéara go hInbhear Neidín, Thraighlí agus an Daingin agus b'é an poll mór leathan, doimhin agus loch ag bun an phoill a bhain geit as; cheap sé gur fhan sé chomh fada ag stánadh ar an loch gurbh amhlaidh a chuir sé faoi draíocht é.

Bhí sé chomh gafa leis an radharc aoibhinn seo nár bhraith sé an t-am ag dul thart agus é i bhfad óna lóistín chun bheith thar nais roimh dorchadas na hoíche. Fiú ansin chuaigh sé dian air a shúile a bhaint ón radharc sin mar is in aoibhne a bhí sé ag dul le luí na gréine. Bhraithfeá an mealladh chun bóthair a bhí i tírdhreach álainn dó sa chaoi a bhí air a shúile a stracadh ón radharc chun an áit sin a fhágaint:

> Thugas iarracht ar imeacht. Stadas tamaillín eile. Thugas iarracht eile ar imeacht agus stadas tamaillín chun aon fhéachaint amháin eile a thabhairt im thimpeall orthu go léir. Fé dheireadh ritheas as an áit (81).

III: A Chuimhní ón nGorta Mór

Ní raibh Peadar ó Laoghaire ach sé mbliana d'aois nuair, mar a dúirt sé: "Rug an dubh an práta leis, agus ansan níor fhan aon bhlúire bídh le n-ithe ag na daoine" (43). Cé gur tháinig sé slán tríd an dtréimhse léanmhar sin, d'fhág sé lorg buan ar a intinn mar a n-admhaíonn sé agus na rudaí is measa a chonaic sé a thabhairt chun cuimhne aige i *Mo Scéal Féin*. Mar shampla, ní raibh sé ach ocht mbliana d'aois agus é ina sheasamh sa chlós nuair a:

> chonaiceas bean ag gabháil chugam aníos an cnocán. Bhí sí cos-lomnochta. Bhí sí ag siúl an-réidh agus saothar uirthi mar bheadh ar dhuine a bheadh ag rith. Bhí a béal ar leathadh i dtreo go raibh radharc agam ar na fiacla agus í ag séideadh. Ach is é an rud a chuir ionadh ar fad orm ná a cosa. Bhí a cosa ataithe i dtreo go raibh gach aon chos acu, óna glúna síos, chomh mór chomh ramhar le galún. Chuaigh an radharc sin chomh daingean san in achrann im aigne go bhfuil sé os comhair mo shúl anois chomh gléineach agus bhí sé an lá san, bíodh go bhfuil timpeall cúig bliana agus trí fichid ó shin ó chonaiceas é (35).

Cuimhne eile a chiap é ná an lá a bhí sé cois tine age baile nuair a phléasc buachaill óg an doras isteach le pian agus fulaingt an ocrais ina aghaidh. Dar leis an Athair Peadar, b'é an rud nach ndéanfadh sé dearmad go deo air ná:

An sceoin a bhí ina dhá shúil, sceoin ocrais. Tá an aghaidh sin agus an dá shúil sin os comhair m'aigne fós chomh glan chomh soiléir agus bhíodar an lá san nuair thugas an t-aon féachaint amháin orthu. Thug duine éigin canta aráin dó. Thug sé snap ar an arán agus thug sé a dhrom linn agus a aghaidh ar an bhfalla, agus sháigh sé an t-arán ina bhéal, agus dhírigh sé ar an arán d'ithe le hairc i dtreo gur dhóigh leat go dtáchtfadh sé é féin (35).

An Monsignor Seamus Ó Domhnaill, ceiliúraí an Aifrinn sa Relig i gCarraig an Staighre i 1997: ceiliúradh speisialta i gcuimhne na ndaoine a fuair bás ón ocras in aimsir an Ghorta Mhóir.

Tuilleadh den bhriseadh croí ina chuntas ar Mháire Rua, comharsa leis. Dúirt sé gur ghol sí go pras ar fheiscint an dúchán ar a prataí di mar bhí a fhios aici ansin nach raibh tada idir a clann agus bás a fháil den ocras anois. Nuair a bhí a fear céile sínte leis an ocras, d'fhág sí a teachín gach maidin ar bholg folamh agus shiúil sí cúig mhíle fada thar thalamh clochach go Clydagh, áit a thug gaolta léi braon bainne di. Bhí uirthi an cúig mhíle sin a chrágáíl ar ais arís agus, nuair a shroich sí an baile, dhéan sí an bainne a théamh agus níor ól sí ach an meadhg lom searbh ionas go bhféadfadh sí an gruth cothaitheach a thabhairt do Labhrás. Ach, faraor géar, fuair sé bás in ainneoin a hiarrachtaí go léir.

Léiríonn scéilíní mar seo gur theastaigh ón Athair Peadar aitheantas a thabhairt do chomharsana a óige de bharr a ndílseachta agus na n-iarrachtaí gan staonadh a rinne siad chun teacht slán as am an ghátair. Ní raibh sé ceart, dar leis, go ndéanfadh an domhan dearmad glan ar an uaisleacht a léirigh siad in aimsir an Ghorta Mhóir.

Meabhrú uaigneach ar an dtragóid seo inniu ná Reilig an Ghorta Mhóir i gCarrigastaighre, Má Chromtha, áit ar a raibh mo thriall le linn dom cuairt a thabhairt ar na háiteanna a bhain le óige an Athar Peadar i 2016 i dteannta Sara Uí Thuama. Thángamar ar an séipéilín gliondrach álainn ar ár slí isteach chuig Reilig na mBocht a bhí faoi bhfothain coille bige agus an ghrian ag spléacadh i scealpaí geala tré bhrainsí na gcrann.

An dul isteach chuig an reilig i gCarraig an Staighre, áit a cuireadh na daoine i "poll mór leathan doimhin" agus iad ag fáil bháis go tiubh te le linn an Drochshaoil.

Le linn dom féachaint ar na leaca uaighe, afách, ní raibh neart agam air ach smaoineamh ar fhocail an Athar Peadar faoin gcruatain a d'fhulaing daoine i dTeach na mBocht i Má Chromtha in aimsir an Ghorta Mhóir. Dúirt sé gur tógadh páistí óna dtuismitheoirí nuair a théadh teaghlaigh isteach sa teach plódaithe sin agus iadsan nár ligeadh isteach ann, luigh siad síos ar bhruach na habhann agus fuair siad bás. Ní raibh talamh slán bainte amach ag a lán a d'éirigh leo áit a bhaint amach i dTeach na mBocht ach oiread mar, leis an saol míshláintiúil a bhí istigh ann, thosaigh:

> na daoine ag titim le heagrúas… agus iad ag fáil bháis chomh tiubh agus thagadh an galar orthu... chítí ansan iad gach aon mhaidin agus iad sínte ina shraitheanna... agus chuirtí isteach i dtrucailí iad agus beirtí suas iad go háit in aice Carraig an Staighre mar a raibh poll mór leathan doimhin ar oscailt dóibh, agus cuirtí síos sa pholl san i dteannta a chéile iad (38–9).

Sa lá atá inniu ann tá atmasféar spioradálta le braith i gciúnas na gcrann sa reilig agus ba mhaith liom é sin a thógaint mar chómhartha go bhfuil anamacha na ndaoine atá faoin gcré anseo ar a suaimhneas anois agus saor ón bhfulaingt. Dúirt Sorcha liom go mbíonn Aifreann speisialta sa tséipéal beag bídeach seo go bliantúil agus táim cinnte go bhfuil an tAthair Peadar ana-shásta go dtagann muintir Mhuscraí le chéile anseo i gcuimhne orthusan a fuair bás in aimsir an Ghorta Mhóir. Tá taifead déanta ag Dan Joe Ó Céilleachair ar Aifreann comórtha a ceiliúradh ann le Monsignor Seamas Domhnaill sa bhliain i 1997.

Caibidil a Ceathair: "Intinn Láidir i gcorp Lag"

Bhí an scoil ba chóngaraí dó timpeall cúig mhíle óna theach i Lios Carragáin agus dúirt an tAthair Peadar gurbh é sin an chúis nár chuir sé cos thar thairseach na scoile go raibh sé trí bliana déag d'aois (31). Ach 'sé an scéal a chuala Mrs. Smith ná nár fhreastail sé ar aon bhunscoil go dtí go raibh sé ina dhéagóir mar bhí sé tinn go minic agus é óg (*Britway* 132). Chuimhnigh sí ar seo le linn di a rá nach raibh sláinte an Chanónaigh go maith fad is a bhí sé i gCaisleán Uí Liatháin. Thacaigh cuimhní cinn Peter Hegarty í sa mhéid seo mar ba chuimhin leis go raibh an Canónach tinn go minic i mblianta deireanacha a shaoil (127). Ina theannta sin, ba chuimhin leis go rachadh sé:

> away for a few months at a time to Dunleary where he would stay at the Royal Marine Hotel, and in those later years he would also take frequent walks, more than he used to in the earlier years. Then towards the end he was poorly and in bed (127).

An tAthair Peadar go seascair ina chóta fada dubh agus é ag caint le Shán Ó Cuív Mór. [Grianghraf le caoinchead Sara Twomey]

Ós ag trácht ar an leaba atáimid, dúirt Mrs. Smith gur iarr an Canónach uirthi caipín oíche olla a chniotáil dó, ceann a tháinig síos thar a chluasa mar bhíodh sé préachta leis an bhfuacht go minic (132). Mar an gcéanna, ba chuimhin le Peter Hegarty é bheith gléasta go teolaí aon am a théadh sé ag taisteal (*Castlelyons Parish Yearbook* 7). Go deimhin, d'fhéadfadh sé teacht go hAifreann Stáisiún í Mí Dheireadh Fómhair agus dhá chóta mhóra air, radharc a chuir fonn gáire ar níos mó ná duine amháin. Cé nach mbeadh sé ceart ná cóir na nósanna seo a thógaint mar chomhartha eile de dhrochshláinte, fós chuirfeadh sé duine le sláinte íogair i gcuimhne duit, i ndeireadh a shaoil thiar ar a laghad.

Faighimíd nod anseo is ansiúd ina dhírbheathháisnéis nach raibh sé chomh scafánta agus é óg. Mar shampla, agus é ag iarraidh cur ina luí ar Dhiarmaid Ó Laoghaire a mhac a sheoladh chuig scoil Laidine i Má Chromtha, bhí an méid seo le rá ag an príomhoide Micheál De Bhál faoi Pheadar óg a bhí sé bliana déag d'aois ag an am:

> Tá an chúilfhéith ann chun na foghluma agus an éirim. Má choimeádann tú sa bhaile é ní bheidh puinn dá bhárr agat. Ní fhásfaidh sé ró-mhór choíche. Ní bheidh an téagar ná an neart ann ba ghá chun sclábhaíocht a dhéanamh ar an bhfeirm, agus dá mbéadh féin tá do dhóthain cúnta agat sa chuid eile den chlann (54).

As sin amach, thagadh ráigeanna tinnis ar an Athair Peadar ó am go ham. Mar shampla, i rith a dara bliana i Má Nuad, chaith sé an oiread sin ama san ospidéal de dheasca boilg tinn gur thit sé chun deiridh lena a chuid léinn (87).

Téigh ar aghaidh go dtí go raibh sé sna daichidí agus thosaigh daoine ag rá leis "go raibh sé an-bhuailte amach" tar éis dó bogadh go Cill Uird i 1882 (157). Ag féachaint siar ar an ráig thinnis a bhuail é an tráth sin, mheas an tAthair Peadar gurb é a sceideal cruógach sa Ráth—an paróiste ina fhreastail sé mar shéiplíneach díreach sar a tháinig sé go gCill Uird—a chuir thar a acmhainn é ós rud é go m'béigean dó a dhualgaisí sagartúla a chomhlíonadh san am céanna a bhí rang á mhúineadh aige agus é gafa le Cumann na Talún. Ach ní fada go raibh sé ar a sheanléim arís nuair a d'éirigh sé as an múinteoireacht agus tharraing sé siar ó Chumann na Talún (157).

Ansin, nuair a bhí sé lonnaithe i nDún ar Aill cúpla bliain níos déanaí, d'fhulaing sé ráig tinnis arís, tinneas a dúirt sé gur "ró-dhóbair dó mé a bhreith as an saol" (179). Bhuail an taom seo é chomh hobann sin gur chuir sé an milleán ar uisce salach a d'ól sé. B'é a bhuille faoi thuairim ná gur tháinig an t-uisce céanna ón abhainn thruaillithe a bhí ag rith faoin ndroichead ag bun na sráide i nDún ar Aill (180). Bhí teoiric aige freisin faoi conas mar a tharla gur ól sé uisce ón abhainn sin i ngan fhios dó féin tar éis dó ordú a thabhairt dá shearbhóntaí gan uisce a thógaint ón bhfoinse sin ach é a fháil ó thobar a bhí tamall maith ón bpríomh sráid ina ionad.

Dar leis an gCanónach, tháinig cathú ar a shearbhóntaí gan déanamh de réir mar a ordaíodh dóibh nuair a thagadh buachaill le hasal agus cairt go dtí an doras agus uisce á dhíol ó thobán aige. Bhí a fhios ag an saol go bhfuair an buachaill áirithe sin a uisce ón abhainn faoin ndroichead ach rinne a shearbhóntaí dearmad ar sin agus leisce orthu féin uisce a tharraingt ón dtobar. Agus sin mar a tharla sé gur cuireadh uisce truaillithe ar a bhord féin, dar leis an Athair Peadar (180).

Ach cé nach raibh an tAthair Peadar ina shláinte go minic, bhí sé miotallach ar shlite eile sa chaoi is gur tháinig sé tríd rudaí a chuir deireadh le fir níos láidre ná é. Sampla maith de seo ná an tinneas boilg sin a d'fhág sínte é ar feadh tamaill le linn dó bheith ina mhac léinn i Má Nuad. Níorbh é an t-aon duine a d'eirigh breoite i gColáiste Mhá Nuad mar bhí na hógánaigh eile ag fulaingt chomh maith de dheasca droch-caighdeáin an bhia ann agus taithí acu ar aer glan na tuaithe. Tháinig siad isteach i dtús na bliana mar "bhuachaillí breátha láidre" agus d'fhill siad abhaile sa samhradh agus iad "seirgthe go maith" (85). Bhíodh dinnéirí sláintiula acu arís sa bhaile mar shampla bagún is cabáiste, arán donn agus bainne na mbó agus chuir siad meáchan suas arís ach níor fhan sé leo ar fhilleadh thar n-ais dóibh. Ghoill atmaisféar an Cholaiste níos déine ar bhuachaillí na tuaithe i gcomparáid leo siúd óna mbailte móra.

D'éirigh le mórán teacht slán trí shaol míshláintiúil an choláiste, ach bhris sé an tsláinte ar chuid acu. Duine de na na hainniseoirí seo ná buachaill scafánta fuinniúil ó Thiobrad Árainn a tháinig go Má Nuad an bhliain chéanna is a tháinig an tAthair Peadar ann. Agus é thar sé troithe in airde, bhí sé ina fhathach i measc na mac léinn eile agus thabhaigh sé clú mar fhear le "neart uafásach" ina ghéaga (86). Is dócha gur chuir eachtra a tharla sa chúirt liathróid láimhe go mór leis an gclú sin.

Thit an t-eachtra go léir amach os comhair an Athar Peadar agus é suite ar an dtaobh líne. Maidir le spórt de, is dócha gurbh é an taobh líne an áit is dual dó mar dúirt sé nach "raibh puinn maitheasa riamh ionam chun aon chluichí gleacaíochta den tsórt san". Bhí trí óganach eile ar an gcúirt agus bheartaigh siad cleas a imirt ar an bhfámaire fir. Dhruid siad isteach air, ag iarraidh é a leagadh. Bhí beirt acu le lámha faoina chom agus an duine eile le greim ar a ghlúna, ach:

Lúb an fear láidir a ghlúine agus lig sé síos é féin go dtí go raibh an bheirt uachtarach daingean aige faoine dhá ascaill agus greim lena dhá láimh aige ar dhá cheathrúin an fhir íochtaraigh. Ansin dhírigh sé suas é féin agus thóg sé an triúir in éineacht glan ón dtalamh agus shiúil sé timpeall na cúirte leo (86).

Baineadh geit as an dtriúir agus bhí orthu suí síos chun teacht chucu féin, iad ag gearáint gur bheag nár mharaigh sé iad leis an bhfáscadh uafásach a thug sé dóibh. Ba léir nach raibh fios a nirt fhéin ag an leaid ó Thiobraid Árainn agus bhí cathú air ag deireadh gur ghortaigh sé iad chomh dona sin. "Dár fia... ach dá bhfáisctheá a thuilleadh mise bhíos marbh agat" arsa duine acu leis (87). In ainneoin an nirt uafásaigh a léirigh an fámaire fir san eachtra seo, nuair a chonaic an tAthair Peadar é cúpla bliain níos déanaí, ní raibh ann ach na cnámha agus an craiceann (87). Dála a lán mac léinn eile, ghoill aer agus bia na háite air, á chreimeadh diaidh ar ndiaidh go dtí gur thit sé i gceann a chos agus b'éigean dó dul abhaile. Ní raibh sé ró-fhada sa bhaile nuair a fuair sé bás.

Cuir i gcás go raibh geallghlacadóir ag faire ar na mic léinn nua ag teacht dona gcéad bliain i Má Nuad i 1861, gach seans go gcuirfeadh sé a gheall ar an leaid ó Tiobraid Árainn teacht as lena shláinte gan lot. Ach, mar a thit cúrsaí amach, b'é an fear beag agus cuma leochaileach air a tháinig slán as an dtimpeallacht bhagrach sin. Agus tugann an éacht sin i gcuimhne dom an buachaill óg a thug fogha faoi Chnoc Mangartain agus gan é ach deich mbliana d'aois. Gan dabht ar bith, dá mba mise Micheál Ó Finnegáin agus radharc agam ar an nduine beag sin ag druidim liom ón ndúiche fhiáin os mo chomhair, b'é an chéad rud a rithfeadh liom a rá leis an bhfánaí ná: *céard sa diabhal a chuir id' cheann é sin a dhéanamh? Cad a chuir ina luí ort tabhairt faoi thuras de shiúl cos thar thalamh garbh gan bhia gan deoch gan eolas do shlí fiú nó gan focal a rá le héinne sar a d'imigh tú?*

Cé mór mo mheas ar Pheadar óg as ucht an mhisnigh a léirigh sé an lá sin ar lámh amháin, sílim gur místuama neamhthuisceanach an bheart a rinne sé ar an lámh eile. É sin ráite, sílim go dtuigim an meon taobh thiar de sa mhéid is gur pháiste ábhairín lag a bhí ionam féin freisin agus mé sean go leor, thar seacht mbliana d'aois, nuair a thug mo dheirfiúr Áine ar scoil mé den chéad uair. Ag smaoineamh siar ar m'óige, is cuimhin liom conas mar a chuaigh sé go smior ionam nuair a dhéanfadh daoine neamhaird díom tar éis dóibh féachaint amháin a thabhairt ar mo chrot lag tanaí. Ach ní dhearna an beag is fiú sin ach cur le mo rún taispeáint don saol go raibh mé chomh maith le héinne eile. Agus an meon dúshlánach seo de mo ghriogadh, bhí sé de nós agam mé fhéin a chaitheamh isteach i ndúshláin a raibh de chiall ag páistí níos láidre ná mé fanacht glan uathu. Cá bhfios ach b'fhéidir go raibh an tAthair Peadar ar mo nós féin sa mhéid seo. Pé scéal é, is léir go raibh láidreacht intinne nach mbeifeá ag súil leis faoi cheilt ina chorp lag.

Is dócha gur mhór an chabhair dó é an láidreacht intinne seo nuair a thug sé faoin scríbhneoireacht chruthaitheach agus é anonn sna caogaidí. Mar ba nós an uair sin agus tá fós, bhí tuairim choitianta ann go gcaithfeá bheith as do mheabhair bheith ag iarraidh an Ghaeilge a thabhairt ar ais ón mbás. Ach is léir nár lig sé don thuairim dhiúltach seo lagmhisneach a chur air. Seans nár tháinig ísle brí air mar bhí an meon céanna aige maidir le foilseacháin nua á scríobh bliain in ndiaidh bliana agus a léirigh sé an lá sin a thug sé aghaidh ar airde chnoc Mangerton; meon a chuir ina luí air go caithfidh tú an t-iomaire atá romhat a threabhadh agus ná lig do lagmhisneach greim a fháil ort.

Le himeacht aimsire, chruthaigh an tAthair Peadar gur scríbhneoir torthúil thar na bearta a bhí ann, míle mhír foilsithe aige óna chéad shaothar i 1893 go dtí an rud deireanach a scríobh sé roimh a bhás i 1920 (Ó Cuív, "Curadh Cosanta" 36). Ina theannta sin, ó d'fhoilsigh sé a chéad leabhar, leabhrán gramadaí, i 1895, ba bheag bliain a chuaigh thart nár foilsíodh leabhar éigin uaidh agus de thoradh a chuid oibre leanúnaí, bhí dhá leabhar is caoga i gcló aige roimh dheireadh a shaoil (36).

Chuir an dúthracht seo go léir ina luí ar phobal a linne go raibh obair na gcapall déanta aige ar son na Gaeilge agus b'é go díreach mar "do haithníodh coitianta go raibh cion céad fear déanta aige i ngnó na teangan" gur bronnadh Saoirse na Cathrach air i gCorcaigh agus i mBaile Átha Claith i 1912 (32). Agus ná déanaimís dearmad go raibh sé sách sean agus an obair chruaidh seo idir lámha aige. Léiriú maith ar sin ná nuair a d'aistrigh sé an Sean-Tiomna ina iomláine go Gaeilge. Agus ceithre bliana is seachtó slánaithe aige, chrom sé ar Leabhar Genesis a aistriú i 1914 agus lean sé ar aghaidh go dtí gur chríochnaigh sé a aistriuchán ar Leabhar Maccabees i Mí na Samhna 1916 (36). Bhí ceithre mhíle is cúig céad leathanach scríofa amach de láimh aige laistigh de dhá bhliain faoin am a chríochnaigh sé a aistriúchán ar an Sean-Tiomna.

Ba mhinic a d'admhaigh sé go raibh sé righin ina chuid nósanna agus is dócha gur chabhraigh a ghnáthamh neamhaithraitheach coinneáil suas lena ualach oibre, nó sin an léamh a thug sé ar a shaol i litir do chara dár dáta an 20ú lá de Dheireadh Fómhair, 1903:

> Tá a lán oibre agam 'á dhéanamh gan dabht, ach ní'l aon éugóir agam á dhéanamh orm féin. Siubhluíghim a lán lasmuich i gcaitheamh an lae agus bím sa leabaigh i gcómhnuíghe sar a mbuailean a deich. Ní dheinim aon

áirneán oídhche. Is amhlaidh ná faighim aon trioblóid sa n-obair. Ní bhíonn an peann am dhorn agam thar cheithre h-uaire chloig aon lá. Laethanta ní bheadh sé am dhorn agam thar dhá uair a chloig. Ní'l san ró dhian (Ó Fiannachta 120).

Ba sheomra curtha i leataobh don scríbhneoireacht amháin cuid dá réim mhaireachtála chomh maith, dar le Mrs. Smith:

The Canon had a special small room built onto the priest's house. It was there he kept his books and papers. He used to write a great deal there (*Britway* 133).

An tAthair Peadar ina shuí tar éis a ghnáth-am codlata: deireann sé i nóta ar a aistriúchán den Leabhar Íob gur chríochnaigh sé é ag leathuair tar éis a deich istoíche ar an séú lá déag de mhí na Nollag, 1915 [Griangraf le caoinchead ón Leabharlannaí, Ollscoil Mhá Nuad]

Agus bhí níos mó ná aon tseift amháin aige chun spás fabhrach a chothú don scríbhneoirneacht mar chuir sé stól ard agus bord—ceann an bhoird claonta ionas nach mbeadh air cromadh agus é ag scríobh—ina uaimh scríbhneoireachta, trealamh a chonaic Peadar Ó hAnnracháin ar chuairt chuige lá amháin (565). Shuigh an sagart ar an stól árd fiú chun a thaispeáint do Pheadar cé chomh compordach is a bhí a chóras d'éinne a chaith tamall maith de gach lá ag scríobh: "Amadán a leanfadh aon fhaid ag scríobh gan a leithéid sin de ghléas a chur in oireamhaint do féin" ar seisean leis an bhfear ó Sciobairín agus, shamhlófá, cuma ana-shásta air ina "oifig" compórdach.

An tAthair Coleman agus Éilís ag deasc scríobhneoirachta i dteach an tsagairt i gCaisleán Uí Liatháin, an teach céanna inar scríobh an tAthair Peadar a leabhair go léir.

Caithfidh go ndeachaigh an radharc sin den Athair Peadar suite ag a dheasc scríbhneoireachta go mór i bhfeidhm ar Ó hAnnracháin mar tháinig an t-iomhá ar ais chuige go grinn an oíche dheireanach a bhí siad i bhfochair a chéile. Dúirt an fear as Sciobairín go raibh tigh an tsean-sagairt díreach fágtha aige nuair a stop sé chun féachaint siar agus, súil aige ar theach an Athar Peadar, mhachnaigh sé ar an saibhreas liteartha do Náisiúin na hÉireann a soláthraíodh i ngan fhios d'fhormhór mhuintir na hÉireann istigh ann (564). Tháinig smaoineamh eile sna sála ar an smaoineamh sin, íomhá den:

> fear téagartha agus an ceann liath air, an stól árd fé agus an bord árd oireamhnach don stól roimhe amach, an treasnán ar an stól tamall ón mbun ar a gcuireadh sé a chosa chun suain, chun compord a thabhairt do féin, páipéar agus dubh ar an mboird, agus an peann sa láimh leithin sin aige, an lámh iongantach san do stiúraigh an peann ar na mílte agus na mílte leathanach de pháipéar ar feadh na mbliadhanta ...

Sin é an peictiúir a dheineas im aigne agus mé annsan im sheasamh ar an mbóthar agus mé ag féachaint i dtreo thighe Pheadair Uí Laoghaire i gCaisleán Ó Liatháin (565).

Ach cén fáth gur fhág an tAthair Peadar chomh déanach sin ina shaol, go dtí go raibh sé meánaosta, sar a thug sé faoi scríbhneoireacht? Is dócha gur chuid de go raibh air fanacht go ham tráthúil mar níor bunaíodh *Irisleabhar Na Gaeilge*—an foilseachán míosúil a thosaigh ar *Shéadna* a fhoilsiú mar sraithscéal ó 1894 amach—go dtí 1882 (Mac Mathúna vii). Dá bhrí sin, bhí an tAthair Peadar sna dachaidí sar a raibh áit ann chun scríbhínní Gaeilge a fhoilsiú.

D'imeodh deich mbliana eile sar a bunaíodh Conradh na Gaeilge i 1893 agus é mar aidhm ag an eagraíocht sin litríocht nua sa Ghaeilge a fhorbairt (x). Bhí ról lárnach ag Conradh na Gaeilge maidir leis an Athair Peadar a spreagadh chun dul i mbun pinn agus, murach runaí an Chonartha, Eoin Mac Néill, bheadh an baol ann nach rachadh an tAthair Peadar leis an scríbhneoireacht ar chor ar bith mar b'eisean, ina ról mar eagarthóir ar *Irisleabhar na Gaedhlige*, a thug a chéad sheans don Athair Peadar nuair a thosnaigh sé ar *Séadna* a fhoilsiú san fhoilseachán sin i 1894 (vii, xiv). Anois ó smaoiním air, seans go raibh cúis eile nár chuaigh sé i mbun pinn go dtí go raibh sé mean-aosta, cúis a bhain lena ardú go céim an tsagairt paróiste nuair a haistríodh go Caisleán Uí Liatháin i 1891. Anseo den chéad uair bhí séiplíneach aige chun cuid dá dhualgaisí a thabhairt dó agus am saor aige dá réir chun díriú isteach ar an scríbhneoireacht.

Cibé rud ba bhun leis an moill, is cuí é ar shlí nár chuaigh sé i mbun pinn go dtí go raibh sé sách aosta mar cloíonn sé le patrún a shaoil sa mhéid is gur "late bloomer" a bhí ann ar shlí ó thús: mar shampla, bhí sé trí bliana déag d'aois sar a chuaigh sé ar scoil den chéad uair. Go deimhin, dá mba mise é agus tús á chur agam le scríbhneoireacht mar shlí bheatha go déanach im' shaol, bhraithfainn brú orm chun an t-am a cuireadh amú a thabhairt isteach.

Tugann rud a dúirt an tAthair Peadar agus a chóras scríbhneoireachta á phlé aige le Peadar Ó hAnnracháin ábhar machnaimh dom sa mhéid seo: "tá obair throm romham fós, má mhairim chuige" (565). Má thógann tú san aireamh freisin go raibh sé fós ag scríobh agus ag aistriú geall leis go lá a bháis (*Feasta*, 'Eagarfhocal', 3), thuigfeá dó é má bhraith sé go raibh rás in aghaidh an chloig ar siúl aige, ní hamháin i gcoinne a bháis féin ach i gcoinne an bháis a bhí i ndán don Ghaeilge chomh maith.

Luaim é seo agus mé ag iarraidh tuiscint a fháil ar rud atá tabhartha faoin ndeara ag roinnt léirmheastóirí: nach bhfuil an caighdeán céanna ag baint le gach rud a tháinig ó pheann an Athar Peadar. Seans go leagann

Pádraig Ó Fiannachta a mhéar ar chúis na faidhbe nuair a deireann sé mar fheartlaoi air gur fear a bhí ann a thuig "gur fearr síorobair ná sárobair" (120). Cé nach ndeireann Ó Fiannachta go neamhbhalbh é, tugann sé le fios le seo gur fearr, i súile an Athar Peadar, bheith il-leabhrach is tú ag scríobh leat gan stad gan staonadh seachas snas a chur ar an mbeagán.

Cé gur mar mholadh a dúirt Ó Fiannachta an méid seo, is deacair é a thógaint mar sin ar dtús. Ach is fusa taobh dearfach a bhrí a fheiscint má thógann tú san áireamh an aidhm a bhí ag an Athair Peadar agus *Séadna* á scríobh aige:

> Chonaiceas ag tosnú na hoibre dúinn, gur ar an aos óg a bhí ár seasamh i gcóir na haimsire a bhí romhainn. Ag machnamh dom air sin thuigeas im aigne ná raibh aon rud in aon chor againn, i bhfoirm leabhair, le cur i lámh aon linbh chun an Ghaeilge do mhúineadh dó. As mo mhachnamh shocraíos ar leabhar fé leith a scríobh… leabhar go mbeadh caint ann a thaitnfeadh leis an aos óg. Sin é an machnamh a chuir féachaint orm "*Séadna*" a scríobh (*Mo Scéal Féin* 185).

I bhfocail eile, mar a dúirt Brian Ó Cuív:

> Ua Laoghaire did not claim to have great originality as a writer. His aim was to supply abundant reading matter in good idiomatic Irish and this he did, and successive generations of learners benefited from his work (420).

Cuir tú féin in áit an Athar Peadar mar sin i dtús Athbheochan na Gaeilge: tá géar gá le leabhair i nGaeilge líofa agus gan mórán daoine ar do nós féin in ann an scéal a leigheas. Nach mbraithfeása an brú chun an méid is mó ab fhéidir leat a scríobh fad is a bhí tú in ann? Is é an trua é gur bhain an tAthair Peadar a bhuaic amach lena chéad leabhar, *Séadna*, mar níor scríobh sé aon rud chomh maith leis tar éis sin. Ach b'fhéidir gur tharla sé sin de dheasca nithe nach raibh neart aige air, faoi mar a mhíníonn Máire Ní Dhonnchada:

> Is cinnte go raibh ráchairt ollmhór ar a chuid leabhar do chúrsaí scoile agus ollscoile. Tharlódh gur dhein an soláthar síoraí seasta díobháil dó mar scríbhneoir, agus gur bhac sé air pé mianach cruthaitheach atá léirithe i *Séadna* a fhorbairt ina dhiaidh sin (142).

Caibidil a Cúig: "Cosantóir an Chainteora Dhúchais"

Cé nach áit í go mbeifeá ag súil le cainteoirí dúchasacha sa lá atá inniu ann, bhí a leithéidí i gCaisléan Uí Liatháin fad is a bhí an tAthair Peadar ina shagart ann. Ina theannta sin, bhí siad níos líonmhaire ná mar a cheapfá mar, ag an am céanna is a bhí Peadar óg ar scoil in Carraig an Ime, bhí 37% den dhaonra i mbarúntacht Mhainistir Fhear Maí ina gcainteoirí dúchasacha i 1851 agus cé go raibh an uimhir sin titithe go mór faoin am a tháinig an tAthair Peadar go dúiche Bharrymore i 1891, fós bhí Gaeilge ón gcliabhán ag 13% den dhaonra i mbarúntacht Mhainistir Fhear Maí (Ní Dhonnchadha 129).

Dar le Mrs Smith, ba nós leis an gCanónach riamh bheith "delighted to meet someone who could talk Irish to him" (*Britway* 133). Bhí líon mór de pharóistigh a bhí ábalta Gaeilge a labhairt leis, de réir dealraimh, go háirithe insna blianta tosaigh dá mhinistéireacht. Mar shampla, nuair a bhí sé sna fichidí agus é ina sheiplíneach i gCill Seanaigh, ba i nGaeilge a labhair gach éinne leis nuair a chuir sé an ola dhéanach orthu (*Mo Scéal Féin* 110). Labhair na teachtairí—cuid acu an-óg—Gaeilge leis fiú nuair a tháinig siad chuige in am mhairbh na hoíche, á dhúiseacht ó chodladh sámh chun an scéala a thabhairt dó go raibh duine éigin ar tí imeacht ar shlí na fírinne agus gá acu le sagart dá réir. Ghléasadh an séiplíneach a chapall is a trucail ansin gan cnáimhseáil a dhéanamh cé go raibh air dul chomh fada le bruach na Abha Móire ar uairibh.

Ach is léir nach raibh an dara suí sa bhuaile ag roinnt dá pharóistigh ach Gaeilge a labhairt leis mar dúirt sé gur bhuail sé le daoine gan focal Béarla acu i gCill Uird (125). Agus cuimhne aige air mar áit a labhraítí níos mó Gaeilge ná Béarla ann, b'é an rud a d'fhan ina chuimhne faoi Chill Uird ná an Ghaeilge bhlasta a labhair muintir na háite. Go deimhin, agus a dhírbheathaisnéis á scríobh aige na blianta fada ina dhiaidh sin, tháinig tocht bróin air agus é ag cuimhneamh ar an saghas Gaeilge a chuala sé le linn dó bheith i gCill Uird:

> Ba bhreá liom bheith ag éisteacht leis na seandaoine á labhairt. Nuair a chuirim an Ola Dhéanach ar sheanduine acu, agus nuair a thugainn an Chorp Naofa dó, agus nuair a deireadh sé ansan, ó chroí amach, "Mo ghrá mo Thiarna Íosa Críost! Mo ghrá go daingean É!" stadadh m'anál orm agus thagadh luas chroí orm agus scinneadh deóracha óm shúile i dtreo go n-iompaínn i leataoibh beagán (125).

Bhí seantuismitheoirí Mrs. Smith ina gcainteoirí dúchasacha agus ba dheas leis an gCanónach dreas cainte a bheith aige leo nuair a bhí sé i gCaisleán Uí Liatháin. Ba chuimhin le Mrs. Smith gur chuir an tAthair Peadar an cheist ar a hathair: "Why don't you talk Irish like your father and mother for it's many the talk in Irish I had with your father down by the Bride?" D'fhreagair a hathair: "That may be so but my father did not pass the Irish on to me for he spoke only English to us when we were growing up" (133). B'amhlaidh an cás le máthair Mrs. Smith—Ní Shúilleabháin as Deerpark ar bhruach na Bríde—mar níor labhair a muintir Gaeilge léi siúd ach oiread. Agus sin mar a chuaigh an Ghaeilge in éag sna bólaí seo, arsa Mrs. Smith (133).

B'é siúd patrún lena bhuail an tAthair Peadar in áiteanna eile chomh maith, Cill Úird, mar shampla. San áit sin, is léir go raibh an dream "idir na seandaoine agus muintir na scoileanna" (*Mo Scéal Féin* 126), 'sé sin, daoine meánaosta, ina ghlúin a bhí gafa idir eatarthu agus an saol ag iompú ó Ghaeilge go Béarla. Murab ionann agus an ghlúin a tháinig rompu, labhair siad Béarla ach ba Bhéarla briste é a ghoill ar chluais an Athar Peadar.

Agus bhí a shliocht ar a bpáistí nár chuala siad ach Béarla briste sa bhaile nuair a tháinig siad ar scoil, é ag dul crua ar na múinteoirí a ndaltaí a mhúineadh trí Bhéarla nuair nach raibh ach tuiscint lochtach acu ar an dteanga sin (125). Cé go raibh trua ag an Athair Peadar dosna múinteoirí "á marú féin ag iarraidh múineadh a dhéanamh le caint nár tuigeadh", ba mhó a thrua dos na foghlaimeoirí óga a d'fhulaing drochmheas an chigire nuair a bhuail sé isteach chucu. Ba chuimhin leis lá nuair a d'éist sé le cigire agus páiste á cheistiú aige faoi cén fáth go raibh sé as láthair an lá roimhe (126).

"I does be thinning turnops, sir," a d'fheagair an páiste.

"And what does your brother be doing?" arsa an cigire go searbh.

"He do be minding the cows, sir" arsa an páiste go humhal.

"'I does be', 'he do be', that is nice teaching" a dúirt an cigire go fónóideach leis an múinteoir sar a chas sé ar ais chuig an bpáiste le tuilleadh magaidh a dhéanamh faoi. "Well, Mr. 'Do be', how are you to-day, Mr. 'Do be'? And how is old Mr. 'Do be'? And how is Mrs. 'Do be'? And how are all the other little 'Do be's' and 'Does be's'?"(127).

Mar a thug an cigire le fios go soiléir trí bhéim mhagúil a leagan ar "do be", b'é Bhéarla neamhghramadúil an pháiste a tharraing a dhímheas mar ba chomhartha cinnte de dhuine a raibh struchtúr na Gaeilge níos mó sa cheann aige ná struchtúr an Bhéarla úsáid a bhaint as an mbriathar "do" chun an aimsir láithreach a dhéanamh. 'Sé sin, tá dhá leagan den bhriathar "to be" i dteanga na Gaeilge, ceann amháin—táim, tá tú—chun cur síos ar nithe a tharlaíonn uair amháin agus ceann eile—bím, bíonn tú—do mhothúcháin / ghníomhartha a tharlaíonn go minic, nó an "aimsir gnáthláithreach" mar a thugtar uirthi sna leabhair gramadaí. Mar sin, má fhreagair an páiste as Gaeilge agus thug sé "Bíonn sé ag tabhairt aire dos na ba" mar fhreagra ar chéad cheist an chigire, bheadh sé i gceart ó thaobh gramadaí de.

Ach, mo léan, baineann rialacha difriúla le Béarla agus rinne an cigire ceap magaidh as an bpáiste mar sin as a aineolas ar ghramadach an Bhéarla a nochtadh. Bhí an tAthair Peadar ar buile mar gheall ar an gceann fé a chuir an cigire ar an ndalta ó Chill Uird, dearcadh a thug sé le fios lena achoimre ar an eachtra: "Féach ar sin mar tharcaisne á thabhairt don líon tí! Tarcaisne phoiblí, os comhair na scoile go léir!"

Go deimhin, níor mhaith leis go gceapfadh daoine gur cás ar leith a bhí sa léasadh teanga a chonaic sé i gCill Uird an lá sin mar, dar leis, b'iomaí cigirí a chonaic sé ina lá a bhí ar aon dul leis an gcigire taircaisneach úd, é de nós ag cigire den tsórt seo "rástáil isteach i scoil agus a hata ar a cheann aige agus gan aige don mhúinteoir, os comhair na leanbh, ach an focal ba tharcaisní ina phluic".

Agus é ag caint le hathair Mrs. Smith, cé gur thug an Canónach le fios go raibh ionadh air nár labhair sé Gaeilge dála a thuismitheoirí, ba leor magadh an chigire ar Bhéarla na hÉireann an pháiste mar mhíniú domsa faoin gcúis inar éirigh Éireannaigh as labhairt na Gaeilge ina dtáinte siar in am an Athar Peadar. Dá mba thusa iadsan, nach dtabharfá an uile sheans dod' pháiste an Béarla a labhairt nuair a thóg daoine aon rian de "thras-truailliú" ded' Bhéarla le Gaeilge mar chomhartha gur chabóg aineolach a bhí ionat?

Is léir gur bhuail an tAthair Peadar leis an ndearcadh céanna i gColáiste Mhá Nuad, dearcadh nach raibh drochmheasúil go baileach ach fós bhí a lán den mheon "dhera, cad chuige a bhacfá le sin" atá fós forleathan sa lá atá inniú ann i measc iad siúd a cheapann gur cur amú airgid é tacaíocht a thabhairt don Ghaeilge.

Baineadh geit as nuair a chuaigh sé isteach sa chliarscoil i Má Nuad mar níor rith sé riamh leis go dtí sin go raibh baol ar an nGaeilge, agus gan ann ach cainteoirí dúchasacha ina thimpeall agus é ag fás suas i gCluain Droichead agus Baile Bhúirne (88). Ach ní fada gur chuir saol an Choláiste ar a shúile gur scéal eile ar fad é maidir le labhairt na Gaeilge in Éirinn i gcoitinne mar a léirigh na mic léinn eile, iad tagtha as gach cearn den tír agus gan focal Gaeilge ag a bhformhór. Den chéad uair thuig sé go raibh an Gaeilge ag imeacht; go mbeadh sé ag imeacht go tapa de réir mar a bhí na seandaoine ag fáil bháis agus daoine óga le Béarla ag teacht ina n-áit. Chuir an smaoineamh sin uaigneas thar barr air agus brón agus ceann fé (89).

In ionad géilleadh don éadóchas, afách, bheartaigh sé ar shlite chun an mheirg a choiméad óna chuid Gaeilge. Seift amháin a bhí aige ná cromadh ar an gCoróin Mhuire á rá as Gaeilge, dála mar a rinne sé lena mhuintir sa bhaile. Anuas ar sin, thosaigh sé ag léamh aon leabhar gurbh fhéidir leis teacht air sa leabharlann, aon sliocht iontu a thaitin leis á scríobh síos aige i leabharín a choiméad sé ina phóca (89). Fad is a bhí sé seo ag éirí ina ghnáthamh laethúil dó, bhí amhras ag teacht air an raibh "snámh in aghaidh easa" ar siúl aige. Faraor, ní raibh aon easpa de rudaí i Má Nuad chun an smaoineamh a neartú "gur bhaoth mo ghnó", a chomh-mhic léinn san áireamh, a gceann á chroitheadh agus gáire á dhéanamh acu aon uair a chonaic siad é ag léamh na leabhar Gaeilge.

In san caitheamh anuas a rinne siad ar iarrachtaí an Athar Peadar a chuid Gaeilge a chleachtadh, bhí na mic léinn eile ar aon intinn leis an eagraíocht a bhí á múnlú mar bhí teist na patuaire ar an Eaglais in Éirinn sa naoú haois déag maidir le Gaeilge (Wolf 119). Agus tá rian an mheoin sin le feiscint ar shaol oibre an Athar Peadar mar, taobh amuigh den seal a chaith sé i Má Chromtha i 1878, níor seoladh é ach chuig paróistí ina raibh an Ghaeilge ag fáil bháis nó imithe cheana féin. N'fheadar conas a chuaigh sé sin i bhfeidhm air, mar ba dheoraíocht é ar shlí í más aon chomhartha an t-uaigneas a bhí air agus Má Chromtha a fhágaint aige chun dul go Ráth Luirc:

> B'fhearr liom go mór fanúint i Machromtha dá bhfágtaí ann mé... Bhí uaigneas orm mar gheall ar a bheith orm imeacht as Machromtha, mar dá ghiorracht a bhíos ann bhí báidh ana-mhór agam féin agus na daoine lena chéile (135).

Ceapaim go bhfuil a lán leabhar le léamh insna bhfocail a n-úsáideann sé le cur síos a dhéanamh ar a ghaol le muintir Mhá Chromtha: "bhí báidh ana-mhór agam" leo. Léamh amháin ar sin ná gur cheap sé gur thuig muintir Mhá Chromtha é i slí a bhí in easnamh, b'fhéidir, sna paróistí eile ina d'fhreastail sé mar shagart ina dhiaidh sin. In theannta sin, b'fhéidir gur bhraith sé nasc le muintir Mhá Chromtha toisc iad bheith ina gcainteoirí dúchasacha dála é féin.

Agus fiú go dtí an lá atá inniu ann, is léir go bhfuil cion ag muintir Mhuscraí air, cion a chuaigh go smior ionam nuair a d'eagraigh mé lá cuimhneacháin don Athair Peadar i gCaisleán Uí Liatháin i 2005, ag comóradh cúig bliana is ochtú ó fuair sé bás. Cé gur tháinig slua maith ó Chaisleán Uí Liatháin, ba líonmhaire na daoine a thaisteal an chúig mhíle is daichead nó mar sin ó Mhuscraí tar éis dóibh fógra a léamh faoi san *Cork Examiner*. Agus machnamh á dhéanamh agam ar cad a cheapfadh an tAthair Peadar faoin slua bailithe anseo in ómós dó, chuir sé áthas orm daoine ó Mhá Chromtha, Lissarda, Baile Bhúirne, Béal Átha an Ghaorthaigh, Cluain Droichead agus Cúil Aodh a fheiscint i measc iad siúd a tháinig ó iarthar Chorcaí.

Comóradh ar an Athair Peadar i gCaisleán Uí Liatháin sa bhliain 2005 a tharraing slua ó Chaisleán Uí Liatháin agus iarthar Chorcaí. 'Sé Risteárd Ó Mórdha, an fear lena láimh ar ghrianghraf an Athar Peadar a spreag Éilís chun an comóradh a eagrú.

Sheinn píobaire ó Chomhaltas Fhear Maí port uaigneach agus ansin d'éisteamar le beirt ó cheantar Mhuscraí—Peadar Ó Liatháin agus Beitsí Ní Shuibhne—agus léachtaí cois uaighe á dtabhairt acu faoi shaol agus shaothar an tsagairt ó Lios Carragáin. Ba léir óna gcroíúlacht lena labhair siad faoi go bhfuil cuimhne cheanúil fós air i measc mhuintir Mhuscraí.

Bhí ionadh agus áthas orm nuair a chonaic mé i measc an tslua duine a bhí sa rang céanna liom agus an bheirt againn ag dul ar scoil i nDubhros fadó. Stephen Rafferty ab ainm dó agus bhí aithne aige orm mar "Betty Coughlan". Bhí daichead bliain nach mór imithe ó chonaiceamar a chéile cheana agus bhí post faighte aige mar mhúinteoir méanscoile i mBéal Átha an Ghaorthaigh idir an dá linn. Tháinig sé chuig an gcomóradh tar éis léamh faoi san *Examiner* agus gan a fhios aige gur chara leis óna óige i nDubhros a d'eagraigh é.

Faraor, tá Stephen imithe ar shlí na fírinne ó shin ach is cuimhin liom fós é mar bhuachaill ag siúl an bhóithrín chéanna liom ar scoil, é beagánín cúthail ach fós lán de phleidcíocht. Is cuimhin liom freisin an dreas comhrá thar chupán tae a bhí againn an lá úd i 2005, an bheirt againn ag dul siar ar ár gcuimhní cinn ónár laethanta scoile, go háirithe an nós a bhí ag ár múinteoir bunscoile, Bean Uí Ghallchóir, nathanna deasa ó *Shéadna* a scríobh ar an gclár dubh.

Éilís ag an gcomóradh i 2005 le Finbarr Creed, Cúil Aodh [ar dheis] is Stephen Rafferty, Dubhros [ar clé]. D'fhreastail Stephen le hÉilís ar an mbunscoil i nDubhros fadó, áit a scríobhadh Bean Uí Ghallchóir nathanna deasa ó Shéadna ar an gclár dubh.

Tar éis an ama a bhí caite aige ag múineadh i mBaile Átha an Ghaorthaigh, bhí léargas faoi leith ag Stephen ar an meas mór a bhí ar an sagart ó Lios Carragáin go háitiúil agus neartaigh sin mo thuairim go raibh nasc speisialta idir mhuintir Mhuscraí agus an tAthair Peadar. Go deimhin, chuir mo comhrá le Stephen ag smaoineamh mé: agus an bóthar go Ráth Luirc á thógaint aige i 1879, ar bhraith an tAthair Peadar go raibh sé ag fágaint cuid dá chroí taobh thiar de i Má Chromtha? Ar bhraith sé mar a bheadh deoraí ann i sráidbhaile mar Chaisleán Uí Liatháin ina raibh an tromlach ina mBéarlóirí? Cá bhfios ach is cinnte gur bhain sé sólás as dul siar ar a chuimhní dá áit dhúchais agus é lonnaithe i ndúthaigh Bharrymore.

Tá trácht déanta agam cheana féin ar áit ab ansa leis an Athair Peadar am a chaitheamh agus é ina gharsún, sé sin, thoir ag cúinne na hiothlann (17). D'fhéadfá a rá gur chomhartha é beocht a chuimhne ar an radharc ón áit sin ar cé chomh beo is a bhí páirceanna Mhuscraí fós in aigne agus é ina sheanfhear ag scríobh i gCaisleán Uí Liatháin, cé go raibh an dúiche shléibhtiúil chéanna fágtha ina dhiaidh aige go fisiciúil na cianta ó shin:

Ach ní raibh aon chuimhneamh ag éinne in Éirinn ar phrátaí
dubha an chéad lá úd a sheasaíos-sa ag cúinne na iothlann
ag féachaint anonn ar thigh Pheig na Croise, agus ar Pháircín
Chúinne na Réidhe, agus ar thigh Mháire Rua, agus ar na

páirceanna beaga eile atá uaidh siar, Páirc na dTulachán agus Páirc na Luachra; agus ar an gCnocán Rua, agus ar an gcaidhséar atá déanta, anuas tríd an gCnocán Rua agus tríd an bportach, ag sruthán a thagann anuas ó gCura Liath. Táid go léir ansúd fós díreach mar a bhíodar an chéad lá a fhéachas-sa anonn orthu ó chúinne na iothlann. Táid go fuar agus go fiáin agus go bocht, ach má táid féin, is orthu is fearr liom bheith ag cuimhneamh anois nuair a bhíonn uain agam ar chuimhneamh, mar is orthu agus ar a ndéanamh a bhíos ag cuimhneamh an chéad uair riamh a hinseadh dom gurbh é Dia a dhein an Domhan (19).

Seasann dhá ainm amach as an sliocht thuas d'éinne atá cur amach acu ar shaol an Athar Peadar: an chéad ainm aithnidiúil ná Peig na Croise, an tseanbhean a chónaigh i dtigín ag crosbhóthar cóngarach d'fheirm mhuintir Laoghaire (17). Agus cuimhne aige uirthi mar bhean lách, gheanúil, dúirt an tAthair Peadar gur iomaí lá a chaith sé ina teach le linn a óige agus é ag caint léi as Gaeilge toisc nach raibh focal Béarla aici.

Léiríonn an sásamh a bhain sé as comhrá a dhéanamh le Peig na Croise gur bhuachaill "le ceann críonna ar chorp óg" a bhí ann ar shlí mar ní hé gach óganach lena thaithneodh comhluadar seanmhná. Pé scéal é, mar is dual dó, b'é an rud ba mhó faoi Pheig na Croise a d'fhan leis an Athair Peadar ná go raibh "Gaeilge an-bhreá, an-bhlasta aici". Óir, chomh fada is a bhain Gaeilge de, ba dhuine é an tAthair Peadar a bhí i ngrá le ceol an fhocail labhartha. Agus é ag éisteacht leis ó bhí sé sa chliabhán, bhí a fhios aige go raibh ceol agus fuinneamh ag baint le Gaeilge i mbéal cainteora dúchais leithéid Peig na Croise a d'fhág Gaeilge leamh foghlamtha na n-acadóirí in áit na leathphingine. B'shin a bhí taobh thiar den racht a chuir sé de ag sciolladh eagarthóirí a raibh sé d'éadan acu litriú caighdeánach a chur ar na píosaí a sheol sé chucu le foilisiú. Sop in áit na scuaibe a bhí i nGaeilge "ceartaithe" ag saineolaí nach raibh aon luí aige leis an dteanga, dar leis an Athair Peadar:

> "Ó thaobh taobh" goes from one side to the other like a flash. But "ó thaobh go taobh" begins at one side and then proceeds deliberately to the other side. That is exactly the way our friends in Dublin write their Irish. There is not a bit of life in it. I told them that several years ago—"Is amhlaidh a bhíonn bhur gcuid Gaeilge ag faire ar a cosaibh" (Ó Fiannachta 113).

'Sé an t-ainm eile a sheasann amach dom ó chuntas an Athar Peadar ar an radharc a bhí aige ó chúinne na hiothlann ná Máire Rua, an chomharsa (más cuimhin leat ón mír níos luaithe ar chuimhní an Athar Peadar ón nDrochshaol) a ghol go fuíoch nuair a d'fhéach sí amach ar a barr prátaí ag lobhadh (18). Agus í posta le mac Pheig na Croise, Lábhras, b'í a hiníon Peig Labhráis a d'inis do Pheadar óg den chéad uair an scéal béaloidis a d'úsáidfeadh sé mar chreatlach scéil dá úrscéal *Séadna* blianta fada ina dhiaidh sin. Agus cuimhne aige uirthi mar "an cailín beag a bhíodh ag insint scéalta dúinn... [agus sinn] óg go maith an uair sin" (18), rinne an tAthair Peadar deimhin de nach ndéanfaí dearmad uirthi trí hí a úsáid mar reacaire dá leabhar *Séadna*. Sa leabhar sin, cuireann sí a lucht éisteachta faoi dhraíocht agus scéal á insint aici cois tine faoi ghréasaí agus an choimhlint ghéarchúise a bhí aige leis "an bhFear Dubh", nó an Diabhal mar is fearr aithne air.

Is féidir liom an tAthair Peadar a shamhlú mar shagart aosta suite le peann ina láimh i dTig A' tSagairt. Cá bhfios ach gur thóg sé a cheann ón scríobh anois agus arís chun féachaint amach ar na páirceanna saibhre atá go fairsing sa dúiche sin ach gur tháinig cuma chumach ar a shúile agus an radharc sin ó chúinne na hiothlann i Lios Carragáin ag teacht chun a chuimhne. An rud brónach faoi ná go mbraithfeá go raibh dath an uaignis tagtha ar an radharc sin ina shamhlaíocht ón gcaoi a chuir sé ina aithne dá léitheoirí é: "Ach ní raibh cuimhneamh ag éinne in Éirinn ar phrátaí dubha an chéad lá ud a sheasaíos-sa ag cúinne na hiothlann ag féachaint anonn ar thig Pheig na Croise" (19).

Tá rian den uaigneas céanna san scéala is déanaí a thugann sé faoina daoine a bhí mar chomharsana aige ina óige: "Ní dóigh liom go bhfuil aon rian de thigh Pheig na Croise le feiscint ag an gcrois anois... Ní fheadar cá bhfuil Peig Labhráis anois, ná an maireann sí in aon chor" (18). Ceapaim gur bhraith sé uaidh iad ní amháin mar go raibh sé mór leo le linn a óige ach mar b'eiseamláirí iad de dhomhain caillte ina shamhlaíocht, domhan gur mhór an dífríocht idir é agus an áit inar chríochnaigh sé a shaoil i gCaisleán Uí Liatháin.

B'áit í, Muscraí a óige, a chiap é le cuimhní de chomhráite caillte agus é ag druidim leis an uaigh. Nó b'shin mar a thug sé le fios do Pheadar hAnnracháin é le linn dó cuairt a thabhairt air (*Faoi Bhrat an Chonartha* 555). Cé gur chuir an clú mór a bhain leis an Athair Peadar cúthaileacht ar Ó hAnnracháin ar dtús, dúirt sé go raibh sé ar a shuaimhneas ina chomhluadar gan mórán moille. Tá an muintearas a d'fhás eatarthu le braith i ndéan cur síos Uí Annracháin ar cheann de na comhráite a bhí acu:

> Amuigh ar an mbóthar a bhíomar, agus sinn ag siubhal tamall, agus sinn tamall 'nár seasamh, tamall ag féachaint ar a chéile, agus tamallacha ag féachaint ar an mbóthar (559).

Grianghraf den Athair Peadar agus é ochtó bliain d'aois, tógtha i 1919 i stúideo J. Cashman, Baile Átha Cliath. [Grianghraf le caoinchead Marcella Fahy]

Is dócha gurb í an tseanaithne atá agam ar an mbóthar úd is cúis leis ach tagann pictiúr ana-bheoga isteach im' cheann nuair a léim an cur síos thuas: an bheirt acu ag spaisteoireacht leo go comrádach smaointeach agus cás na Gaeilge á chur trí chéile acu. Pé am a chaith siad amuigh ag siúl ar a chéad chuairt chuige, dúirt Ó hAnnracháin gur chaith an Canónach cuid mhaith den am ag insint dó faoi sheana-bhean de chomharsa a bhí ar an mbaile acu fadó a d'inis eachtraí *Shéadna* dó cois tine (558). Dúirt sé leis freisin go raibh aithne aige ar pháistí san áit sin a bhí Gaeilge chomh líofa acu le haon comhrá a chuir sé i mbéal na gcarachtéirí óga ina leabhar *Séadna* (558). Go deimhin, d'adhmhaigh sé leis an bhfear ó Sciobairín:

> Thagadh na cainteanna san go soiléir ar n-ais chugam ar feadh na mbliadhanta agus mé annso, agus bhíodh uaigneas orm nuair a chuimhighínn ar an mbaoghal a bhí ann go bhfaighidís go léir bás. Dá bhfaighidís bás ní chuimhneocadh éinne go deo arís ar a leithéidí a chur le chéile. Ní fhéadfaí é déanamh (558).

Ba go faiteach a chuaigh Ó hAnnracháin chun cainte leis an Athair Peadar an chéad lá riamh toisc an mhéid a bhí cloiste aige faoi mar "chainteoir ana-chliste é, agus gur mháighstir ar an dteangain é" (553). Agus an Ghaeilge foghlamtha aige as a stuaim féin (Breathnach, "Ó hAnnracháin"), bhí eagla ar an bhfear ó Sciobairín go mbeadh sé ina bhalbhán i gcomhrá leis an Athair Peadar agus é náirithe ag Gaeilge chruinn shaibhir an Chanónaigh.

Ní gá dó bheith imníoch sa mhéid sin, áfach, mar ní fada a bhí sé ina chomhluadar go dtí go raibh an sagart measta go cruinn aige mar fhear dheas lách a bhí tugtha do scéalta beaga sultmhara a insint. Fiú gan puinn aithne acu ar a chéile fós, d'inis sé cúpla scéilíní den tsórt seo do Ó hAnnracháin an chéad lá a chuir sé cos thar a thairseach (559).

Ach is beag an t-iontas a chuirfeadh a "gcairdeas ar an toirt" ort ar shlí mar tháinig siad as an gcúlra céanna. Mar, dála an tsagairt as Lios Carragáin, rugadh Ó hAnnracháin i gclann mór ar fheirm bheag de thalamh bhocht in iarthar Chorcaí agus, cé gur tógadh le Béarla é, ba chainteoirí dúchasacha iad a thuismitheoirí araon (Breathnach).

Ina theannta sin, agus gan é ach i rang a trí sa bhunscoil, rinne sé rud as a stuaim féin a chuirfeadh an tAthair Peadar ina óige i gcuimhne duit: thosaigh sé é féin á mhúineadh ó leabhar a sheol a dheirfiúir chuige ó San Francisco agus lean sé leis ag cur feabhais ar a chuid Gaeilge trí cheisteanna a chur ar a dtuismitheoirí faoi nathanna Gaeilge. Bhí dáimh acu lena chéile ar bhonn eile chomh maith: bhí sé de nós ag Ó hAnnracháinn ailt Ghaeilge a scríobh do nuachtáin agus sa deireadh thiar bhí alt seachtainiúil aige sa *Southern Star* dár teideal "Litir ó Átha Claith" thar fiche bliain (*Southern*

Star Centenary 1889–1989). Bhí siad cosúil lena chéile i ngné amháin eile freisin: ba ghníomhaí dochloíte ar son na Gaeilge é Ó hAnnracháin a thaisteal timpeall na tíre ar a rothar agus é sa tóir ar amhráin, béaloideas agus scoth na nathanna cainte le hiad a bhreacadh síos (Breathnach).

Agus an méid seo cosúlachta eatarthu, bhí sé sa chinniúint acu go dtaithneodís lena chéile láithreach agus go deimhin b'iomaí tráthnóna a chaith Ó hAnnracháin i dtigh an Athar Peadar as sin amach agus b'iomaí litreacha a scríobh siad dá chéile anuas go dtí bás an Athair Peadar i 1920 (561). Go deimhin, agus an Canónach "chomh géarchúiseach san, agus chomh deagh-labhartha san, agus an scoláireacht go léir air" (554) dar leis Ó hAnnracháin, bhí eagla air ar dtús nach mbeadh meas madra aige ar a chuid Gaeilge shimplí tuaithe ach ba chóir go mbeadh fios a mhalairte aige. Mar bhí a fhios ag an saol nach dual don Athair Peadar uasal le híseal a dhéanamh le fear a d'fhoghlaim a chuid Gaeilge ó fhear bhocht tuaithe, sé sin, athair Uí Annracháin.

Agus ba bheag an baol go gcuirfeadh an tAthair Peadar an t-ardnós léinn mar fháilte roimh Ó hAnnracháin nuair b'shin an rud gó díreach a chaith sé cuid mhaith dá shaoil ag troid ina aghaidh ar eagla go loitfeadh sé Athbheochan na Gaeilge. Níor chuir sé fiacail ann nuair a cháin sé an Dr. Micheál Ó Síocháin i litir foilsithe san *Freemans Journal* ar an 16ú lá de Mhárta, 1915. Bhí Micheál Ó Síocháin ina ollamh Gréigíse i Má Nuad agus cáil air mar shaineolaí ar Ghaeilge na nDéise ó scríobh sé an leabhar *Seana-Chaint na nDéise* i 1906.

Ach chuir an tAthair Peadar ina leith ina litir i 1915 go raibh sé de nós aige cinsireacht a dhéanamh ar an nGaeilge a chuala sé ó chainteoirí dúchasacha i bPort Láirge, ag tabhairt droim láimhe d'aon fhrása uathu ar a raibh blas Gallda air, dar leis. Ach, trí shamplaí a thabhairt ó shaothar Uí Shíocháin, rinne an tAthair Peadar iarracht a thaispeáint gurb í tuiscint an ollaimh ar fhrása a bhí lochtach go minic, ní Gaeilge an chainteora dhúchais óna chuala sé é. Agus, i súile an Athar Peadar mar sin, ba shampla é Micheál Ó Síocháin de cad a tharlaíonn nuair:

> People who never heard a word of Irish spoken go and learn a little Irish, and then, the moment they think they understand a little of the language, they proceed to explain all about it to those who have been speaking it all their lives. They would not dare to do that with regard to French, or with regard to any other language which was foreign to them. It is a sad thing to see the Irish language at the mercy of such people. ("Dr. Sheehan's Gabha na Coille", 7).

Tá an chuma air nár thug an tAthair Peadar cothrom na Féinne do Mhicheál Ó Síocháin nuair a chuir sé an peaca seo ina leith. Ba léir seo nuair a thóg Osborn Bergin air féin fiú—fear nár nós leis moladh a thabhairt go héasca maidir le cursaí teangan—litir a scríobh chuig Micheál Ó Síocháin le hinsint dó go raibh a scríbhínní "admirable", dar leis, as an dtús áite a thug siad do "idiomatic usage which is the very life-blood of the language" agus chun é a chur ar a shuaimhneas, dúirt sé leis freisin gur:

> A feeling for idiom such as you evidently possess could only have been acquired by a long familiarity with good speakers and a minute study of authors who are above suspicion (Breathnach, "Ó Síocháin").

Cé gur dócha go raibh an tAthair Peadar mícheart as an milleán a chur ar Mhicheál Ó Síocháin, níl dabht ar bith ach go raibh an meon a cheap sé go bhfaca sé san ollamh ó Mhá Nuad ina chonstaic do hAthbheochan na Gaeilge ag an am. Mar a mhínigh an sagart ó Lios Carragáin i litir eile, b'fhollasach an damáiste a rinne cur chuige sotalach na n-acadóirí i gcás:

> Men who knew the language from the very cradle have from time to time written articles for the Irish papers. These articles were written with care and a great deal of thought and study... The articles went up to Dublin and were "corrected" in such a manner that the writers could not recognise them! And the writers were cuffed on account of their spelling! Not a writer of them of course ever wrote a second article, and the whole field was left to people who did not know a word of correct Irish... Anyway we must not allow any man to put ceangal na gcúig caol upon us nor upon our poor uneducated speakers of Irish (Ó Fiannachta 111).

D'éinne a chuaigh go smior an scéil, b'é an rud a bhí ina chnámh spairne ná cén sórt Gaeilge gur cheart a athbheochan le hí a mhúineadh sna scoileanna. Ar thaobh amháin bhí líon mór scoláirí a cheap gur chóir an Ghaeilge don ré nua a bhunú ar Ghaeilge Sheathrún Cheitinn, scríbhneoir a mhair sa tseachtú haois déag (O'Leary 77). Ar an dtaobh eile, bhí daoine ann a cheap, in ionad súil siar a chaitheamh ar shaothar scríbhneora a bhí marbh leis na cianta, gur fearr do scríbhneoirí agus cainteoirí na ré nua féachaint chuig na cainteoirí dúchasacha dá gcaighdeán. Dar leis an ndream seo, ba chóir aithris a dhéanamh ar chaint na ndaoine, sé sin, an Ghaeilge bheo a bhí fós á labhairt sa Ghaeltacht (McCrea 38-9). Rinne an tAthair Peadar achoimre bheacht ar an bhfealsúnacht seo i bpíosa comhairle a thug sé do Pheadar Ó hAnnracháin agus a gcéad chómhrá ag teacht chun deiridh. D'eascair a chomhairle as roinnt seanfhocal a d'inis Ó hAnnracháin dó níos túisce sa lá, seanfhocail a chuala an fear ó Sciobairín óna dtuismitheoirí (560). Agus moilleadóireacht á déanamh acu lasmuigh ar an mbóthar, dúirt an sagart le Ó hAnnracháin:

"Beirim comhairle amháin dhuit anois" ar seisean, agus mé ar tí gluaiseachta chun siubhail.

"Cad é féin a athair?" arsa mise.

"Aon uair a bheir i bponnc i dtaobh Gaedhluinne fág réidtheach na ceiste fé na daoinibh úd a thug na sean- fhocail sin duit, nó fé dhaoine éigin dá shaghas, agus ní bheidh puinn dul amugha ort. Sin iad na hollamha. Tá eolas acu ná fuil ag an lucht léighinn sa tír agus ná beidh go fóill, má bhíonn choíche (561).

Ba bheag duine sa lá atá inniú ann nach n-aontódh leat gur fiú éisteacht leis an gcainteoir dúchais faoin tslí cheart chun rudaí a rá i nGaeilge, ach ba smaoineamh measartha radacach é sin siar i ré an Athar Peadar nuair b'iad dhaoine bochta gan oideachas cainteoirí dúchasacha den chuid is mó. Bhí aithne ag Peter Hegarty ar fhear a bhí ina shárshampla den chainteoir dúchais nár tugadh mórán airde ar a shaibhreas teanga riamh. Din Regan ab ainm don bhfear seo agus chaith sé daichead bliain mar fhear oibre i gCaisleán Uí Liatháin (*Britway* 128). Le linn a óige, bhí sé de nós ag Peter leabhair Ghaeilge a léamh le Din (thug an tAthair Peadar a leabhar, *Aesop a tháinig go h-Éirinn*, dóibh le léamh). Ag labhairt le mac Peter, Michael Hegarty, i Mí na Samhna 2017, dúirt sé liom go raibh Din ag obair leo ar an bhfeirm agus bhí conaí ar a mhac i Deerpark, an baile fearainn céanna, dála an scéil, inar rugadh seanmháthair Mrs. Smith fresin. Ós rud é go raibh sise ina cainteoir dúchais chomh maith, seans mar sin go raibh paiste de chainteoirí dúchasacha i Deerpark nuair a tháinig an tAthair Peadar go Caisleán Uí Liatháin ar dtús. Is léir go raibh aithne mhaith ag an Athair Peadar ar Din Regan mar, dar le Peter, bhíodh sé ag comhrá le Din go minic agus lena dheartháir John a bhí ina chainteoir dúchais freisin.

Ar aon chuma, lean na seisiúin léitheoireachta an patrún céanna: léadh Peter ós ard agus d'éisteadh Din leis toisc é bheith gan léamh gan scríobh. Ba fhear éirimiúil é Din in ainneoin a neamhlitearthachta, dar le Peter, tréith á léirigh sé aon uair a bhain stad do Pheter ina chuid léitheoireachta mar "he would take great delight from telling me the next word for being a native speaker, he knew the phrase."

"Cuigim agur ní léigim,
Aċ cuigean feap léiginn leat-focal."

The Léigean Éirean Series.

EDITED BY NORMA BORTHWICK.

No. 10,

Aesop

a táinig

go h-Éirinn

IV

ÆSOP'S FABLES IN IRISH—PART IV.

By THE REV. PETER O'LEARY, P.P.

DUBLIN:

THE IRISH BOOK COMPANY,

35 UPPER O'CONNELL STREET.

1902.

Leathanach teidil ó Aesop a tháinig go h-Éirinn, an leabhar a léigh Peter Hegarty óg in éineacht le Din Regan, fear oibre i gCaisleán Uí Liatháin le daichead bliain agus cainteoir dúchais ina theannta sin.

Ba léir ó iompar Dhin gur annamh a thug a líofacht sa Ghaeilge an lámh in uachtair dó ar éinne go dtí sin. Mar nuair a bhí athair Pheadair ina lá agus a athair roimhe b'áit í Éire ina raibh an lámh in uachtair ag "fear an Bhéarla" i gconaí orthusan nach raibh ach an Ghaeilge acu. Agus teanga na cúirte agus na tráchtála ar a thoil aige, bhí fear an Bhéarla in ann an dubh a chur ina gheal ar chainteoirí Ghaeilge agus fios maith aige nach féidir leo aon rud a dhéanamh chun iad bhféin a chosaint (*Mo Scéal Féin* 182). Go deimhin, má bhí sé de mhí-ádh agat bheith id' chainteoir Ghaeilge gan Bhéarla, dar leis an Athair Peadar, d'fhoghlaim tú go tapaidh ó dó dhéileáil leis an saol lasmuigh nach teanga í an Ghaeilge lenar féidir leat do thuairim a chur chun tosaigh. Má bhí tú saonta a dhóthain le hiarracht a dhéanamh do scéal a insint as Gaeilge, chuirfí ina luí ort láithreach nár thuig éinne thú "ach amháin, b'fhéidir, an fear a bheadh ceaptha ar an éagóir a dhéanamh" ort.

I bhfocail eile, creidim nach raibh taithí ag cainteoirí dúchasacha, leithéidí Din Regan, meas a bheith orthu de bharr a gcumais sa Ghaeilge. In ionad sin, gach seans gur mhúin a dtaithí dóibh nach raibh sa Ghaeilge ach constaic agus rud le bheith náirithe faoi ar eagla go dtógfadh daoine orthu í mar chomhartha nach raibh iontu ach tútacháin. Gan dabht, ba bheag ina dtaithí a chuirfeadh ina luí orthu go raibh dínit ag baint leis an dteanga a labhair siad sa bhaile agus áit di dá réir faoi chlúdach leabhar. Ach, trí a chéad úrscéal a líonann le caint na ndaoine, thaispeáin an tAthair Peadar do chainteoirí dúchasacha gurbh fhiú a dteanga laethúil a chur i leabhair.

Caithfidh go raibh sé seo ina ábhar mhisnigh do mhórán cainteoirí dúchasacha, Din Regan ina measc, ós rud é go raibh go leor acu gan léamh agus scríobh más aon chomhartha tuairisc an Athar Peadar gur ghá *Séadna* a léamh dos na seandaoine (185). Go deimhin, más fíor don Athair Peadar, b'oscailt súl é *Séadna* do chainteoirí dúchasacha a bhí meánaosta agus níos sine mar, agus é léite amach dóibh, "d'airíodar rud nár airíodar riamh go dtí san, a gcaint féin ag teacht amach as leabhar chucu" (185-6). I bhfocail eile, le *Séadna* thug an tAthair Peadar guth do chainteoirí dúchasacha nuair a cheap siad narbh fhiú éisteacht leo. Anuas ar sin, léirigh sé go bhféadfadh a dteanga tuaithe leibhéal na healaíne a bhaint amach, mar a d'aithin Pádraig Mac Piarais nuair a dúirt faoi *Shéadna*: "Here at last we have literature" (8).

I dtír ina raibh sé de nós ag cainteoirí dúchasacha gan Gaeilge a labhairt lena bpáistí (Ó Cuív 394), theastaigh ón Athair Peadar cur ina luí ar chainteoirí dúchasacha gurbh fhiú dóibh a chuid Gaeilge a thabhairt ar aghaidh chuig an gcéad ghlúin eile seachas fáil réidh léi chomh tapaidh agus is féidir. Theastaigh go géar uaidh go dtuigidís go raibh rud luachmhar acu sa Ghaeilge, seoid a bhí caillte ag muintir na hÉireann i gcoitinne. Mar a chonaiceamar freisin, theastaigh uaidh athrú meoin a chur ar bun i measc scoláirí na Gaeilge agus an tuairim néadaithe ina n-intinn ag an am gur cheart aon chaighdeán nua don Ghaeilge a bhunú ar stíl Ghaeilge ón seachtú haois déag (McCrea 38).

Agus eiseamláir á lorg acu dona gcuid Ghaeilge féin, is éasca a thuiscint cén fáth gur fearr le daoine oilte sna Ollscoileanna sampla Sheathrún Chéitinn lena dochtúireacht Diagachta ó hOllscoil Bhordeaux (Cunningham 201) a leanúint ná sampla Dhin Regan agus é ina fhear oibre bocht gan oideachas. Ach ní raibh leisce ar bith ar an Athair Peadar a dhearbhú nach leor dochtúireacht chun saineolaí ar an nGaeilge a dhéanamh asat, go háirithe má fhoghlaim tú do chuid Gaeilge as leabhair. Maidir le conas an Ghaeilge a labhairt i gceart, bhí údarás led' thuairim, dar leis an Athair Peadar, má bhí tú ag éisteacht leis an dteanga ón gcliabhán.

Rug lucht tacaíochta caint na ndaoine an lá leo thar tacaithe an Cheitinnigh ar deireadh (McCrae 38), ach n'fheadar an n-éireodh leo gan ghuth glórmhar diongbháilte an Athar Peadar taobh thiar dóibh. Leis na litreacha neamhbhalbha a sheol sé gan stad chuig nuachtáin leithéidí *An Claidheamh Soluis* agus *The Freemans Journal* chuir sé d'iachall ar "uaisle" an léinn dlús a chur le caomhnú na hachmhainne sin a bhí ag dul in éag: an líon de chainteoirí dúchasacha ag laghdú in aghaidh an lae.

Ag an am céanna, rinne sé beart de réir a bhriathair trí leabhair mar *Shéadna* a scríobh a thaispeáin do chainteoirí dúchasacha go raibh rud luachmhar le roinnt acu agus gur cheart do mhuintir na hÉireann meas a bheith acu orthu dá réir as ucht a rinne siad chun seoid chultúrtha a chaomhnú. Bhí scéilín ag Peadar Ó hAnnracháin faoi conas mar a d'athraigh *Séadna* dearcadh a athar ar a theanga dhúchais féin. An chéad lá a thug Ó hAnnracháin géabh ar thig an Athar Peadar i gCaisleán Uí Liatháin, d'inis sé don sagairt faoin lá a chrom sé ar *Shéadna* a léamh ós ard dá athair agus gan mhórán dóchais aige go dtabharfadh a athair aon aird air mar ní bhíodh ach lag-mheas aige ar aon rud a léadh sé as na leabhair Ghaeilge eile a bhí aige (556).

Agus é ag léamh, cheap Ó hAnnracháin gach aon nóiméad go n-imeodh a athair mar bhí sé thar am dó dul ag scoraíocht mar ba nós leis gach tráthnóna, ach níor bhog sé cos. D'fhan sé mar a raibh sé agus cluas le héisteacht air (557). Faoi dheireadh, d'éirigh Ó hAnnracháin as an léamh agus chuir sé gotha imeachta air féin ach ghlaoigh a athair thar n-ais é.

"Tá aimsir go leor chuige sin," arsa a athair leis, "léigh tuille den leabhar san."

Agus cuma air go raibh sé sásta leis féin, gan dabht, d'fhiafraigh Ó hAnnracháin dá athair: "An bhfuil an Gaedhilge go maith ann?"

"Abair go bhfuil," ar seisean. "Nach shin í an saghas Gaedhilige a chualamar riamh. Ní foláir nó is duine a chaith tamall dá shaoghal i mball éigin cómhgarach dúinn an té scríobh é".

Bhí a athair chomh tógtha le scéal *Shéadna* nár imigh sé ag scóraíocht an oíche sin, ná an oíche ina dhiaidh. Cheap Ó hAnnracháin nár bhraith sé gur ghá dó dul amach ag scoraíocht nuair a bhí "scoraíocht sa bhaile aige le *Séadna* agus le Diarmaid Liath agus le Sadhb Dhiarmada agus le Máire Ghearra". I bhfocail eile, bhraith sé ar a shuaimhneas le carachtéirí an Athar Peadar mar bhí an chuma orthu gur dhaoine iad a raibh sean-aithne aige orthu; daoine gur thaitn leis am a chaitheamh leo.

Ag filleadh ar an rud a dúirt an tAthair Peadar le Ó hAnnracháin faoin uaigneas a thagadh air aon uair a chuimhneodh sé ar chainteanna a chomharsana i Múscraí (558), ritheann sé liom go mb'fhéidir, agus é mar a bheadh deoraí ann i ndúiche Bharrymore, gur scríobh sé *Séadna* go pointe chun a chumha i ndiaidh ama agus áite a bhí imithe le fada an lá a mhaolú le roinnt "scoraíocht sa bhaile". Agus é scoite ó na daoine a raibh dáimh aige leo, ba é an rud ba ghaire do bheith ina measc arís ná cuairt a thabhairt orthu ina aigne.

Más amhlaidh don Athair Peadar nó nach amhlaidh, b'fhollasach do phobal a linne go raibh éacht déanta ag an Athair Peadar le *Séadna* agus mhair an meas air mar scríbhneoir i bhfad tar éis a bháis, meas a léirigh Seán Ó Ríordáin—duine de scríbhneoirí móra na Nua Gaeilge—nuair a scríobh sé ina dhialann Lá Caille 1940:

> Is deise liom stíl an Athar Peadar ná stíl aon scríbhneora eile dár bhuail umam sa Ghaeilge fós... Do thaitn glan Ghaeilge Uí Chriomhthainn liom. Tá bearna idir sinn agus an Céitinneach ach tá cion agam ar a chaint. Cuirfidh macalla an trír sin mo pheann ag rince ó leathanach go leathanach (Ní Dhonnchadha 147).

Sa chaoi ar spreag sé cainteoirí dúchasacha chun meas a bheith acu ar a gcumas teanga, ní beag an oidhreacht a d'fhág an tAthair Peadar ina dhiaidh. Lena thionchar buan a thuiscint ní gá duit ach samhlú cé chomh difriúil is a d'fhéadfadh labhairt na Gaeilge a bheith sa lá atá inniu ann murar thóg sé raic faoi chaint na ndaoine. Óir, dá mbunófaí an Ghaeilge Nua ar Ghaeilge Chéitinnigh ón tseachtú haois déag, bheadh foghlaim na Gaeilge ar scoil ar nós bheith ag iarraidh foghlaim conas Béarla a labhairt trí aithris a dhéanamh ar Shakespeare!

Nótaí le dul le Séadna, scríofa ag an Athair Peadar. [Grianghraf le caoinchead ón Leabharlannaí, Ollscoil Mhá Nuad]

Caibidil a Sé: "an t-Aighneasóir"

Rud a d'fhan i gcuimhne Mrs. Smith faoin Athair Peadar ná an "Newfoundland" a choiméad sé mar mhadra ag a thig, maistín mór de mhadra a raibh sceon uirthi roimhe ina hóige toisc an dealraimh fhíochmhair a bhí air (*Britway* 132). Tagann an maistín madra sin chun cuimhne agus litreacha an Athar Peadar—idir litreacha poiblí a chuir sé chuig nuachtáin agus litreacha príobháideacha a scríobh sé chuig a chairde—á léamh agam mar b'é an nós a bhí aige gan fiacail a chur ann agus é ag scríobh faoi rudaí a bhí ríthábhachtach dó a chuireann olc ar léitheoirí na linne seo go minic. Seo blaiseadh den chaint bhorb ba bhéas leis titim isteach ann anois agus arís ó litir a scríobh sé:

> Abradh na scoláirí a rogha rud, is í caint na ndaoine a bhéarfaidh bua sa deire. To build up a literature without laying its foundations on the actual living speech of the people is like building your house, commencing at the chimney! Ba dheacair an fhírinne sin a chur ina luí ar mhuintir Bh'l'áth Cliath. Ach nuair ná glacfidís í caithfar í chur siar orthu mar a cuirtear an bia ar na turcaithe. Déanfaidh an bia maitheas dóibh bíodh gur dá n-ainneoin a curtar siar orthu é (Ó Fiannachta 114).

Ní hé eagla roimh an madra cosanta a chuir drogall ar Pheadar Ó hAnnracháin cuairt a thabhairt ar an gCanónach an chéad lá riamh ach eagla roimh an bpictiúr bagrach de a bhí sa cheann aige ón méid a bhí cloiste aige faoi. Go deimhin, d'admhaigh sé gur seans nach leagadh sé cos thar thairseach an Chanónaigh riamh ach amháin nár mhaith leis go mbíodh sé le rá ag daoine nach raibh sé de mhisneach aige cuairt a thabhairt ar an scríobhneoir cáiliúil agus é sa sráidbhaile ina raibh conaí air (553). Dúirt sé go raibh leisce air dul chun cainte leis ar eagla nach mbeadh fáilte roimhe "toisc gur thimire ó Chonnradh na Gaedhilge mé". Agus seans maith nach mbeadh ach an doicheall roimhe, a shíl Ó hAnnracháin, nuair dob eol do chách gur:

> mhinic a cháin sé an Connradh... mar mhaithe leis an dteangain, mar a deireadh sé.

> Cár bhfios domh-sa ná go gcáinfeadh sé mé féin agus mo ghnó, mar mhaithe leis an nGaedhlig, nó mar olc ar an gConnradh, dá dtéighinn ag triall air? (554).

Ach ní mar a shíltear a bhítear mar bhí náire ar Ó hAnnracháin faoina eagla nuair a d'fhág sé slán leis an Athair Peadar uair a chloig níos déanaí (555). Go deimhin, bhí Ó hAnnracháin chomh mór ar a shuaimhneas i gcomhluadar an Chanónaigh faoin am ar fhág sé ná:

nuair a chonnac chugam é an doras amach agus an aghaidh bhreágh ghrádhmhar a bhí air, is beag nár mheasas gur le duine éigin go raibh seana-aithne agam air a bhíos le dul ag caint (560).

Cad ba bhun leis an malairt tuairime faoi phearsantacht an Athar Peadar? Dála Pheadar Uí hAnnracháin, chuaigh sé i gcion ar mhórán daoine a bhuail leis ina steillbheatha mar dhuine lách. Ach ba mhinic freisin go raibh íomhá naimhdeach de ag daoine, go háirithe nuair nach raibh aithne acu air ach tríd a scríbhinní. Cheap Gaughan go m'bhféidir gur fhás an tuin chádránta atá le sonrú i gcuid dá litreacha as:

his tendency to speak and probably to write 'extempore'. As he said to Pádraig MacSuibhne, who asked him on an important occasion if he wished to prepare a speech: 'Níor ollmhuigheas caint riamh. Núair a bhíonn caint uaim glaodhaim uirthi agus tagann sí chugam' (85).

An tAthair Peadar lena chara Pádraig Mac Suibhne lasmuigh de Choláiste Cholmáin, Mainistir Fhear Muí. Dúradh faoi Phádraig Mac Suibhne: "Nobody knows an tAthair Peadar like him."

Cinnte, is mó an seans go sleamhnóidh focal míthráthúil asat má tá sé de nós agat an rud is túisce a thagann isteach id' cheann a rá agus tá seans ann mar sin gur tháinig cuma chádránta nó bhaothdhána ar an Athair

Peadar uaireanta mar nach raibh sé de nós aige i gconaí a chuid cainte a thomhas agus é ag scríobh. Fiú agus *Mo Scéal Féin* á chosaint aige mar mhórshaothar liteartha, b'éigean do Cyril Ó Céirín a admháil:

> gur mhór an gar é dá mbeadh eagarthóir ag an Athair Peadar a mbeadh a dhóthain dánaíochta air bheith géar air agus a thabharfadh comhairle a léasa dó ach go háirithe ó thaobh fadálachta de (23).

B'é an trua ná go raibh eagarthóir ag an Athair Peadar a raibh sé de dhánaíocht ann bheith géar air, Eoin Mac Néill, ach loit sé sin an cairdeas agus an dea-chaidreamh oibre a bhí eatarthu le fada. D'eirigh easaontas idir an bheirt acu nuair a chuir Mac Néill stop le *Séadna* a fhoilsiú in *Irisleabhar na Gaedhlige* agus arís nuair a chuir an tAthair Peadar ina leith go raibh an iomarca ceartúcháin á dhéanamh aige ar na píosaí Gaeilge a sheol sé chuige le foilsiú. (Breathnach, "Mac Néill").

Sul a dhéanaimid cíoradh ar cé air is mó a raibh an locht faoin easaontas eatarthu, tá sé chomh maith cuntas gearr a thabhairt ar shaol an Niallaigh. Rugadh Mac Néill i gCo. Aontrama i 1867 agus thug post mar chléireach sna Ceithre Cúirteanna go Baile Atha Cliath é is an scór bainte amach aige. Tamall beag ina dhiaidh sin, chrom sé ar na nGaeilge a fhoghlaim.

Léiríonn an iliomad postanna a bhí aige i gcaitheamh a shaol oibre—Ollamh Staire i UCD, Ceann fóirne d'Óglaigh Éireann, Teachta Dála, Aire Stáit, agus Uachtarán ar Acadamh Ríoga na hÉireann—cén fáth go bhfuil cuimhne air sa stair mar "fhear iléirimiúil". Ach, dar leis na beathaisnéisithe Breathnach agus Ní Mhurchú, ba "í eagarthóireacht na n-irisí an saothar ba thabhachtaí a ndearna sé ar son scríbhneoireacht na Gaeilge" agus ba sa ról sin—mar eagarthóir ar *Irisleabhar na Gaedhlige* ó 1894 go 1899 (Ó Cuív 56)—a bhí dlúthbhaint aige leis an Athair ar feadh roinnt mhaith blianta.

Eoin MacNéill, an fear a chuir tús leis an Athair Peadar mar scríbhneoir trí Shéadna a fhoilsiú i sraitheanna in Irisleabhar na Gaedhlige. [Tógtha ó "My Own Story" 1973 ln. 128]

Bhuail siad lena chéile den chéad uair ag comhdháil de chuid Chonradh na Gaeilge i mBaile Átha Cliath i mhí Mhárta 1894 (51). Agus é ina chomh-bhunaitheoir den Chonradh, d'fhreastail Mac Néill ar an gcomhdháil ina ról mar runaí na heagraíochta sin agus tháinig an tAthair Peadar chun labhairt leis an dtionól. Agus é de cháil air bheith ina óráidí maith, thaispeáin an tAthair Peadar nach mó a cháil ná a bhuille nuair a chuir sé na Conraitheoirí—mar a thug baill de Chonradh na Gaeilge orthu féin uaireanta—faoi dhraíocht le fuinneamh a chainte (Ó Cuív, "Curadh Cosanta" 33).

Cuireadh in aithne é do lucht stiúrtha an Chonartha—Micheál Ó Ciosóg, Dúglas de híde, An tAthair Eoghan Ó Gramhnaigh, Seosamh Laoide agus Eoin Mac Néil—agus bhí siad an-tógtha leis (51–52). Agus cén fáth nach mbeadh siad tógtha leis nuair nach raibh ach cainteoir dúchasach amháin ina measc, b'é sin an Cíosógach. (Bradley 59). Ba Ghaeilgeoir féinoilte a bhí san Athair Ó Gramhnaigh, mar shampla, agus cé go raibh a leabhar *Easy Lessons in Irish* ina leabhar ceannródaíoch agus an-éileamh air, dar le Neil Buttimer agus Máire Ní hAnnracháin, bhí sé ábhairín easnamhach i súile na glúine a tháinig ina dhiaidh (556-7). "Ní deocair a shamhlú," mar a deir Brian Ó Cuív, "conas mar a raghadh an chaint bhreá chruinn cheolmhar" a bhí ag an Athair Peadar i bhfeidhm "ar dhaoine a bhí go mallbhreathach ag ionramháil Gaeilge na leabhar" ("Curadh Cosanta" 33).

Nó, le féachaint air i slí eile, bhí éagothroime le haithint an chéad uair a bhuail siad le chéile sa mhéid is gur:

> Foghlaimeoirí Gaeilge ab ea fórmhór lucht an Chonartha i dtús a réime. Ní raibh léamh ná scríobh ach ag fíorbheagán de na cainteoirí ó dhúchas. B'iad na foghlaimeoirí, dá bhrí sin, i dtús cadhnaíochta i gcúrsaí scríbhneoireachta (Ó Fiannachta 105).

B'fhiú an éagothroime seo a choinneáil i gcuimhne nuair a dhéanaimid plé ar an gclampar a tharraing an tAthair Peadar leis an gConradh maidir le litriú caighdeánaithe níos déanaí. Óir, bhraith sé gur snámh in aghaidh easa a bhí ar siúl aige agus é ag iarraidh cur ina luí ar dhaoine:

> There is only one authority which can dictate spelling. That authority is public Living Usage… Hence any man who wants to write Irish has nothing to guide him but the pronunciation of those who speak the living language still… he must use his ear the first of all (107).

Ós rud é go raibh an tAthair Peadar ag éisteacht le labhairt na Gaeilge ó rugadh é, d'fhéadfá a rá go raibh a chluas i dtiúin le fuaimniú na Gaeilge agus go raibh na Conraitheoirí—lena gcuid Gaeilge foghlamtha ó leabhair—bodhar ar shlí ar cheol na teanga céanna. Agus a chumas-san sa Ghaeilge á chur i gcomparáid lena gcumas-san, ní thógfá air é mar sin má cheap sé go raibh sé níos fearr chun a dhéanta ó thaobh na teanga beo a úsáid le "fine-tuning" a dhéanamh ar litriú na Gaeilge. Ach seans gur rinne a stádas faoi leith ró-chinnte de féin na blianta ina dhiaidh, mar a léiríonn rud a dúirt sé i 1899: "It is a sad fact, but it is a real fact, that no other living human being knows how to handle the language as I do" (Gaughan 84).

Ach fiú má tháinig mórchúis air le himeacht aimsire, ní féidir a shéanadh gur fear thar an gcoitiantacht é siar i 1894. Thóg na Conraitheoirí an t-oró roimhe mar d'aithin siad go raibh neach annamh don am sin faighte acu: cainteoir dúchais a bhí ina scríbhneoir freisin. B'fhollasach do Mhac Néill freisin go raibh an t-ádh dearg ar na hAthbheochanóirí teanga teacht ar an Athair Peadar, mar is léir ón slí a chuir sé an chéad sraith de *Shéadna* in aithne do léitheoirí an *Irisleabhair*:

> We wish to direct the attention of students to the following specimen of Munster Irish, one of the best samples, if not the very best, of Southern popular Gaelic that has ever been printed. This has been sent by the same contributor who has enriched several recent Nos. of the Journal, the Rev. Father O'Leary, P.P., Castlelyons (Mac Mathúna x).

Bhí an tAthair Peadar an-tógtha le Conradh na Gaeilge freisin agus níorbh fhada go raibh sé de nós aige é féin a áireamh ina measc trí "ár mbuíonna" a thabhairt orthu (Ó Cuív, "Caradas Nár Mhair" 52). Go deimhin, rinne sé moill i mBaile Átha Claith tar éis na comhdhála d'fhonn freastail ar ranganna oíche eagraithe ag an gConradh agus ní raibh ach ardmholadh acu dóibh tar éis dó suí isteach ar cheann acu: "Bhidheas cúpla uair an chluig 'sa sgoil ag éisteacht leo, agus do thánag uathu lán d'iongnadh agus d'áthas" (51). B'é Mac Néill a mhúin an rang úd agus, le linn dó dul siar ar bhóithrín na smaointe na blianta ina dhiaidh, dúirt an sagart lena chara ón dTuaisceart:

> Adhmhuíghim ó chroídhe go raibh mo mhisneach féin nách mór imighthe go dtí an oídhche úd i mBaile Átha Cliath, nuar chonac tusa air aghaidh an chláir dhuibh amach agus do bhlúire cailce agat… 'Dár bhríghe na Mionn!" arsa meise, am aigne féin, 'dá mbeidheadh aon deichniúmhar amháin de'n t-saghas san i n-Érinn bhídh an gnó déanta.

B'iomaí litir a scríobh siad dá chéile ón oíche sin ar aghaidh, a lán acu tógtha suas le cúrsaí gramadaí a chíoradh (54) agus focail cheana iontu corr uair mar a léiríonn an sliocht seo as litir gan dáta ón sagart chuig Mac Néill: "Is beag ná go bhfuil iarracht d'uaigneas ag teacht orm toisg a fhaid atáim gan sgríobhadh chúghat" (53). Sna laethana luatha dá gcomhfhreagras, is léir gur bhain an Canónach an-sásamh as an slí docht daingean ina ndeachcaigh siad i mbun cur is ag cúiteamh, mar a thug sé le fios i litir a scríobh sé i Deireadh Fomhair 1895:

is breágh liom bheith ag iomaidh leat ar na neithibh seo atá eadrainn pé deire a bheidh ar an bplé. Ná maith dom púnc ar bith agus geallaim nách maithfead-sa dhuit-se. Ansain má tá an fírinne thíos ná thuas ansa sgeall ní'll dul aici (55).

De réir a chéile chuaigh sé i dtaithí ar bheith ag brath ar chunaimh an Niallaigh, mar shampla, nuair a thagadh sé go Baile Átha Cliath b'é Eoin a thugadh bheith istigh dó agus, nuair a bhí an sagart ar ais i gCaisleán Uí Liatháin, dhéanadh Eoin postanna beaga de gach sórt dó (53-4). Mar a tharla i 1897, mar shampla, nuair a scríobh an Canónach chuig a chara i mBaile Átha Cliath faoi fhoilsiú leabhair a bhí á scríobh aige:

> Bheidhinn an bhuidheach díotsa anois dá mb'áil leat labhairt le clódóir éigin féuchaint an mor chosnóchadh an obair & conus do h-éileóchaídhe díoluígheacht, agus cad é an luach do curfaidhe ar an leabhar agus mar sin. Ní'll aon eolus agam-sa ar neithibh de'n tsord san (54).

Má ba Eoin an duine a thug aire dosna gnéithe praiticiúla a bhain le scríbhneoireacht an Athar Peadar, ba é Seosamh Laoide—duine eile ar lucht stiúrtha an Chonartha—a spreag an smaoineamh a bhí mar bhunús dá chéad urscéil, dar leis an Athair Peadar, murach eisean, ní chuimhneodh sé riamh ar *Shéadna* (Mac Mathúna XXV). Chuir Laoide scéal béaloidis óna óige i gcuimhne don Athair Peadar nuair a d'fhiafraigh sé de cad é an leagan Gaeilge den nath cainte "Jack-o'-the Lantern". Seo an freagra a fuair sé ón sagairt:

> A Sheosaph, a chara. Thainig chúgham do cheist i d'taobh Jack o' the Lantern. Do sgrúduígheas mo chuimhne go ró chruinn & iseo dhuit dá bhár. Curuígheacht & dachad bliaghain ó shoin do chloiseas sgéal da ínsint aig duine gan Bhéurla. "Seadhna" b'ainim do chura (hero) an sgéil sin. Do chríochnuigh an t-eachtra leis na focalaibh seo. "D'imthigh sé ansan & d'árduigh sé tene leis & tá sé, na, Jack-o'-the-Lanther o shoin." Nár dhóich leat, as san, go raibh "Seadhna" tráth mar ainim air "Jack"? (xvi, xxv).

Más trí thimpiste a chuir Laoide an síol, ba é an Niallach a thug faoi bhláth é nuair a d'fhoilsigh sé an chéad sraith de *Shéadna* in *Irisleabhar na Gaeilge* i Samhain 1894 (Ó Cuív 59). Go deimhin, thaitin an scéal chomh mór sin leis gur impigh sé ar an údar gan gearradh siar air (60). Bhí an tAthair Peadar lánsásta é sin a dhéanamh agus ar feadh dhá bhliain go leith bhí caibidil nua de *Shéadna* i ngach eagrán den *Irisleabhar* go dtí gur cuireadh stop go hobann leis in Aibreán 1897 (59). Sa chéad eagrán eile den *Irisleabhar*, b'é seo an míniú a chuir Mac Néill ar an stop a gcuireadh le srathú *Shéadna*:

If there are any readers of the Journal who have not revelled in the deft and sinewy and versatile Irish of his narrative, we do not envy them. In our pages, perhaps, the story showed to the least advantage. Published in little driblets, month by month, its action was made to lag where it did not lag. Serial stories are always under this disadvantage, especially when their instalments appear not weekly, but monthly and only a few pages at a time... '*Séadna*' accordingly comes to an abrupt and unfinished break-off with the end of our last volume. We hope, however, soon to see the whole story published in book-form, where its high merits will be much more conspicuously seen.

B'shin an chúis oifigiúil gan puinn eile de *Shéadna* a chur i gcló san *Irisleabhair* ach bhí cúis eile leis, cúis a nochtadh do Mhac Néill nuair a dúirt an tAthair Peadar go fánach i litir chuige i Feabhra 1897 nach raibh sa lear mór de chaibidilí a sheol sé chuige go dtí seo ach trian den leabhar a bhí beartaithe aige (61). Baineadh an nuacht seo geit as Mac Néill mar ba léir dó faoin am sin go dtógfaidh sé cúig nó sé bliana chun an chéad trian de a fhoilsiú san *Irisleabhar*, gan trácht ar dhá thrian eile sa mhullach ar sin!

Chuir díbirt *Shéadna* ó leathanaigh an *Irisleabhair* ana-dhíomá ar an gCanónach—"Má leigeann tú *Séadna* ar lár as an Iris L., deirim leat go mbeidh dearmhad déanta agat" [1 Aibreán 1897]—ach ghlac sé le cinneadh an Niallaigh go drogallach. Chun a cheart a thabhairt dó, go pointe áirithe, ní gan chúis a bhraith sé go raibh a chara tar éis teacht aniar aduaidh air mar, más aon chomhartha litir a scríobh an Niallach chuige [10 Márta 1895] cúpla mhí tar éis foilsiú na céad caibidile san *Irisleabhar*, cheapfá ón méid a dúirt sé go raibh sé ag tabhairt cead a chinn don Athair Peadar pé méid is maith leis a scríobh:

Cad chuige do ghiorróchthá saoghal *Shéadna*? Tabhair a shlighe féin dó. Mo thruaighe nach féidir tuilleadh réime do bheith aige san Irisleabhar gach mí, Acht ná cuir-se cumhgach dá laighead air. Sgaoil leis agus lean é (60).

Ar an lámh eile, d'fhéadfadh Mac Néill a rá gur chuir an tAthair Peadar an dallamullóg air sa mhéid is gur mar "sgéal beag deas a chloiseas agus me am leanbh" (59-60) a chuir sé *Séadna* in iúl dó ar dtús cé go raibh trí chéad leathanach ann ar deireadh (Mac Mathúna xliv). Pé scéal é, rinne Mac Neill a dhícheall an tAthair Peadar a chúiteamh as an slí ghrod a cuireadh deireadh le *Séadna* san *Irisleabhar*. Mar shampla, nuair a d'iarr an sagart air clodóir a aimsiú don dara thrian de *Shéadna* i Aibreán 1898—ní fhéadfadh an sagart dul chun cainte leo é féin, a dúirt sé, mar bhí slaghdán air—chuaigh Mac Néill i dteagmháil le roinnt mhaith chlódóirí ar a shon agus foilsíodh *Séadna: An Dara Cuid* dá réir i mBaile Átha Cliath níos déanaí an bhliain sin (Ó Cuív 62).

Chuaigh a gcaidreamh in olcas i 1899, afách, nuair a thosaigh an tAthair Peadar ag clamhsán faoi ábhar a bhí ina chnámh spairne beag eatarthu leis na blianta: sé sin, thaitin solúbthacht sa litriú leis an sagart. Mar shampla, b'annamh a litrigh sé an focal *"Séadna"* sa tslí chéanna: d'fhéadfadh sé *"Séadna"*, "Seadna" nó "Seadhna" a scríobh (63) de réir mar a bhuail an tallann é. Bhí cuid dá litriú athraitheach fréamhaithe i neamhaire, faoi mar a d'admhaigh sé é féin: "Tuigim go bhfuil sé riachtanach agam duine do chur am dhiag ag leaghadh mo sgríbhinne... Dó léighinn mo scríbhínn féin seacht nuaire agus ní mhothóchainn easba na n-anál" (63).

Ach d'éirigh sé ina phrionsabal dó, mar a mhínigh sé i litir chuig an Niallach ar an gcéad lá de Lúnasa, 1899:

> The wonderful power and flexibility of the Irish alphabet rendered flexibility in spelling absolutely necessary. I am determined to stick to that flexibility. I want it. I cannot get on without it. I must be allowed to write bliaghain or bliadhain just as I like (63-4).

Agus tú ag éisteacht le tuin cheanndána na cainte thuas, tá sé deacair gan droim láimhe a thabhairt don Athair Peadar mar chancrán, ach is fiú cuimhneamh nach í an cheanndánacht amháin a ghriog é chun an fód a sheasamh ar son a chirt chun focail a litriú pé slí ba mhaith leis. Óir, má chuimhníonn tú ar an méid a dúirt sé faoin ngá a bhí le "the pronunciation of those who speak the living language" a úsáid mar theoir do litriú na Gaeilge, is léir gur "litriú foghraíochta" a bhí i gceist aige. B'uirlis a bhí sa litriú solúbtha mar sin chun focail a chur ar pár díreach mar a chuala sé iad ó bhéal an chainteora dhúchais sar a chuaigh na cainteoirí dúchasacha in éag ar fad ar fad. Tá an méid seo soiléir ón gcur síos a ndéanann sé ar a mhodh agus an Ghaeilge a chuala sé ina óige á scríobh síos aige:

> Táim ag déanamh mo dhíchill ar í chur síos im scríbhínní díreach mar a fuair mo chluas í ó dhaoine mar Shean-Dhiarmaid Ó Laoghaire agus mar Mhicheál Dubh, agus mar Mháire Rua, agus mar a hiníon,.i. Peig (30).

Cuid suntais eile sa sliocht thuas ná na téarmaí pearsanta ina gcuireann sé a chur chuige foghraíochta sa mhéid is go bhfuil taifead na bhfocal díreach mar a chuala sé iad ó bhéal Mhichíl Dhuibh nó Mháire Rua geall le leac cuimhneacháin i ndilchuimhne na marbh. Amhail is go raibh sé ag iarraidh deimhin a dhéanamh de nach ndéanfaí dearmad orthu go deo trí lorg a nósanna cainte a chur ar an nGaeilge Nua a bhí ag teacht i gcruth an uair sin. Ní hamháin ar chúiseanna maoithneacha ach chun dúshlán a chur ar lucht na hacadúlachta ceann a thabhairt do chainteoirí dúchasacha—fiú más daoine bochta gan oideachais iad den chuid is mó—agus rialacha do litriú na Gaeilge á leagadh síos ag na hollúna.

Agus, mar a mhínigh sé i litir a scríobh sé chuig cainteoir dúchais eile, Seamus Ó Dubhghaill, díreach roimh Nollaig 1899, ní hé nach bhfaca sé an gá le litriú caighdeánaithe, ach b'amhlaidh nár theastaigh uaidh go gcuirfí i bhfeidhm róluath é ar eagla go gcaillfí an saibhreas teanga a bhí ag imeacht le gaoth lá i ndiaidh lae:

> Of course uniformity is most desirable. But it should grow naturally from within… This is exactly the point upon which myself and Mac Néill have been fighting. I want uniformity to grow naturally out of the living elements which lie scattered all over the country. He wants to plant a readymade uniformity, which is three centuries old, down on top of those living elements. I maintain that such a course would stifle those living elements and then that we would have nothing at all (Ó Fiannachta 109).

Fós, caithfear a admháil gur mímhacánta an léamh a thugann an tAthair Peadar ar a aighneas le Mac Néill sa mhéid is nach dtugann sé leid ar bith den bhrú a chuir sé ar an Niallach géilleadh dó ar an ábhar seo. Ina theannta sin, ní thugann sé blaiseadh dá laghad den easpa tuisceana a léirigh sé do chúrsaí praiticúla ar an dtaobh eile den argóint. Óir, smaoinigh ar chúrsaí ó thaobh an Niallaigh de: mar eagarthóir, b'eisean a bhí freagrach as ábhar léitheoireachta a chur ar fáil a bhí intuigthe do Ghaeilgeoirí ar fud na hÉireann, is cuma más Gaeilge na Mumhan, Gaeilge Chonnachta, nó Gaeilge Uladh a labhair siad (Ó Súilleabháin, Donncha 8). "Conas fhéadhfadh sé san a dhéanamh," mar a deir Shán Ó Cuív, "dá leogadh sé do gach aon údar a rogha cor a thabhairt don uile fhocal?" (64).

Tháinig an chéad bhuille den aighneas i litir a bhfuair an Niallach tamall tar éis a cheapacháin mar eagarthóir ar *An Claidheamh Soluis* i Mí Feabhra 1899. Sa litir, chuir an tAthair Peadar an eagarthóir nua ar an eolas nach bhféidir:

> liom a ghlacadh orm féin ealadha Gaedhilige do chur ag triall ar An gClaidheamh Soluis acht sa litiriúghadh atá socair agam am aigne féin. Má glactar mar sin uaim í tá sí le fághail' (64).

Tháinig tuilleadh litreacha go géar sna sála ar an gceann seo—seacht litir in aon mhí amháin—"gach litir" uaidh, dar le Shán Ó Cuív, "níos sia agus níos toghaile ná an ceann a chuaidh roimpi".

Más fíor do Shán Ó Cuív "nuair a chonaic an Niallach go raibh an tAthair Peadar ag dul chun stuacachta air, tháinig corrabhuais mhór air". Go deimhin, mheas Ó Cúiv gurb é an strus a bhain leis an Athair Peadar a hionramháil le linn na tréimhse seo a chuir san ospidéal é ar feadh deich seachtaine nuair a buaileadh breoite é. Nuair a d'fhill Mac Néill ar a obair, fuair sé an nóta seo ón Athair Peadar ann roimhe:

> Ba mhaith liom ná ceartóchtha aon nídh dhom ann ach chómh beag i n-Érinn agus is féidir leat é.
>
> Sgaoíl mo shrian féin liom gó fóil agus tuigfar an sgéal go léir ar ball (65).

B'fhollasach go raibh an tAthair Peadar ag impí ar Mhac Néill a mhuinín a chur ann ar mhaithe leis an seanaithne a bhí acu ar a chéile. Dá mba mise Mac Néill, áfach, ba bheag an fonn a bheadh orm géilleadh dó tar éis é bheith ina bhior sa bheo chomh mór sin aige le tamall anuas. Ach ba léir nach raibh foighne an Niallaigh caite fós mar d'fhoilsigh sé an chéad phíosa eile ón Athair Peadar gan aon eagarthóireacht a dhéanamh air ach fógra séanta a chur leis á rá gurbh é an t-údar agus ní an eagarthóir a bhí freagrach as a litriú neamhghnách (65).

B'shin deireadh mhí an Mheithimh / tús Mí lúil. Is ar éigean a bhí mí eile imithe thart nuair a thóg an tAthair Peadar raic arís, an uair seo mar mhol an Niallach dó rud eile seachas comhráite beaga ar an gcúis gur mhithid prós ceart a sholáthair do léitheoirí na Gaeilge. Níor chuir an tAthair Peadar fiacail ann nuair a d'inis sé don Niallach a mheas ar an moladh sin i litir scríofa ar an gcéad lá de Lúnasa 1899:

> Give me my head I say! I know what I am about. 'The people will ask for this', 'The people will ask for that'. The people do not know what to ask for. I know what to give them. Give me my head or else I'll break the halter! (65).

Ceapaim go raibh an sagart ag iarraidh bheith greannmhar anseo ach, déanta na fírinne, tá sé deacair gan do chláir éadain a chuimilt le macalla den tinneas cinn ní folair nó go raibh ar an Niallach tar éis dó na focail cheanntréana seo a léamh. Is léir gur aithin an Canónach go raibh an baol ann go raibh Mac Néill curtha go bun na foighne aige mar ar an 26ú lá de mhí Mhéan Fómhair, 1899, thóg sé air féin scríobh chuige lena rá:

> Do not resent anything I say. I have long made up my mind not to resent anything you say. Why should I resent! Don't

I know that whatever you may say is said solely for the interest of the language!

Faraor, is ar éigean a bhí an litir seo curtha sa phost aige nuair a tharla rud éigin eile a chuir breis ghoimhe ar an gCanónach. Ar an 10ú lá de mhí Dheireadh Fómhair, 1899, ghlac Coiste Gnótha an Chonartha rún:

> the Gaelic League could accept no responsibility whatever for the future publications of Fr. O'Leary unless there seemed a reasonable hope of their being adopted on the programmes of the Education Boards (66).

B'é an cúlra le seo ná, tar éis dó *Séadna: An Dara Cuid* a chlóbhuaileadh ar a chostas féin, theastaigh ón Athair Peadar a chostas a fháil ar ais ó Chonradh na Gaeilge chomh maith le socrú a dhéanamh leo é a dhíol ar a shon (65). Sar a raibh aon fhreagra fachta aige uathu, d'fhoilsigh sé *Mionchaint*, arís ar a chostas féin agus arís gan aon rud a rá leis an gConradh go dtí go raibh an gníomh déanta, am a d'iarr sé orthu an scór a ghlanadh. Idir an dá linn, thairg sé leabhar eile dá chuid, *Aesop a tháinig go h-Éirinn*, ach ní ligfeadh sé aon cheartú a dhéanamh ar litriú na lámhscríbhinne (66).

Sa deireadh thiar thall thug an Coiste Gnó fiacha *Shéadna*, £27 10s 5d, don Athair Peadar i Mí Bealtaine, 1899, ach tháinig an raiste de hiarratais mhaoinithe uaidh ag drocham don Chonradh mar bhí gannchúis airgid orthu an bhliain sin. Le srian a chur le caiteachas mar sin, chuir an cisteoir an tUasal Barrett moladh ar aghaidh nach maoineoidís a thuilleadh leabhar gan iarraidh ó "Fr. O'Leary" murar thaispeáin sé roimh ré go raibh seans maith ann go mbeadh tóir orthu.

Níor thug an tAthair Peadar aon chomhartha go poiblí gur chuir cinneadh an Choiste Ghnótha aon olc air, ach go príobháideach bhí sé ar buile, mar a nocht sé agus a rún a ligint le Séamus Ó Dubhghaill i litir a scríobh sé chuige ar an 14ú de mhí na Nollag, 1899:

> When I found myself out of work I sat down and wrote out *Mionchaint*... those people won't print it as I would not let them 'correct it'. I also wrote a little reading-book, Aesop's Fables, in simple popular Irish, but it won't be printed as I would not let it be 'corrected'... Then the Committee said that they would make a pronouncement upon the question of Irish spelling. 'If you are not mad,' said I, 'you will do no such thing.'... I have heard lately that, in spite of my warning this public pronouncement is to come... The Committee will do whatever John MacNeill will tell them. The 'pronouncement' will be John MacNeill's, i.e. John

MacNeill wishes to set himself up as the impersonation of Public Usage! What no man has ever yet been able to do in any country in the world! (66-7).

An rud is suntasaí faoi ghearán an Chanónaigh le Ó Dubhghaill ná an chaoi ina mheascann sé an cnámh spairne a bhí aige le Mac Néill faoi litriú caighdeánaithe le cinneadh an Choiste Gnótha gan a thuilleadh dá leabhar a mhaoiniú. Óir, tá gach cuma air gur ghanntanas airgid is mó a chuir ar an gCoiste stop a chur lena leabhair a mhaoiniú agus ba bheag baint a bhí aige lena fheachtas i gcoinne an litrithe caighdeánaithe.

Ach, ón gcaoi ina gcuireann sé a dhá ábhar gearáin in aon charnán amháin— "The Committee will do whatever John MacNeill will tell them"— cheapfá go raibh an Canónach cinnte de go raibh an nimh san fheoil ag a chara dó. Gan amhras, ba chomhartha gur éirigh Norma Borthwick as an gCoiste mar gheall ar an gcinneadh nach anuas ón spéir a thóg an tAthair Peadar an tuairim gur rinneadh éagóir air. Mar sin féin, is deacair a chreidiúint go raibh an Niallach i mbun fheachtais chun pleananna an tsagairt a chur de dhroim seoil agus an fhoighne mhór a rinne sé leis go dtí sin.

Cé acu a bhí baint ag Mac Néill leis an gcinneadh gan leabhair gan iarraidh ón gCanónach a mhaoiniú a thuilleadh nó nach raibh, dealraíonn sé gur thapaigh an tAthair Peadar an deis chun achrann a dhéanamh leis faoi cheann coicíse de scríobh na litreach sin do Shéamus Ó Dubhghaill inar ghearáin sé go raibh an Coiste faoi bhois an chait ag an Niallach.

Tharraing Mac Néill fearg an tsagairt air nuair a d'fhoilsigh sé píosa dá chuid, "Rosg Catha Bhriain", ag deireadh mí na Nollag sa *Claidheamh Soluis* agus an chosúlacht air go raibh a litriú athraithe. Ar an bpointe boise, sheol sé litir ghéar chuig an eagarthóir inar cháin sé eagarthóirí a chuir a ladhar i scríbhínní daoine eile gan iarraidh. Thug sé a ndúshlán don dream céanna á rá go rachadh sé i muinín a bhreithiúnais féin maidir le litriú feasta agus ní ligfeadh sé d'éinne oiread na fríde a athrú ina shaothar gan chead a fháil uaidh (Gaughan 82). D'fhoilsigh Mac Néill litir an Athar Peadar sa *Claidheamh Soluis* i Mí Eanáir i dteannta le freagra uaidh. Sa fhreagra, thug se cor in aghaidh an chaim don Athair Peadar leis an ráiteas nach raibh sé de cheart ag éinne dul i muinín a bhreithiúnais féin maidir le litriú mar ní litríonn an duine ar mhaithe dó féin ach ar mhaithe daoine eile (83).

Ní hamháin sin ach léirigh sé go raibh teorainn lena fhadfhualaingt fiú nuair, den chéad uair riamh ina chaidreamh poiblí leis an Athair Peadar, bhuail sé smitín thar n-ais air le freagra magúil i gcogadh na bhfocal a bhí aontaobhach go dtí sin:

Father O'Leary is a humourist of no mean order, and so, when he writes that 'there is nothing to dispute about', he writes it at the end of his discourse. For it is clear that he's disputing with somebody about something—the puzzle is with whom, and about what, and why... We prefer to put it this way, that there is nothing to dispute that may not be disputed to the utmost and still leave the disputants free to co-operate cordially in a hundred ways (Ó Cuív 67).

Mar a bheifeá ag súil leis, bhí an ghoimh ar an gCanónach nuair a léigh sé é seo, ag dodaireacht le fearg nach mór i litir a scríobh sé go Ó Dubhghaill agus an chéad mhí den bhliain nua ag teacht chun deiridh:

Even the last word I said to him about altering the spelling of a piece of mine, you saw what a pert rejoinder that he made it! He called me a "humorist" whereas I was in deadly earnest.

Dar le Shán Ó Cuív, cheap Mac Néill nach raibh ina easaontú poiblí leis an sagart ach cogadh na sifíní. Seans maith gurb in a smaointe ar an ábhar ach, le focail Uí Chuív á úsáid, ós rud é gur chuir Mac Néill gearán an Athar Peadar ó dhoras trí "pas magaidh" a bhaint as, cheapfá go mbeadh a fhios aige gur imigh sé ábhairín thar fóir lena aisfhreagra agus nach maithfeadh an sagart chomh héasca sin é dá réir. Pé scéal é, rinne sé a lán iarrachtaí chun an t-aighneas eatarthu a leigheas, cuireadh i ndiaidh cuiridh á thabhairt aige dó teacht chun a thí ach is léir nach fuair sé ach an diúltú béasach i gconaí, más aon chomhartha an freagra seo scríofa ar an 22ú lá de mhí an Mheithimh, 1900:

This is the second time that you have asked me to your place and that I have not been able to go! I must only watch out for a favourable opportunity and go without being asked (68).

Thug sé iarracht amháin eile i 1908 ach ba é an sean-leithscéal céanna a fuair sé:

Many thanks for the renewal of that invitation. But I have no idea of when I shall be able to respond. I don't like travelling. I am coming very close to seventy. Still I am glad that the statute of limitations does not apply (72).

Tá cuma chairdiúil go leor ar an abairt dheireanach—"Still I am glad that the statute of limitations does not apply"—ach chuirfeadh seachantacht na dara habairte diúltú béasach—"I have no idea of when I shall be able to respond"—i gcuimhne duit. Seans nach bhfuil i sin ach an iomarca suntais a chur ann, ach fós tá sé sonrach nár éirigh leis an sagairt bualadh le Mac Néill riamh arís cé gur iomaí uair a tháinig sé go Baile Átha Cliath ina dhiaidh sin (dúirt Ó Cuív go bhfaca sé sa phríomhchathair é go minic). Go deimhin, níor scríobh sé chuig an Niallach riamh arís tar éis 1908, cé go mairfeadh sé dhá bhliain déag eile.

Tagann rud a dúirt Kuno Meyer faoi na Ceiltigh tráth chun cuimhne agus mé ag iarraidh mhothúchán an Athar Peadar i dtaobh an Niallaigh a thomhas nuair a thug sé an cúl dó tar éis 1900. Ba é Meyer an scoláire Gearmánach, más cuimhin leat, a fuair saoirse na cathrach i mBaile Átha Cliath agus Corcaigh in éineacht leis an Athair Peadar. Ní de thaisme a tharla sé gur i dteannta a chéile a bronnadh onóir orthu mar b'aghaidh agus cúl den bhonn airgid céanna iad i súile phobal na linne. 'Sé sin, bronnadh onóir ar Mheyer as ucht obair na gcapall a bhí déanta aige chun litríocht na Sean-Ghaeilge a thabhairt ar ais ón áit ina raibh sé caillte le cuimhne na seacht sinsear agus bronnadh onóir ar an Athair Peadar as ucht an mhéid a bhí déanta aige chun an Ghaeilge a choiméad ina theanga bheo (Ó Cuív, "Curadh Cosanta" 32). Caithfidh go rabhadar cuíosach mór le chéile mar thug Meyer cuairt ar an Athair Peadar i gCaisleán Uí Liatháin go mion minic (O Riordan 107).

Kuno Meyer, an scoláire Gearmánach a fuair Saoirse Chathracha Átha Cliath is Corcaigh i dteannta leis an Athair Peadar i 1911 [Tógtha ó "My Own Story" 1973 ln. 133]

Ar aon nós, le filleadh ar an rud a dúirt Meyer faoi na Ceiltigh agus an léargas go mb'fhéidir go dtugann sé ar mheon an Athar Peadar agus Mac Néill a choinneáil faoi fhad láimhe uaidh. "The Celts," a deir Meyer ina leabhar *Ancient Irish Poetry* "avoid the obvious… the half-said thing to them is dearest" (xiii). Mar an gcéanna, ba ina chuid ráitis faoi cé leis an creidiúint maidir le hAthbheochan na Gaeilge tar éis a scartha le Mac Néill a léirigh an tAthair Peadar gur fíor-Cheilteach é sa mhéid is gurb é an rud nár dúirt sé a dúirt lán leabhair. Mar shampla, le linn dó cur síos ar shochraid an Athar Uí Ghramhnaigh i nuachtán *An Leader* ar an 17ú lá de mhí Dheireadh Fómhair, 1903, scríobh sé:

Nuair a fuair an tAthair Eóghan mac an Gamhna bás do cheap gach aoinne go raibh deire leis an obair. Ba dhóich le h-aoinne gur cheart go mbeadh. Cad a bhí chun na h-oibre choimeád ar siubhal nuair a bhí an t-é chuir ar siúbhal í imthighthe" (69–70).

Nóta scríofa ag Kuno Meyer ar leabhar a thug sé don Athair Peadar. [Tógtha ó "My Own Story" 1973, ln. 134.]

B'ionann a rá gur chuir an tAthair Ó Gramhnaigh Conradh na Gaeilge ar bun agus insint eile a chur ar an stair mar bhí a fhios ag an saol gur iarracht de thriúr a bhí ann: b'iad Douglas Hyde agus Mac Néill an dá bhunaitheoirí eile (Lyons 104). Go deimhin, cheap mórán daoine go raibh Mac Néill ina cheann feadhna ar an gConradh (Ó Cuív 52). Ba mhaith a bhí an méid sin ar eolas ag an Athair Peadar, mar a léirigh sé i litir [17ú de mhí na Samhna, 1899] a scríobh sé an bhliain chéanna is a fuair an tAthair Ó Gramhnaigh bás:

> It is a fact that is so plain and palpable that no one can dream of questioning it. Here it is: 'If John MacNeill had not been in Dublin during the past six years there would never have been a Gaelic League. Nothing can alter that fact (70).

Ansin bhí na haistí a foilsíodh sa *Leader* níos déanaí inar mhol sé an obair déanta ar son na Gaeilge ag an Athair Ó Gramhnaigh, Donnchadh

Pléimionn agus 'individual enthusiasts' eile (72). Sé aiste san iomlán agus gach focal amháin iontu faoin obair déanta ag Mac Néill. Ansin thosaigh sé ag tabhairt le fios nach bhfuair sé óna chaidreamh leis an gConradh ach trioblóid agus crá croí ó thús deireadh, mar is léir ón méid seo a dúirt sé le Séamus Ó Dubhghaill i 1908: "Níl fachta agamsa uatha súd i mB'l' Átha Cliath le cúig bliana déag, ach an uile shaghas aighnis agus troda" (Ó Cuív 52). Tagann sé seo salach ar fad ar an ndéan cur síos a rinne sé ar an gcaidreamh céanna dhá bhliain roimhe sin agus é ag caint le Pádraig Mac Suibhne: "It was not till the start of the Gaelic League that I really began to live in a worthy sense' [Irish Peasant, Iúil 1906] (Gaughan 81).

Déanann sé dearmad chomh maith ar an tacaíocht, cabhair agus comhairle go léir a fuair sé ó Mhac Néill agus é ina scríbhneoir glas, fiach nach raibh drogall ar bith air é a admháil lá den saol, cur i gcás, nuair a dúirt sé le Mac Néill i 1898: "Gan amhras, muna mbeidheadh an obair a dheinis-se ní rachadh Séadna chun cinn riamh" (63). D'fhan Mac Néill ina thost go dtí gur foilsíodh dhá phíosa go gairid i ndiaidh a chéile a bhí ina bhuille maraithe na muice dó. Aiste foilsithe sa Leader ar an 25ú lá de mhí Iúil, 1908, a bhí sa chéad cheann. San aiste sin, rinne an tAthair Peadar machnamh ar cén fáth nach ndearna an Conradh níos mó chun a leabhair a dháileadh agus séard a rinne sé amach faoi dheireadh ná gur tharla sé mar "the people at the helm did not understand, and do not even now understand the essential necessities of the work in which they are engaged" (Ó Cuív 70). Luaigh sé mar chruthú dearfa ar amadántaíocht na ndaoine i gceannas "a curious thing" a tharla fadó nuair:

> My 'Séadna' was appearing in the Gaelic Journal, until about a third of it had appeared, as a serial. Then, to my utter amazement and dismay I was told that it could not be allowed to appear any longer! And why? 'Because it was no good,' "It was only an 'Irish Mick McQuaid'.' I went down on my knees begging that it should not be discontinued… I was very near giving up the work in despair. I had, and have now, no blame whatever to those who are in charge of the Gaelic Journal. I knew that they were doing what they thought best. I knew their error was an error of judgment. That increased my despair. I could see no prospect of success when the judgment of those who had the shaping of the work were so woefully at fault.

An Ceilteach lena dhúil san leathfhocal ["the thing half-said"] chugainn arís! Cé nár dúirt an tAthair Peadar go baileach go raibh an Niallach ina dhuine gan éifeacht—mar b'eisean an té a chuir deireadh le Séadna san Irisleabhar—thug sé le fios go láidir é. 'Sé an dara píosa a ghoill ar Mhac

Néill ná ráiteas a chuir foilsitheoir an Athar Peadar, an Irish Book Company, amach timpeall an ama céanna. Bhunaigh Norma Borthwick—an bhean a d'éirigh as an gConradh i 1899 mar gheall ar an gcinneadh ar thóg siad gan tuilleadh maoinithe a thabhairt don Athair Peadar—an Irish Book Company in éineacht le Mairéad Ní Raghallaigh (Ó Súilleabháin 8).

Áiríonn Gaughan an bheirt bhan seo i measc na "devotees" den Athair Peadar a rinne mórán chun an mistíc a chothú gur scríbhneoir den scoth a bhí ann agus é "obstructed, indeed, persecuted by the Gaelic League" (83). Is cinnte gur dhéan Ní Raghallaigh stocaireacht ar son an Athar Peadar nuair a d'fhoilsigh sí paimfléad dár teideal "The Exclusion of Father Peter O'Leary from Irish Education" ceithre huaire idir 1907 agus 1912 (84). Ar aon chuma, chuir Borthwick agus Ní Raghallaigh cuma an bhithiúnaigh ar an gConradh sa ráiteas a d'eisigh siad i 1908:

> His early works were offered to the Gaelic League, and they failed to see the value of them, in spite of their human interest and their literary excellence, their educational usefulness and the perfection of the Irish in which they were written. At a meeting of the Executive Committee, held on 10 October 1899, they bound themselves by a formal decision never to be responsible for the publication of any work of Father Peter O'Leary's. The boycott of Father O'Leary's works thus begun has been continued until quite recently, and has not yet altogether ceased (Ó Cuív 71).

Ní túisce litir an Athar Peadar bheith léite ag an Niallach ná gur scríobh sé chuig an sagart á rá nárbh fhíor in aon chor an méid a bhí ráite aige sa *Leader*. Ón bhfreagra a bhfuair sé—cuimhnigh, níl ach taobh an Athar Peadar den chomhfhreagras againn mar, féach thíos, níor choiméad sé aon litir ó Mhac Néill—mheas Shán Ó Cuív go ndúirt an Niallach nach raibh le déanamh aige chun na bhfinnscéalta a bhreagnú ach litreacha an Athar Peadar a fhoilsiú. Ar a laghad b'shin cad a cheapfá ón bhfreagra a scríobh an sagart chuig Mac Néill ar an 29ú lá de mhí Iúil, 1908—ceithre lá tar éis foilisiú a ailt sa *Leader*—ina ndeireann sé:

> I have not preserved a single scrap of the correspondence which took place between you and me regarding the matter, but there are a few things which I remember very distinctly because they never left my mind... Of course you are at liberty to make any use you like of my letters to you on the subject (71).

D'aithneofá ar chaint an Athar Peadar anseo go bhfuil a fhios aige nach bhfuil mórán bunúis lena chuid pointí. Ba fhianaise nach féidir brath air "nithe a bhfuil cuimhne ghrinn aige air" i gcomparáid le "nithe" scríofá ina láimh scríbhneoireacht féin a thug an t-éitheach do cad a bhí á rá aige anois. Faoi mar a tharla, afách, níor ghá dó bheith buartha mar ní dhearna Mac Néill beart de réir a bhriathair: níor fhoilsigh sé na litreacha a fuair sé ón Athair Peadar (52); níor tháinig siad chun solais go dtí na blianta fada ina dhiaidh sin i gcartlanna Leabharlann Naisiúnta na hÉireann (51). Go deimhin, ós rud é nár dúirt an Niallach aon rud chun a chlú a chosaint maidir leis an Athair Peadar (72) le himeacht aimsire chreid an pobal leagan an tsagairt faoi cad a tharla (52).

Ghlac athair Shán Uí Chuív fiú—Shán Ó Cuív ab ainm dó-san freisin—gan cheist leis an smaoineamh gur rinne Conradh na Gaeilge géarleanúint ar an Athair Peadar. Dearcadh a thug sé le fios nuair a scríobh sé i 1918: "The Gaelic League aroused him from the lethargy induced by the post-famine years, and having aroused him, spurred him onto greater exertion by opposing him in his work". Agus arís nuair a scríobh sé gur bheag duine "today realise that sixteen years ago the Education Committee of the Executive excluded Canon O'Leary's books from the League's examination programme, on the grounds that Canon O'Leary was a bad speller" (Gaughan 84).

Tógadh an pictiúr seo i 1919 (bliain sular cailleadh an tAthair Peadar). Ó chlé tá an t-iriseoir Shán Ó Cuív, an tAth. Peadar féin, An Canónach Oirmh. Risteard Pléimionn, an Dr. Osborn Ó h-Aimhirgín, Ollamh le Gaeilge Coláiste Ollscoile Baile Átha Cliath, agus an tAthair Aibhistín Ó h-Aodáin (Ó Cuív, "Curadh Cosanta" 35). [Le caoinchead Sara Twomey]

Fiú muna chreideann tú an argóint go raibh an-tionchar ag ganntanas airgid ar chinneadh an Chonartha gan leabhair an Athar Peadar a mhaoiniú a thuilleadh, ba shimpliú ollmhór é a rá gur rinne siad amhlaidh mar cheap siad gur "bad speller" a bhí ann. Ar an gcéad dul síos, mar déanann sé neamhaird den chúinse gur fhág an tAthair Peadar an Coiste i ngalar na gcás nuair a d'iarr sé orthu *Aesop a tháinig go h-Éirinn* a mhaoiniú ach amháin ar an gcoinníoll nach ndéanfaidís ceartú ar bith ar a litriú. Cheap sé go raibh sé de cheart aige é seo a iarraidh toisc nach raibh litriú caighdeánaithe socraithe don Ghaeilge go fóill agus ní chóir go socródh a leithéid go ceann i bhfad, dar leis. Ach ag tabhairt faoi mar a thabharfadh aon fhoilsitheoir faoi, bé an rud a chuir an margadh ó mhaith don Chonradh ná gur theastaigh uaidh ainm na heagraíochta sin a chur ar leabhar nach ligeadh sé dóibh an eagarthóireacht is bunúsaí a dhéanamh air.

Lena chois sin, ó chosúlacht fhoclaíocht an rúin a ghlac an Coiste Gnótha i 1899 ar a laghad, níor fhág siad leabhair an Chanónaigh ar lár ó chlár scrúdaithe an Chonartha, mar a mhaígh Shán Mór Ó Cuív, ní dhearna siad ach an srian a chur ar aon leabhar a bheadh maoiniú á lorg aige dó as sin amach ná go mbeadh sé in ann taispeáint go raibh "a reasonable hope of their being adopted on the programmes of the Education Boards" (66). Ón bhfianaise a bhailigh Ó Cuív faoin ngné seo, bhraith an Conradh go m'béigean dóibh srian a chur le haon mhaoiniú don Athair Peadar feasta mar bhí sé de nós aige an costas a bhain le leabhair críochnaithe a leagadh orthu gan dul i gcomhairle leo roimh ré le fáil amach ar cheap siadsan go mbeidís in ann a dhóthain cóipeanna de a dhíol chun an costas clódóireachta agus dáilte a fháil ar ais.

Sea, a déarfadh an tAthair Peadar, *ach níl an tsamhlaíocht ag 'muintir Bh'l'áth Cliath' le fios a bheith acu cad é an rud atá uathu*—"The people do not know what to ask for"!—*go dtí go dtaispeáinfidh mise dóibh é!* Agus, cá bhfios, b'fhéidir go raibh an ceart aige sa chás seo arís mar nach raibh an ceart aige cheana nuair a chosain sé caint na ndaoine go ceanntreán i gcoinne lucht Chéitinn? Ach fós, mar is eol do chách, is ortsa atá sé do fhís a chur abhaile ar dhaoine nuair atá airgead á lorg agat uathu. Tá an chuma air nach ndearna an tAthair Peadar iarracht ar bith é seo a dhéanamh, ach, in ionad sin, chuir sé brú ar na daoine i gceannas—"Give me my head or else I'll break the halter!"—a thoil a thabhairt dó gan aon chúiteamh a thabhairt aige ar ais dóibh.

Arís, tuigim go pointe an frustrachas a d'fhéadfach bheith taobh thiar d'iompar tútach an Chanónaigh anseo mar is léir gur bhraith seisean práinn le húsáid an litriú foghraíochta agus líon na gcainteoirí dúchasacha ag dul in éag in aghaidh an lae, práinn nár bhraith na daoine leis an gcumhacht chun rud éigin a dhéanamh faoi. Thuigfeadh éinne a rinne iarracht riamh rud a dhéanamh don Ghaeilge in Éirinn agus nár fuair dá shaothar ach mórán dua ar bheagán buíochas frustrachas an Chanónaigh. Ach fós ní thugann sé sin údar dó an milleán ar fad a chur ar Chonradh na Gaeilge maidir lena scaradh leo. Bhí sé gach pioc chomh ciontach leo, nó b'fhéidir níos chiontaí, mar gheall ar conas mar a chríochnaigh cúrsaí eatarthu.

Lena chois sin, ba mhíléamh ar an bhfírinne amach is amach "boycott" — mar a thug Borthwick agus Ní Raghallaigh sa ráiteas a d'éisigh an Irish Book Company i 1908 — a thabhairt ar an gcinneadh ar thóg an Conradh i 1899.

Ní nach ionadh gur bhris an fhoighne ba dhual don Niallach nuair a léigh sé an saobhadh a chuir alt an Athar Peadar sa *Leader* agus ráiteas an Irish Book Company ar an fíricí. Ó thaobh an Athar Peadar de, caithfear an cheist a chur: ar chuir sé an fhírinne as a riocht go feasach nó i ngan fhios dó féin? B'fhiú mionphointe ina alt sa *Leader* a chíoradh maidir le seo chun léargas a fháil ar nós intinne a d'fhéadfadh bheith aige: 'sé sin, nuair a deireann sé gur chuir lucht eagarthóireachta an *Irisleabhair* stop le *Séadna* mar cheap siad gur: "'it was no good,' 'It was only an Irish Mick McQuaid'" (70).

Chuirfeadh éirim a chainte ina luí ort anseo go raibh sé lánchinnte de cé a dúirt é. Ach má théann tú siar chuig an gcéad uair nach mór a tharraingíonn sé anuas an ráfla go raibh comparáid lagmholtach déanta idir *Séadna* agus *Mick McQuaid*, is léir nach raibh sé in ann an ráiteas sin a chur i leith aon duine faoi leith mar i litir scríofa go Mac Néill ar an 26ú lá de mhí Mhárta, 1897, ní dheireann sé ach: "dubhairt duine éign leatsa gur chuma é nó 'Mick M'Quade'" (Ó Cuív 62). Ach, téir ar aghaidh chuig litir uaidh go Séamus Ó Dubhghaill i 1902 agus is léir go bhfuil curtha leis an scéal san insint sa chúig bliana atá imithe thart idir an dá linn:

> I wonder did I ever tell you why it [*Séadna*] ceased appearing in the *Gaelic Journal* some years ago. The then Committee, if you please, could not see their way to continue inserting it because it was only a mere "Mick McQuade"! (62).

Cé nach raibh sé in ann a rá ach go ndúirt "duine éigin" é tráth den saol, bhí sé lánchinnte de anois gurb é an Coiste go léir — Mac Néill san áireamh is dócha — a cheap nach raibh i *Séadna* ach "a mere Mick McQuade" agus a thug droim láimhe dó dá bharr. Ina theannta sin, faoin am a tharraing sé an ábhar anuas arís sa *Leader* i 1908, b'éigean dó féin a admháil fiú gur tharla a ábhar gearáin "long ago" agus d'fhéadfá é sin a thógaint mar chomhartha go raibh sé tugtha do dul siar ar chúrsaí ina intinn. Agus machnamh gan sos á dhéanamh aige ar an smaoineamh céanna, b'éasca a chruafadh smaoineamh nach raibh mar bhunús aige ach amhras faiteach ar dtús — *Ar aontaigh Mac*

Néill le mo dhuine a ndúirt nach raibh i Séadna ach leagan Gaeilge de Mick McQuaid? —ina lánchinnteacht trí athrá de shíor: *'D'aontaigh ar ndóigh! Agus, bhfuil a fhios agat, ní chuirfinn thairis é ach gurb eisean a dúirt sa chéad áit é!*

Luaim é seo mar réitíonn sé le tuairim de chuid Anthony Gaughan go bhfuil cuma de seanfhear le hiarracht de paranóia air le haithint ar roinnt de litreacha an tsagairt (90). Caithfidh mé a admháil gur tháinig goimh orm thar ceann an Athar Peadar nuair a léigh mé an tuairim seo ar dtús ach ansin chuir sé litir i gcuimhne dom, litir a scríobh an tAthair Peadar chuig Peadar Ó hAnnracháin ar an 9ú lá de mhí Iúil, 1916. Sa litir, labhair an sagart faoin gclampar a tharraing sé air féin an t-am a d'aistrigh sé *De Imitatione Christi* go Gaeilge agus caint na ndaoine go smior ina aistriúchán:

> Agus féuch nuair a bhí an leabhar tagaithe amach bhí daoine áirigthe i mBaile Átha Cliath ar dearg-buile chugam mar gheall ar an obair a dhéanamh i n-aon chor! Bhídís ag spídiúchán orm go dian agus, "He had no right to do it," a deiridís. "He is always doing mischief of some sort or other. The "Searcleanmhúin Chríost" is a splendid thing, a fine classical work, and he has destroyed it" (568).

Agus an litir seo á léamh arís aige na blianta ina dhiaidh, bhraith Ó hAnnracháin gur ghá an fonóta seo a chur leis:

> Ní fheadar-sa an ndúbhairt aon duine an chaint sin mar gheall ar an "spidiúchán" san go dtagrann se dó sa litir. Dob ait uathu é má dúbhradar. Cloisinn go mbíodh daoine ag dul chuige agus scéalta mar sin acu dó, agus gan breis éiféachta ag cuid acu, ach gur chreid an sagart gach aon scéal acu (569).

Cuir i gcás mar sin, ina sheanaois dó ar a laghad, go raibh sé de nós ag an gCanónach míol mór a dhéanamh as míoltóg uaireanta nuair a bhí sé ag machnamh go brúite ar rud. I gcás mar sin, fiú mura raibh a dhearcadh ag teacht leis an bhfírinne, seans maith nach dteipfeadh sé dá gcuirfí faoi scrúdú bhrathadóir éithigh é mar bhí sé tar éis cur ina luí air féin gurb in í an fhírinne. Sul a thógaimid é seo mar chomhartha de néaltrú nó de dhuine ag cur an dallmullóg air féin, áfach, ba cheart dúinn cuimhneamh go bhfuil gach duine tugtha don nós seo uaireanta: dírímid isteach ar an rud a bhfuil eagla orainn go bhféadfadh sé bheith fíor agus, tar éis mórán machnaimh a dhéanamh air, tá sé daingnithe inár n-intinn go bhfuil sé fíor.

Is eol dúinn ónár dtaithí féin go dtéann an nós sin de bheith ag súil le drochscéala i gconaí in olcas de réir mar a théimid in aois, easpa comhluadair ba chúis leis is dócha nuair nach dtéimid amach chomh minic sin agus nuair b'annamh a thugann daoine cuairt orainn freisin. Agus tú ag caitheamh a lán ama id' aonar, is furasta conlú chugat féin. Ní gan chúis a thugann siad "an tseanaois aingí" air. Smaoinigh ar an Athair Peadar mar sin agus é amach sna blianta: é sáinnithe ina theach i gCaisleán Uí Liatháin go minic de dheasca drochshláinte nó a churaimí scríbhneoireachta. I dtimpeallacht mar sin, tá gach seans ann go raibh an iomarca ama le bheith ag smaoineamh aige; go raibh sé ag éirí ábhairín paranóideach trí dul siar de shíor ar na smaointe céanna.

Seans go raibh aiteas beag eile ag baint leis a ghéaraigh ar an nós a bhí aige titim amach le daoine agus é anonn in aois. 'Sé litir a scríobh sé ag deireadh 1900 a thugann leid ar ghné mar seo bheith ina phearsantacht agus scríobh sé an litir mar gheall ar léirmheas a rinne Seosamh Laoide ar *Aesop a tháinig go h-Éirinn*. Ó casadh ar a chéile iad den chéad uair ag an gcomhdháil sin sa phríomhchathair i 1894, scríobh an Laoideach agus an tAthair Peadar go minic chun a chéile. Cuir san áireamh gur chaith an Laoideach seal ar saoire leis an gCanónach i gCaisleán Uí Liatháin (Gaughan 81) agus ba gheall le cairde iad. Ach tháinig deireadh leis an gcairdeas sin nuair a scríobh an Laoideach mar seo a leanas in *Irisleabhar na Gaeilge* i mí Dheireadh Fómhair, 1900:

> The name of Father Peter O'Leary on the title page is of course sufficient guarantee for the excellence of these new Irish versions of the ancient fables of Aesop. The spelling is often very faulty and inconsistent, and in such cases does not accord with the pronunciation as heard from the lips of Irish speakers.

Níor chuir an tAthair Peadar fiacail ann agus a rún á ligint aige le cara faoi conas mar a bhraith sé faoi léirmheas an Laoidigh go gairid ina dhiaidh sin:

> What an outrageous amadán Mr. Lloyd is! He gives a paragraph in the *Gaelic Journal* to the Fables and he has no decenter word for me than "ridiculous" and "glaring contradiction"... I have not taken any public notice of the thing and I am determined not to (81-2).

An rud a tharraingíonn suntas anseo ná an chaoi ina dhíríonn an Canónach isteach ar cháintí an Laoidigh gan aird a thabhairt ar na rudaí dearfacha a bhí le rá aige, ar a laghad agus athinsint á dheanamh aige faoin méid a dúirt sé le duine eile. Mar sin féin, bhí sé cineál géar ón Laoideach á rá go raibh litriú an Athar Peadar "often very faulty and inconsistent" gan trácht ar bheith gríosaitheach nuair is mar gheall ar an ábhar ceannann céanna a bhí an sagairt agus Conradh na Gaeilge in adharca a chéile an tráth sin. Lena chois sin, ba mhaith a bhí a fhios ag an Laoideach gurb ionann is a rá nach raibh litriú an tsagairt "de réir fuaimniú na bhfocal mar a chualathas iad ó bhéal na gcainteoirí dúchasacha" agus an tAthair Peadar a bhualadh san áit a ngoillfidh sé air mar bhí a fhios ag madraí an bhaile go raibh sé bródúil as a chluais don Ghaeilge labhartha.

É sin ráite, fós cheapfá ón gcaoi ina ndeachaigh léirmheas an Laoidigh i bhfeidhm air go raibh sé sa dúchas aige gur mhó seans go ndeachaigh an masla i ngreim ina chuimhne ná an moladh. Tá sonra eile sa mhéid a bhí le rá aige faoi léirmheas an Laoidigh a thugann léargas b'fhéidir ar nós a bhí aige ina chaidreamh le daoine eile: sé sin, nuair a deireann sé go bhfuil sé ar intinn aige gan aon aird a thabhairt go poiblí ar léirmheas an Laoidigh. Tá cuma shuntasach ar seo mar luann sé an stratéis chéanna arís i litir a scríobh sé i mí Dheireadh Fómhair, 1916:

A Athair Mharthain,

Thomas O'Rahilly is by far the best man for the Cork chair… I want O'Rahilly very much.

This Gaelic League of ours has gone to the dogs. It was founded by Father[?] O Growney as a non-political body. It is now not only a political body but a revolutionary body of an extreme type. I must work against it in future, silently, but firmly, I will not say a word but I can't afford to have my name mentioned in connection with the word "Gaelic League" anymore. If I could get O'Rahilly into this Cork chair it would strengthen my hand very much against that pack of fools called the "Gaelic League". If I fail to get O'Rahilly into the chair, I don't much care who else will be in it. I must only fight away as before.

Sin é an sgéal go léir agat.
Mise do chara,

Peadar Ua Laoghaire (*Feasta* 6-7).

Arís chímid an fhearg faoi choim — mar a thugtar le fios trí frásaí naimhdeacha ar nós "that pack of fools called the Gaelic League" — in éineacht leis an rún daingean gan aon rian de bheith le haithint air go poiblí: "I must work against it in future, *silently*, but *firmly*" [b'eisean a chuir líne faoi]. Chuirfeadh an straitéis seo polaiteoir i gcuimhne duit: ligint ort féin go raibh tú ar nós chuma liom fad is a bhí do mhíle dícheall á dhéanamh agat chun an focal sa chúirt á oibriú faoi choim. Tá leideanna i *Mo Scéal Féin* gur ghnách leis an straitéis seo a úsáid: mar shampla, an radharc ina ndéanann sé iarracht cur ina luí ar an sagart os a chionn i Ráth Luirc gan aon táille a iarraidh ó roinnt dá scoláirí. Lean na daltaí seo ó Rath Chormaic agus Má Chromtha é nuair a d'aistrigh sé a scoil Laidine go dtí Ráth Luirc agus cheana féin bhí níos mó costais ar na daltaí iasachta seo mar b'éigean dóibh loistín a fháil (136). Ach fós nuair a labhair an tAthair Peadar ar son na daltaí seo leis an sagart paróiste ní fuair sé ach an t-eiteach lom. "Ó," ar seisean, "Ní dhéanfadh san an gnó in aon chor. Caithfidh siad díol anois ar nós gach scolaire eile ag teacht chun na scoile" (137). Dar leis an Athair Peadar, ba é an chéad rud a rith leis ná gur:

Stadas, agus admhaím gur chorraigh mo chuid fola. Dhéanfainn scéal an-ghairid de... [ach] ní dúras an chaint sin. Choimeádas istigh í. Chuireas srian leis an bhfeirg. Nuair a bhí mo lámh daingean agam ar an srian labhras mar seo. "Tá go maith, a Athair," arsa mise, "ach ó is é an tEaspag a chuir mise anso, caithfidh an tEaspag an pointe seo a shocrú eadrainn" (137).

An uair seo níor cheil an tAthair Peadar ar an sagart paróiste go raibh sé ar intinn aige achomharc a dhéanamh in aghaidh a chinnidh. Ach, uaireanta eile, bhí cuma níos calaoisí ar an gcaoi a ndeachaigh sé i mbun cursaí "go tostach ach go daingean". Mar shampla, nuair a d'éirigh achrann mór idir bhrainsí an Chonartha i gCorcaigh agus Baile Átha Cliath i 1899, is dealraitheach gur scríobh sé chuig an dá thaobh le cur in iúl dóibh go dtacódh sé leo i gcoinne an taobh eile (Gaughan 83).

Tugann sé seo sinn ar ais chuig an dtús i bplé a thosnaigh leis an cheist an b'amhlaidh gur mhasla faoi choim a bhí i gceist ag an Athair Peadar nuair a dhiúltaigh sé go béasach arís agus arís eile do chuirí an Niallaigh teacht ar chuairt chuige? Tar éis na fianaise a chíoradh, caithfidh mé a rá go measaim gur "snub" a bhí i gceist aige ceart go leor. Mar, tar éis an tsaoil, siar san am a bhí siad mór le chéile fós, nár thug sé an comhairle do Mhac Néill: "Níl radharc is deise 'ná duine gan stuaim ag tabhairt masla d'fhear stuamdha agus gan freagra aige dá fhághail" (Ó Cuív 52).

Gach seans gur cheap Mac Néill go ndéanfadh an tAthair Peadar dearmad ar an "pert rejoinder" a thug sé dó sa Claidheamh Soluis i 1900, ach má cheap, bhí sé ag cur an dallamullóg air féin. Óir, feictear domsa gurb í an uair nár thug an tAthair Peadar mar fhreagra ort ach cúpla focal leamh nuair a bhí sé de nós aige bheith an-chainteach leat go dtí sin, gurb in í an uair gur cheart imní bheith ort go raibh do chairdeas leis tagtha chun deiridh. Agus, ag fanacht dílis dá nós dul i mbun cursaí "go tostach ach go daingean", d'fhéadfadh sé bheith gan trua gan taise agus tost béasach a choiméad aige i leith duine. Mar shampla, níor scríobh sé chuig Seosamh Laoide riamh arís tar éis an léirmheas lagmholtach a rinne sé ar Aesop a tháinig go h-Éirinn (Gaughan 82). Dá mbeadh sé beo sa lá atá inniu ann, is dócha go dtabharfaimid iompraíocht fhulangach-ionsaitheach nó "passive aggressive behaviour" ar an nós seo a bhí aige ina chaidreamh le daoine.

Faraor, ní haon rud as an ngnáth an t-iompar seo i measc mhuintir na hAthbheochana a linne más aon chomhartha na cuimhní a bhí ag roinnt dá gcairde orthu.

Tóg Seosamh Laoide, mar shampla. Agus súil siar a chaitheamh aige ar shaol an Laoidigh i 1939, rinne Énrí Ó Muirgheasa an déan cur síos seo a leanas ar bhlianta deireanacha a charad:

> But he was Seosamh Laoide no more. He avoided all his old friends of Gaelic League days, and would no longer recognize them. And he who fought strenuously to have the purest names put up on the post towns of Ireland, would not now give Dún Laoghaire as his address but "Kingstown". The sweetest sugar makes the sourest vinegar, and so J. H. Lloyd seems to have turned bitterly against the language and the movement which he apparently regarded as having betrayed him (Breathnach, "Laoide").

Ansin bhí Tomás Ó Rathaile, an "O'Rahilly" a rinne an tAthair Peadar tagairt dó mar "the best man for the Cork chair" ina litir chuig an Athair Máirtín i 1916. Ba chara agus comhleacaí leis í Eleanor Knott agus labhair sí mar seo faoi:

> His unsurpassed knowledge of modern Irish dialects and manuscript literature was acquired in his early manhood when as a civil servant his chosen studies had perforce to be relegated to evenings, weekends and vacations. Unceasing application during this period together with recurrent attacks of influenza brought about a definite decline in his health and this should be taken into account in considering a characteristic asperity in criticising the work of other scholars (Breathnach, "Ó Rathaile, Tomás").

An gcuireann sé sin aon duine i gcuimhne duit? Dála Eleanor Knott, in ionad bheith ag iarraidh na rudaí beaga míthaithneamhacha a rinne an Athair Peadar a chosaint—nó níos measa fós, mar a rinne roinnt dá chosainteoirí, bheith ag iarraidh iad a chur faoi cheilt trí mhíchlú a chur ar dhaoine eile go minic—ba mhaith liom beagánín tuisceana a iarraidh i dtaobh an Athar Peadar agus an leabhar seo ag teacht chun deiridh. Iarraim ar léitheoirí cuimhneamh ar an gcomhthéasc agus focail an fhir úd á dtomhas acu. Tóg an gcaoi ina fhágann sé slán leis an Athair Máirtín ina litir chuige i 1916: "Do chara, Peadar Ua Laoghaire". Mar a bheifeá ag súil leis ó chara, is comhartha é an frása seo gur cheap sé go raibh sé ag caint faoi rún.

Má smaoiním tú air ar an gcaoi sin, tá sé follasach gurbh iad rudaí a scríobh sé nuair a cheap sé go raibh sé ag caint i modh rúin cuid mhaith den fhianaise a chuireann drochtheist air. Ar lig an tAthair Peadar a rún le daoine ábhairín ró-éasca? Is dóigh liom gur lig sa mhéid is go léiríonn a mhinice agus a d'úsáid sé caint láidir ina chuid litreacha—"What an outrageous amadán Mr. Lloyd is!"; "that pack of fools called the "Gaelic League" agus araile—gur bhraith sé nár ghá dó a chuid cainte a thomhas i litreacha chuig a chairde. Seans gur chuir sé an iomarca muiníne sa smaoineamh: *Dhera, ní scaoilfidh an duine sin mo rún choíche!*

Ach má bhagair Mac Néill air go bhfoilseodh sé a chuid litreacha i 1908, shílfeá go múinfeadh sé sin ceacht dó: sé sin, nach féidir brath ar chara chun do rúin a choinneáil a thuilleadh má thiteann sibh amach lena chéile. An raibh an tAthair Peadar thar a bheith míchúramach mar sin gan a chaint a thomhas i litreacha a chuir sé de faoi dheifir? Ní mó ná an chuid eile againn, déarfainn, mar, má smaoiníonn tú air, b'ionann na litreacha sa chaibidil seo agus riomhphoist na linne seo sa mhéid is go scríobhann daoine riomhphost leis an meon gur teachtaireacht shealadach atá ann.

Samhlaigh dá mbeadh duine ar bith in ann do ríomhphoist a léamh tar éis haiceáil a dhéanamh ar do chuntas. Ag ransú trí bhliain in ndiaidh bliana de ríomhphoist, bheadh sé éasca samplaí a aimsiú inar bhréagnaigh tú tú féin trí chomparáid a dhéanamh idir riomhphoist a scríobh tú agus meoin i bhfad difriúil óna chéile ort. Lena chois sin, ní bheadh le déanamh chun cur ina luí ar dhaoine go bhfuil tú chomh suarach lena bhfaca tú riamh ach aird a tharraingt ar an riomhphost sin a scríobh tú agus tú ag tabhairt amach faoi do bhainisteoir nó ag gearán faoi do mháthair chéile. *Ach níl sé sin ceart*, d'fhéadfá a rá, *ní raibh ach mo racht a ligint amach agam nuair a scríobh mé an méid sin!*

Ar an aigne seo, nach ionann tochailt i gcomhfhreagras príobháideach mar seo do ráitis a bhréagnódh é as a bhéal féin agus a bheith ag cúléisteacht le duine i mbun faoistine? Agus an pointe seo á dhéanamh agam nílim á rá nár chóir usáid a bhaint as fianaise mar seo ach go mbeimid umhal agus an fear á dhaoradh againn ar bhonn fianaise a fuaireamar trína chuid príobháideachais a sharú. Samhlaigh tú féin ina áit-sean agus bheadh súil agat go dtabharfadh na glúnta atá le teacht breithiúnas ort ar bhonn gach rud a dúirt agus a rinne tú i rith do shaoil, ní hamháin na rudaí a dúirt tú nuair a bhí droch-ghiúmar ort. Ligfidh mé do chéad fhocal Shán Uí Chúiv ar chairdeas na beirte bheith im' fhocal scoir ar an ábhar céanna. Chun tús a chur lena iniúchadh ar an gcomhfhreagras idir Mac Néill agus an tAthair Peadar, thug Ó Cuív sliocht as dán a chum an Canónach dá chara ón dTuaisceart i 1895:

Mairim am charaid duit.
Gurab fíor-fhada sin!
Gurab faoí mhaise duit!
Gura crích Flaitheas duit!
Siné guighe Pheadair duit (51).

Is dócha gurb é an rud a bhí ar intinn ag Ó Cuív trí seo a dhéanamh ná
é a chur i gcodarsnacht le teideal a aiste: "Caradas nár Mhair". Agus, go
deimhin, a luaithe agus atá a fhios agat conas mar a chríochnaigh cursaí
idir an mbeirt fhear, b'fhurasta a rithfeadh sé leat nárbh fhiú tráithnín an
gheallúint de chairdeas buan a thug an Canónach ina dhán sa deireadh
thiar thall. Mar sin féin, agus mé ag iarraidh dul go bunrúta a eascairdis,
b'fhearr liom míniú Uí Mhuirgheasa a ghlacadh chugam féin ar bhinb an
Laoidigh tar éis dó iompú i gcoinne a chomrádaí ó Chonradh na Gaeilge:
"The sweetest sugar makes the sourest vinegar". Más amhlaidh a bhí sé leis
an Athair Peadar b'fhéidir gur mhó de laige dhaonna ná de mhídhílseacht
a bhí i gceist nuair a theip air an cairdeas buan a gheall sé do Mhac Néill
a chomhlíonadh. Siar i 1895 is dóigh liom gur chreid sé ina chroí istigh
nach bhféadfadh aon rud teacht eatarthu. Níl ann ach nach raibh sé in ann
féachaint roimhe go ham nuair a fhágfadh an Niallach san fhaopach é agus
nach mbeadh sé in ann dearmad a dhéanamh air.

Níl sé deacair do mhéar a leagadh ar cathain a rinneadh an dochar: chaill
an tAthair Peadar muinín i Mac Néill nuair a chuir sé deireadh le *Séadna*
gan rabhadh i 1897. Agus gan muinín aige as a thuilleadh, bhí sé i bhfad
ró-éasca dó an taobh is measa den scéal a chreidiúint chomh fada agus a
bhain an Niallach leis as sin amach. Nó, mar a deir Ó Cuív, níor mhaith sé
riamh díbirt *Shéadna* ón *Irisleabhar* do Mhac Néill (58). Mar sin féin, cé gur
bocht an mhaise don Athair Peadar nach raibh sé in ann a rá, agus é ina
shagart, an rud atá thart bíodh sé thart, caithfear a admháil chomh maith
gur chiotach a chuaigh an Niallach i mbun deiridh a chur le *Séadna* ar shlí.
'Sé sin le rá, nuair a d'inis sé don Athair Peadar go raibh a sheal tugtha ag
Séadna san *Irisleabhar*, d'fhéadfadh sé deis a thabhairt dó cúpla mhír eile
de a fhoilsiú ar an tuiscint go n-úsáidfeadh an sagart iad chun an scéal a
thabhairt go críoch shealadach. In áit sin, chuir sé stop le *Séadna* ar an
bpointe boise agus cuma ar an scéal mar sin—chomh fada agus a bhain
léitheoirí an *Irisleabhair* leis—gur chríochnaigh sé i lár abairte geall leis.
Má thugann an gníomh seo léargas ar bith ar mheon an Niallaigh mar sin,
ba dhuine é a ghníomhaigh go tapaidh agus go deimhneach nuair a bhí a
aigne déanta suas aige. Tagann sé seo leis an gcur síos a rinne an tAthair
Peadar ar Mhac Néill i litir chuige ar an gcéad lá de mhí Lúnasa, 1899:

Tá aon nídh amháin a thaitnean go h-áluinn liom ad litreachaibh. Déinean tú aighneas, ní h-é amháin gan fearg acht fós gan teasaidheacht. Is breágh an rud é sin (53).

Agus an réchúis a bhain leis á mholadh aige, ní dóigh liom go raibh an tAthair Peadar ag rá gur duine é Mac Néill a ghéill go héasca ar mhaithe le suaimhneas, ach gur duine é a raibh sé de bhua aige an fód a sheasamh ach gan éirí teasaí faoi. I súile an Chanónaigh mar sin, bhí an Niallach ceanndána ina bhealach ciúin féin, agus má bhí, b'fhéidir nach ar an Athair Peadar amháin a bhí an locht maidir lena dtitim amach. Cé acu a bhí Mac Néill ceanndána uaireanta nó nach raibh, níl amhras ann ach go raibh an tAthair Peadar ceanndána ó aois an-óg. Agus é míshásta faoin gcaoi a rinneadh rud éigin, ní raibh leisce air a thuairim a thabhairt, nós a tharraing míghnaoi na n-údaráis air go minic. Go deimhin, ba dhrochthuar é ar an gcaidreamh a bheadh aige leo gur i mbun treorach a thabhairt do Chonradh na Gaeilge conas a ghnó a dhéanamh a rinneadh trácht air i dtaifid na heagraíochta sin den chéad uair. Scríobhadh síos i miontuairiscí an chruinnithe i Mí Mhárta 1895 gur léadh litir uaidh chuig an gCoiste inar chuir sé comhairle orthu faoi conas an Ghaeilge a chur chun cinn faoin tuath (Ó Súilleabháin 4).

Mar atá soiléir ó seo, ní nós leis an Athair Peadar fanacht siar ar eagla go gcuirfeadh sé isteach ar dhuine éigin. In áit sin, ba ghnách leis a ladar a chur isteach aon uair a cheap sé go raibh rud éigin go bhféadfadh sé a dhéanamh a chuirfeadh feabhas ar chúrsaí. Tá radharc i *Mo Scéal Féin* a deireann a lán, dar liom, faoin meon a spreag é chun a ladar a chur isteach agus comhairle gan iarraidh a thabhairt i gcásanna mar seo. Bhí sé bliana déag d'aois slánaithe ag an mbuachaill ó Lios Carragáin faoi am na heachtra seo agus é ar scoil i Má Chromtha. Bhí sé i mbun sliocht as Caesar a aistriú lá amháin nuair a bhuail sé le focal sa théasc Laidine a chuir mearbhall air:

Thángas go dtí an focal "propterea quod." Bhí fhios agam gurbh ionann "propterea" agus "because." "Agus," arsa mise liom féin, "cad chuige an 'quod'?" Bhíos i bponc. Ní fhéadfainn in aon chor a dhéanamh amach cad é an gnó a bhí ag an "quod" san áit sin (56).

Ní raibh aon dul as ach cúnamh an mhúinteora a lorg:

"Look here, sir," arsa mise, "what is the meaning of this 'propterea quod'?"

"Oh," ar seisean, "'propterea quod' is 'because.'"

"But," arsa mise, "what is 'quod'?"

"Oh," ar seisean, "that is quite simple. 'Quod' is 'because'; 'propterea quod' is 'because';" agus d'fhéach sé orm chómh maith le n-a rádh, "You must be very stupid not to see that simple matter." Níor chuas ní ba shia ar an scéal leis, ní nárbh ionadh. Bhí "propterea" "because" agam. Agus bhí "quod" "because" agam. Agus bhí "propterea quod" "because" agam. Agus mura sásódh san mé, cad a shásódh mé? (57).

Is follasach gurb é an rud a chuir as do Pheadar óg ná an easpa céille a bhain le dhá fhocal a úsáid le rud a rá nuair a dhéanfeadh ceann amháin an chúis. Déarfainn gurbh é an réiteach a bheadh aige ar sin ná an dara "because" iomarcach a fhágaint ar lár ar mhaithe leis é féin a chur in iúl i slí níos simplí agus níos ealaíonta, b'fhéidir. Ach ní hé sin an chaoi inar fhéach an múinteoir air. Múineadh dó "because because" a rá nuair "because" a bhí i gceist aige agus bhí sé sin maith a dhóthain dósan. In san contrárthacht tuairime seo idir an traidisiúnaí—an múinteoir Mac Nally— agus an nuálaí mífhoighneach—Peadar óg—ceapaim go bhfeicfimid an síol de thréith a tharraing isteach ina lán argóintí é agus é ina fhear: fiú nuair a d'éirigh sé chomh sean leis an gceo, níor chaill sé riamh mífhoighne an fhir óig le smaointeoireacht leamh righin na "seanóirí". Fiú agus é ina shagart agus é de dhualgas air bheith chomh mín mánla le haingeal, ba dheacair dó cur suas le hamadáin má cheap sé go raibh a leimhe nó a míthuairimí ag cur daoine eile amú.

Suíomh de scoile Laidine Mc Nally i Má Chromtha.

Cé acu an leabharlann a chuir sé ar bun i gCill Uird chun rud le déanamh a thabhairt do gharsúin bheaga an tsráidbhaile sna tráthnónta (122) nó an banna práis a chuir sé ar bun i Ráth Chormaic nuair a chonaic sé go raibh bua an cheoil ag cuid mhaith de bhuachaillí na háite (128), is léir gurb é an chéad rud a rith leis i gconaí nuair a chonaic sé go raibh rud éigin de dhíth in áit ná an bhearna a líonadh, go minic le rud a cheap sé féin. Ní dheachaigh an nós seo rud a dhéanamh as a stuaim féin i gcion orthusan a cheap gur fearr rudaí a fhágaint mar a bhí siad riamh. Go deimhin, mar a chonaiceamar leis an sagart paróiste i Ráth Luirc, ba mhinic a fuair sé ordú a chuid seolta a chrochadh go paróiste nua tar éis dó olc a chur ar dhuine os a chionn trí rud a dhéanamh as a stuaim féin.

Ait go leor, 'sé an duine i mbéal an phobail le blianta beaga anuas a thagann chun cuimhne nuair a smaoiním ar an Athair Peadar ná Roy Keane, go háirithe i gcaitheamh an "Saipan Incident" i 2002. Nuair a chuala mé ar dtús go raibh íde na muc agus na madraí tugtha aige dá bhainisteoir Mick McCarthy agus go raibh a fhoireann fágtha san fhaopach aige díreach roimh an gCorn Domhanda d'fhonn imeacht abhaile agus pus air, is cuimhin liom na smaointe a rith liom: dairíre píre, fiú má bhí údar maith gearán agat, an gá duit bheith chomh cantalach sin faoi?; nach féidir leat fanacht go ham nach raibh chomh cigilteach sin chun an fód a sheasamh? Ach, ag féachaint siar ar an am sin anois, is dealraitheach go raibh údar gearáin ag Roy Keane—bhí an FAI ábhairín ar nós cuma liom faoi chaighdeáin agus ní raibh na háiseanna don fhoireann sách maith dá réir—fiú má chuaigh Roy Keane thar fóir leis an gcaoi bhorb ina chuir sé a ghearán in iúl. Agus d'aontódh a lán daoine anois gur labhair Roy Keane chomh lasánta sin mar bhí sé de nós aige riamh agus tá fós iomlán a dhúthrachta a chaitheamh le caighdeán ard a bhaint amach.

Bhí sé de nós ag an Athair Peadar freisin éirí borb nuair a bhí a chroí i rud agus cheap sé go raibh daoine faillíoch ina thaobh. Ach fós, dála Roy Keane, nuair a thóg sé raic, chomh minic lena athrach ba chomhartha é sin gur chóir rud a dhéanamh faoin rud a bhí ag déanamh tinnis dó, fiú má bhí formhór na ndaoine sásta neamhaird a dhéanamh de. Is é an trua ná gur rinne sé éasca do lucht a cháinte go minic beag is fiú a dhéanamh dá ábhar gearáin trí ligint do thuin chancrach mhaslach teacht ar a chuid cainte agus a dhúshlán a thabhairt aige do thuairim na coitiantachta. É sin ráite, is dócha go raibh gá le hé bheith ábhairín borb agus ionsaí á dhéanamh aige ar thuairim na coitiantachta, mar cé a n-éistfeadh leat má labhraíonn tú go béasach leo faoi rud gur leasc leo aon rud a chloisint faoi?

Deirtear gur "cometh the hour, cometh the man" agus, nuair a smaoiním ar an tasc mór millteach a bhí os comhair Athbheochanóirí na Gaeilge ag tús an fichiú haois—é mar aidhm acu teanga a thabhairt ar ais ón mbás agus litríocht nua a dhéanamh ó bhonn nuair nár scríobhadh aon rud liteartha i nGaeilge leis na ceádta bliain—seans go raibh gá le duine de mhianach an Athar Peadar, idir a dhea- agus a dhroch-thréithe. Seans freisin gurb in é an fáth gur chríochnaigh Anthony Gaughan—cé nach bhfuil a dhath maith le rá aige faoin Athair Peadar ina aiste seachas sin—a chuntas ar an sagart ar an nóta dearfach seo:

> it must be admitted that his contribution to Irish prose has been monumental. His output was enormous… Moreover, it was little short of providential that an tAthair Peadar conclusively discredited the contention of Dr. Henebry who argued that modern literary Irish should be written in the style and grammar of Séathrún Ceitinn as, for the sake of continuity, the new literature should commence where the old literature ceased. We are indebted in no small way to an tAthair Peadar that our modern Irish literature has remained close to 'caint na ndaoine' (90).

Ar shlí mar sin, tríd an bhfocal "providential" a thabhairt ar theacht an Athar Peadar, d'aithin Gaughan gur mhaith an rud é go raibh sé mar a bhí sé i gcásanna áirithe. Nuair a smaoiním ar na tréithe neamhghnáthacha a thug an tAthair Peadar go dtí an comhrac, smaoiním ar an mbuachaill a thug faoi chnoc Mangerton go místuama agus gan é ach deich mbliana d'aois. Ní ligfeadh sé do chaint scanrúil an bhuachalla eile faoin aistear crua—"do usa duit go mór fiche míle de bhóthar a shiúl ná an deich míle sin" (71)—lagmhisneach a chur air. An faghairt agus an fuinneamh a léirigh sé streachail leis nuair a d'éirigh an talamh an-gharbh agus bhí air crágáil thar thalamh clocach lán de chlocha, de thortóga agus de phoill chun leanúint ar aghaidh i dtreo Mangerton (72). An easpa tuisceana a léirigh sé imeacht gan faic a rá le Micháel Ó Finnegáin, an fear ar a cuireadh an cúram air aire na fola a thabhairt do mhac an mháistir.

Anois samhlaigh na tréithe a bhí de dhíth ag duine chun an obair a bhí le déanamh a chur i gcrích i laethanta luatha Athbheochan na Gaeilge. Chun úrscéal a scríobh i nGaeilge nuair nár rinneadh iarracht riamh cheana a leithéid a dhéanamh, bhí gá le duine nár dhual dó bheith scáfar mar níor fágálach ar bith é ina shúile féin. Nuair a haithníodh go coitianta ag deireadh do shaol oibre "go raibh cion céad fear déanta aige i ngnó na teangan" (Ó Cuív, "Curadh Cosanta" 32), gach seans nach mbeadh sé ar do chumas é sin a dhéanamh mura raibh tú beag beann, go pointe áirithe, ar cé a bheadh thíos leis dá bharr: tú féin nó daoine eile.

Ar deireadh, ag am nuair a bhí náire ar chainteoirí dúchasacha go minic mar gheall ar a gcumas sa Ghaeilge—"Why I can speak English as good as yourself!"—bhí cainteoir dúchais ag teastáil go dóite a raibh teann go maith as féin le cur ina luí ar lucht léinn gur fiú éisteacht le cainteoirí dúchasacha agus rialacha ghramadaí don Ghaeilge nua á leagadh síos. Go bunúsach, bhí géarghá le duine nach furasta scáth ná náire a chur air; duine nár dhual dó glacadh le "níl cead agat" mar fhreagra.

Tarraingím anuas an pointe mar sin go mb'fhéidir go raibh an tAthair Peadar go díreach mar a bhí gá leis a bheith chun na gaiscí a rinne sé a bhaint amach agus ba cheart dúinn é sin a chur san áireamh agus breithiúnas á dhéanamh againn air mar scríbhneoir agus mar dhuine. Agus sinn ag druidim le céad bliain óna bhás i 2020 mar sin, seans gurb í an cheist a chuirfidh daoine orthu féin sa deireadh thiar thall ná an mbeadh sé níos fusa comóradh a dhéanamh air dá mbeadh sé níos measarthaí ina chaint; dá mbeadh féith na héisteachta níos mó ann? Gach seans go mbeadh. Ach an mbeadh mórán déanta aige gur fiú comóradh a dhéanamh air dá mbeadh beann níos mó aige ar dhaoine eile? Tá amhras orm faoi sin. Go deimhin, is dóigh liom gurb iad na tréithe nach dtaitníonn linn faoi díreach na tréithe a thug an diongbháilteacht dó chun na rudaí iontacha a rinne sé a bhaint amach.

Mar dhuine le meas mór agam ar an Athair Peadar, 'sí an cheist a chaithfidh mé a chur orm féin ansin ná an n-athróinn é dá mbeinn in ann? Dá mbeadh cion níos mó ag baint leis i gcuimhne an phobail dá bharr? Ní dóigh liom é nuair a smaoiním ar conas mar a d'fhéadfadh cursaí titim amach, mar a leag Brian Ó Cuív amach go lom agus machnamh á dhéanamh aige ar oidhreacht an Athar Peadar:

> is é is doichí ná go mbeadh an buille scuir tabhartha don Ghaeilge ag na húdair a bhí ad iarraidh fuil agus anam a chur i gcaint mhairbh na Gaeilge Clasaicí san am gcéanna go raibh oidhreacht bhreá á scaoileadh uathu le spadán agus le faillí, le neamhshuim, agus le drochmheas, an oidhreacht a bhí fós ag muintir na Gaeltachta agus a bhí mar dhlúthcheangal acu le saol a sinsear agus le seoda na seanlitríochta ("Curadh Cosanta" 32).

Cé go bhfuil an-thrua agam dos na daoine a fuair a sáith dá chuid stuacachta—tagann Eoin Mac Néill agus Micheál Ó Finnegáin chun cuimhne láithreach bonn!—ar an iomlán, ceapaim go raibh teanga na Gaeilge níos fearr as a bhuíochas dona cheanndánacht. Agus ní hé go raibh sé ceanntréan an t-am ar fad: agus idirghabháil a dhéanamh aige thar ceann na bhfeirmeoirí i gCaisleán Uí Liatháin i 1907, mar shampla, is dealraitheach gur chroí na stuaime is na tuisceana a bhí ann. I ndeireadh na dála, is amhlaidh nach raibh neart aige uaireanta ach ligint dá chuid mhothúchán an lámh in uachtar a fháil air nuair a bhí an fód á sheasamh aige ar son nithe gar dá chroí. Ba chomhartha é sin go raibh an iomarca daonnachta ann, ní easpa den mhianach céanna.

Críoch

Sin agat anois é mar sin: m'iarrachtsa ar phictiúir de phearsantacht an Athar Peadar a tharraingt óna hiarsmaí a d'fhág sé ina dhiaidh. Ag filleadh uair amháin eile ar théama an chuimhnimh a ritheann tríd an leabhar seo, tugaim faoi ndeara go raibh an tAthair Peadar fós in ann imprisean dodhearmadta a dhéanamh ar dhaoine agus é ina sheanfhear, mar atá soiléir ón gcur síos seo a rinne J. J. Horgan, air:

> This little white-haired man, who... had a horror of red-tape, taking no interest in committees, agenda or discussions but holding the people alone could save the language and make a literature (Ó Céirín 18).

Agus tú ag éisteacht le hachoimriú Cyril Uí Chéirín ar an oidhreacht a d'fhág sé, shílfeá nach ligfí i ndearmad é go luath: "Because of the lead he gave and the paths he explored, it could be said, albeit with some hyperbole, that he created a literature single-handed" (18). Ba léir go raibh Peadar Ó hAnnracháin muiníneach freisin go mairfeadh a shaothair i gcuimhne na ndaoine, no b'shin cad a thuigfeá ón méid a dúirt sé leis an Athair Peadar:

> Tá gaisce déanta agat, a Athair. Beidh daoine ag caint abhfad mar gheall ar *Shéadna* agus Sadhb Dhiarmada agus Cormac Báille, agus cad aon amhras ar an 'Fear Dubh' (559).

Mar sin féin, nuair a stad sé sa bhóthair le féachaint siar ar thig an Chanónaigh tar éis dó slán a fhágáil leis don uair dheireanach, taibhsíodh todhchaí níos éadóchasaí do Ó hAnnracháin nuair a smaoinigh sé go raibh dearmad á dhéanamh ar an Athair Peadar cheana féin agus é fós ina bheatha. Go deimhin, agus an "fear téagartha [úd] agus a cheann liath air" á shamhlú aige, é suite go compordach ar a stól ard agus é ag scríobh leis go dúthrachtach, chuir sé brón air smaoineamh gur i ngan fhios d'fhormhór mhuintir na hÉireann a shaothraigh sé saibhreas liteartha do Náisiúin na hÉireann istigh ina thigín (564).

Sea, a mhachnaigh Ó hAnnracháin, agus é ag filleadh ar an smaoineamh duairc sin na blianta ina dhiaidh, in ainneoin "an talamh nua a bhris sé agus an síol a chur sé ann agus an toradh atá bainte as ó shoin"; in ainneoin go raibh sé ina "fhathach imeasc scríbhneoirí a ré féin", bhí a lán Éireannaigh ann anois nárbh eol dóibh go raibh baint nach beag ag an Athair Peadar le hiad bheith líofa sa Ghaeilge (569). Ba iad focail dheireanacha Uí hAnnracháin ar an ábhar ná: "Tá sé ró-luath againn dearmad a dhéanamh air." Tuairim is 1920 a bhí imní ar Pheadar Ó hAnnracháin nach raibh i ndán don Athair Peadar ach bheith dearmadtha ag an saol, ach ar fíoraíodh a thairngreacht? Ní go hiomlán. Chuala mé go háitiúil, mar shampla, go bhfuil pleananna ar bun chun comóradh a dhéanamh ar údar *Shéadna* i gCaisleán Uí Liatháin i 2020.

'Sí an deacracht a bhaineann le comóradh, im' thuairimse, afách, ná an brú a thagann leis chun saol duine, agus an chastacht a bhain leis, a laghdú síos go giotán cainte sothuigthe. Tagann brú leis chomh maith, go litriúil nó go meafarach, an duine comórtha a chuir ar "pedestal" ar an dtuiscint go gcaithfidh go raibh sé foirfe mar ní chuirfidh lucht an chomóraidh an costas orthu féin "pedestal" a cheannach dó mura raibh sé saor ó locht. Ach, faraor, mar a chonaiceamar, ní saoi gan locht a bhí insan Athair Peadar, ná baol air. Ach ar shlí ait déarfainn gurb í a neamhfhoirfeacht a thuileann áit dó ar a "pedestal" mar chiallaigh sé go raibh air a laigí daonna a shárú chomh maith agus ab féidir leis chun na gaiscí a rinne sé a bhaint amach.

Déarfainn freisin nach ionann lochtanna ár laochra a admháil agus beag is fiú a dhéanamh dá n-éachtaí. Is orainn-ne atá sé anois an mhaith agus an t-olc a choinneáil i gcuimhne agus sinn ag iarraidh é a chur in aithne do ghlún eile. Gan an rogha éasca a thógaint agus an chluas bhodhar a thabhairt dá lochtanna, mar a rinne mórán daoine lena linn. Ach gan bheith chomh gafa lena lochtanna—nós a tháinig sa fhaisean le blianta beaga anuas—nach bhfuilimid in ann féachaint tharstu chun radharc a fháil ar an maitheas bhuan a d'fhág sé ina dhiaidh. In áit sin, ba cheart dúinn é a thógaint mar a bhí sé. Ní dóigh liom go mbeadh móran lochta aige ar sin.

Mar fhocal scoir: bhí an focal "memory" á chuardú agam i bhfoclóir de Bhaldraithe nuair a tháinig mé ar an sampla seo de thaisme: "Father Peter O'Leary of blessed memory, an tAthair Peadar Ó Laoghaire, méadú ar a ghlóire sna flaithis." Iad siúd leithéidí Peadar Ó hAnnracháin agus Cyril Ó Céirín a raibh imní orthu go raibh sé san chinniúint ag an Athair Peadar go ndéanfaí dearmad air, sílim go bhfuil solás de shaghas éigin sa sonra beag fánach seo. 'Sé sin le rá, chomh fada agus a bhaineann daoine úsáid as foclóir de Bhaldraithe chun iad féin a chur in iúl trí Ghaeilge, tiocfaidh siad ar an Athair Peadar san áit is dual dó: i gcroílár na teanga.

An tAthair Coleman agus Éilis lasmuigh de Theach an tSagairt i gCaisleán Uí Liatháin, grianghraf den Athair Peadar ag féachaint amach as fuinneog an tí inar chónaigh sé le linn dó bheith sa pharóiste.

Snoíodóireacht ar leac uaighe an Athar Peadar ar a léirítear leabhair agus a hata.

Aguisín I: Líne ama de Shaol an Athar Peadar

Bliain	Beatha Uí Laoghaire
1839	Ar an 30ú lá d'Aibreán, beirtear mac do Dhiarmuid agus Siobhán Ó Laoghaire ar fheirm le féar do sheacht mbó i nGaeltacht Mhúscraí. Ba é a daraghin é—beidh cuigear pháiste eile acu ina dhiaidh seo—agus baisteann siad "Peadar" air.
c. 1843 - 1852	Thug Peadar Óg lámh chúnta le gnó feirme i rith an lae agus fuair sé a chuid oideachais istoíche faoi sholas na coinnle ag bord na cistine nuair a mhúin a mháthair, muinteoir í féin, Fraincís agus Béarla dó.
1852	D'fhreastail sé ar scoil i gCarraig an Ime den chéad uair ag aois trí bliana déag.
1855– 1859	D'fhreastail sé ar scoil Laidine Mac Nally i Máchromtha le hais an Chaisleáin ach b'éigean dó aistriú chuig Scoil Laidine eile faoi stiuriú Terence Golden nuair a d'imigh MacNally. Dhún an scoil sin chomh maith agus chuaigh sé go scoil i gCeann Tuirc, áit a chaith sé bliain go leith eile ann (Gaughan 86).
1859– 1860	Faigheann sé lóistín i Mainistir Fhear Maí chun dul ag staidéar i gColáiste Chólmáin le haghaidh scrúdú chun dul isteach i gColáiste Mhá Nuad. Teipeann air sa chéad iarracht ach faigheann sé áit sa Choláiste an bhliain dár gcionn.
1861– 1867	Caitheann Peadar sé bliana i Má Nuad agus oirníodh ina shagart é sa bhliain 1867. Tarlaíonn Eirí Amach na bhFiníní le linn dó bheith i Má Nuad agus, nuair a chuireann na Finíní i leith na sagairt gur feallairí iad toisc gur mhol siad do fhir óga gan páirt a ghlacadh sa Éirí amach, tugann sé faoi ndeara go bhfuil naimhdeas ag buachaillí na háite dó nuair a fhilleann sé ar Mháchromtha le linn a laethanta saoire.
1867– 1868	Thosaigh sé mar sheiplíneach den chéad uair i gCill Seanaigh, gar do Mhala. Bhí Gaeilge le cloisint ann agus thug sé searmanas an Domhnaigh tré Gaeilge agus labhair óg agus aosta Gaeilge leis, go háirithe agus glaoch ola á dhéanamh aige. Chaith sé bliain agus ráithe ann sar a haistríodh go Cill Úird é.

Bliain	Beatha Uí Laoghaire
1868– 1872	Ar a shlí go Cill Úird chuala sé torann ardghlórach cúpla míle ó Mhala. Léigh sé ar an bpáipéar ina dhiaidh gur tharla crith talún ar an Satharn sin i ndúthaigh Mhala, mheas sé gurbh shin an glór ana ard a chuala sé ar an mbóthar go Cill Úird. Agus cónaí air i lár an tsráidbhaile, cheannaigh sé leabhair mar "The Story of Ireland" agus "Poets and Poetry of Munster" dos na páistí áitiula. Chuir sé seomra beag i leataobh dóibh, áit a thagaidís gach oíche chun na leabhair a léamh. Ansin léadh an tAthair Peadar dóibh sar a théidís abhaile. Agus stór mór leabhar bailithe aige ina leabharlann tar éis ceithre bliana, tháinig litir ón Easpag chuige ag cur iúl dó go mb'éigean dó bogadh go Rathcormac.
1872– 1878	Fuair sé amach go raibh an-suim agus talann sa cheol ina pharóiste nua. Chuir sé dachad púnt le chéile chun úirlisí phráis a cheannach agus d'eagraigh sé ceachtaí cheoil ó cheoltóir oillte ón Airm. Bhí na buachaillí óga ag foghlaim go tapaidh agus chomh hoilte le haon ceoltóir ó bhanna an Airm gan mórán moille. Tar éis dhá bhliain i Rathcormac, theastaigh óna mbuachaillí Gaeilge a fhoghlaim nuair a chuala siad searmanas as Gaeilge ag Aifreann an Domhnaigh. D'eirigh chomh maith leis na ceachtaí Gaeilge gur chuir an tAthair Peadar rang Laidine ar bun ina raibh seachtar mbuachaillí faoi dheireadh. Bhí ag eirí go hiontach leo go dtí gur tháinig litir eile ón easpag chuig an Athair á rá leis aistriú go Máchromtha.
1878– 1880	Lean roinnt de na buachaillí é chuig Máchromtha agus chuir sé scoil Laidine ar bun ann. D'iarr na "Young Mens Society" air Gaeilge a mhúineadh dóibh ach ba léir dó gan mórán moille go rabhadar chomh líofa sa teanga is a bhí sé féin agus níor ghá dó ach léamh agus scríobh na teanga a mhúineadh dó mar sin. D'eirigh argóint idir An tAthair Peadar agus an sagart paróiste maidir leis na ceachtaí Laidine. Tháinig litir ón Easpag chuige á rá leis gur theastaigh ón sagart i Rathluirc scoil Laidine a bhunú agus go m'béigean don Athair Peadar bogadh go Ráth Luirc mar sin.

Bliain	Beatha Uí Laoghaire

1880–
1882

Bhunaigh sé scoil Laidine sa Ráth ach ní mó ná sásta a bhí sé gur theastaigh an sagart pharóiste costas sé phúnt in aghaidh na bliana a héileamh ar gach dalta. Chuaigh sé i gcomhairle leis an easpag mar gheall air agus thaobhaigh sé leis: ní ghá dosna daltaí a lean é ó Ráth Chormaic agus Máchromtha táillí scoile a íoc.

Tá sé ana-ghníomach i gCumann na Talún nuair a hiarradh air bheith ina chathaoirleach ann. Ní raibh an sagart pharóiste ró-shásta le seo agus bhris ar a fhoighne nuair a chuir a shéiplíneach crannchur ar siúl le hairgead a bhailiú do bhaill de Chumann na Talún a raibh i bpriosún. Ní fada ina dhiaidh fuair an tAthair Peadar litir ón easpag ag rá leis bogadh ar aghaidh go Cill Uird.

1882–
1884

Stop sé ag múineadh nuair a d'éirigh sé breoite i gCill Uird. D'éirigh sé as Cumann na Talún freisin cé gur choiméad sé súil ar an gcoimhlint idir na tiarnaí talún agus na tionóntaí. Fuair an sagart paróiste bás ann agus bhí díomá air nuair nár ceapadh é ina shagart paróiste ina háit. Ní raibh aon leigheas air ach géilleadh nuair a d'ordaigh an t-easpag dó bogadh go paróiste nua arís, Dún ar Aill an uair seo.

1884–
1891

Bhí Cogadh na Talún faoi lánseol i nDún ar Aill an tráth sin agus tionóntaí ag lorg isliú cíosa ó Lord Doneraile ach dhiúltaigh sé. Dhiúltaigh na tionóntaí cíosanna a híoch agus d'iarr siad ar an tAthair Peadar an t-airgead sin a chur sa Bhanc dóibh, rud a rinne sé. D'fhan sé sa Bhanc in aineoinn iarrachtaí Lord Doneraile é a haimsiú (Gaughan 78).

Lean sé mar sin ar feadh sé mhí go dtí gur chaill cuid de na feirmeoirí misneach agus d'iarr siad ar an Athair Peadar an t-airgead a thabhairt ar ais dóibh ionas go n-íocfaidís an cíos iomlán do Lord Doneraile. Bhí díomá ar an sagart gur ghéill siad ach thuig sé an brú a bhí á chur orthu. Cé go bhfuil amhras ar roinnt daoine go raibh sé i láthair ag an "Mitchelstown Massacre" i 1887, dúirt an tAthair Peadar go raibh sé ann an lá uafásach sin le roinnt dá pharóistigh ó Dhún ar Aill.

Bliain	Beatha Uí Laoghaire
1891	Tháinig scéala chuige ag deireadh 1890 go raibh an sagart paróiste i gCaisleán Uí Liatháin, an tAthair Ferris, ag fáil bháis. Fuair sé litir ón easpag ar an 20ú de Feabhra, 1891, go raibh sê ceaptha mar an sagart paróiste nua i gCaisleán Uí Liatháin.
1894	Labhair an tAthair Peadar ag Comhdháil i mBaile Átha Cliath ar an 27ú lá de Mhárta, 1894, áit a bhuail sé le Eoin MacNéill den chéad uair agus an chuid eile de choiste Chonradh na Gaeilge. Foilsíodh an chéad sraith de *Shéadna* in *Irisleabhar na Gaedhlige* i mí na Samhna 1894.
1895	Tosaíonn an tAthair Peadar ag agóidíocht ar son chaint na ndaoine.
1897	Níl ach trian den leabhar atá beartaithe ag an Athair Peadar foilsithe san *Irisleabhar* nuair a chuireann Eoin Mac Néill stop lena srathú *Shéadna*.
1898–1899	Fuaraíonn an cairdeas eatarthu agus iad ag aighneas go poiblí mar gheall ar litriú caighdeánaithe don Ghaeilge.
1900	Scríobhann an sagart "*Tadhg Saor*", an chéad dráma as Gaeilge agus foilsítear é go luath ina dhiaidh sin. Scríobhann sé cnuasach de finscéalta darbh ainm *Aesop a tháinig go h-Éirinn*.
1901	Scríobhann sé Briciú, athinsint ar scéal ó ré na méanaoise.
1904	Foilsítear *Séadna* i bhfoirm úrscéil.
1905	Foilsíonn sé a dara úrscéal *Niamh*.
1908	Foilsíonn sé *Seanmóin is Trí Fichid*.
1909	Foilsíonn sé *Eisirt*.
1911	Faigheann sé féin agus Kuno Meyer an gradam "Saoirse na Cathrach" i mBaile Átha Cliath in Aibreán 1911 agus i gCorcaigh i mí Mheán Fómhair.
1914	Foilsíonn sé *Aithris Chríost*, aistriuchán ar *Imitatio Christi*.
1915	Foilsíonn sé *Mo Scéal Féin, Guaire, Na Ceithre Soiscéal*

Bliain	Beatha Uí Laoghaire
1916	Tá sé i gCaisleán Uí Liatháin nuair a tharlaíonn an t-Éirí Amach
1917	Críochnaíonn sé a aistriúchán den Bhíobla.
1919	Faigheann sé Dochtúireacht Oineach ó Ollscoil Náisiunta na hÉireann
1920	Agus é i mbun bailchríoch a chur ar *Chríost Mac Dé*, faigheann sé bás i dTig an tSagairt i gCaisleán Uí Liatháin ar an 20ú lá de Mhárta agus an peann ina láimh nach mór.

18   Mo Ṗuíġe cun Dé

An Ġuíḋe.

Deónuiġ, a Tiġeaṙna Dia, aiṫcimíd orṫ, ṙinne, do ṙeiṗíṙeaḋa, do ċimeáḋ ṙé maṙṙa do ṗíoḃ, i ṗláinte aiġne aġuṙ cuṙṙ; aġuṙ ṙinn a ḃeiṫ ṙaoṙ, ṫṙé impiṙoe na Maiġoine ġlóṙṁaiṙe Muiṙe, ó ġaḋ buaiṗeaṙ aṙ an ṙaoġal ṙo, aġuṙ ṙinn a ṫeaḋt ḋun aoiḃniṙ ṙíoṗuiṙoe na ḃṗlaḋaṙ aṙ an ṙaoġal eile, ṫṙé Íoṙa Crioṙt aṙ oTiġeaṙna. Amen.

An Meṁoṙáṙe.

Ó, a ṁaiġoean Ṁuiṙe ceannṙa, cuiṁniġ aċ' aigne, aoinne a ċáiniġ ċuġaṫ ṙé aṫcuiṗṙe aġuṙ do ċuiṙ a ṁuiniġin aṙaṫ aġuṙ cumaṙaí a anama orṫ, nár cloiṙeaḋ ṙiaṁ ṙór ġuṙ éailliṙ aiṙ! Cuġaṫ-ṙa d'a ḃṙíġ ṙin a ṫaġaim-ṙe, am' peacaċ bóċt anacṙaċ, aġ éiġeaṁ 'r aġ ṙġṙeaḋaiġ orṫ ġo nġlacṙá me am' leanḃ ċuġaṫ aġuṙ an aoinṁic, ná h-éiniġ leaṫ! Ó, a ṁáċaiṙ an aoinṁic, ná h-éiniġ m' aċainiġe aċ róiṙ aġuṙ ṙṙeaġaiṙ me ġo ṫṙócaiṙeaċ caiṫneaṁaċ! Amen. {300 lá, ġaċ aon uaiṙ.}

An Táingeal Coiṁoeaċta.

Aġuṙ tuṙa, an t-aingeal coiṁoeaċta a ṫuġ Dia ḋom, ó b' é toil Dé me ċuṙ maṙ ċúṙam orṫ, véin aiṙe ṁaiṫ ḋo ṫaḃaiṙt ḋom.

Mo Ṗuíġe cun Dé   19

ná teoṙ aṙ vo ṗaḋaṙe me. Cimeáḋ uaim amaḋ na veaṁain ṁalluiġte ṙin aṫá aṙ tí m' anama, coṙain me aṙ an annṙṗaṙo aġuṙ aṙ ġaḋ ṽroḋ-ní eile a baineaṙ leiṙ an anroḋ. Aġuṙ ġo ṙcuiṙiḋ Dia am' ċṙoiḋe cuiṁneaṁ ġo minic orṫ aġuṙ ġṙáḋ ḃeiṫ aġam uiṫ maṙ iṙ ceaṙt! Mo ġṙáḋ ṫu! Mo ġṙáḋ ṫu ġo vaingean!

Íoṙa aġuṙ Muiṙe aġuṙ Ióṙeṗ.

A Ċṙíonóṙo naoṁṫa, a Aon Dia aṁáin, aṙ ṙon ċṙoiḋe Íoṙa vo ḃuiṙeaḋ ṙa ṗáṙ, ṁaiṫ na peacaí ḋom; beannuiġ mo ḃáṙ.
Aġuṙ,
mo ġṙáḋ vo ċoil!

A Ċṙíonóṙo naoṁṫa, a Aon Dia aṁáin, aṙ ṙon ċṙoiḋe Ṁuiṙe vo ġoineaḋ ṙa ṗáṙ, ṁaiṫ na peacaí ḋom; beannuiġ mo ḃáṙ.
Aġuṙ,
mo ġṙáḋ vo ċoil!

A Ċṙíonóṙo naoṁṫa, a Aon Dia aṁáin, aṙ ṙon ċṙoiḋe an ééile ṙin Ṁuiṙe na nġṙáṙt ṁaiṫ na peacaí ḋom; beannuiġ mo ḃáṙ.
Aġuṙ,
mo ġṙáḋ vo ċoil!
A Íoṙa,
mo ġṙáḋ vo Ċṙoiḋe!

Guí chun Aingeal Coimhdeachta i leabhar urnaí an Athar Peadar.

153

Aguisín II: Dán le Deirfiúr an Athar Peadar

Deirfiúr eile den Athair Peadar, Mrs. Margaret O'Leary Murphy, a scríobh
an dán seo agus í ochtó ceathair bliain d'aois. Tar éis di dul ar imirice go
Meiriceá, phós sí agus thóg sí clann ann.

Liscarrigane

Liscarrigane, my childhood home!
Alas! 'tis far away,
Though wet and dirty was the bog
And cold and bleak the ray.

Yet the little stream that crept along
From Gloundav's lonesome Glen,
Made sweeter music in my ears
Than I ever heard since then.

I can count the holes and the thourthoges
And the bunches of cloovan,
The cabin field, the western field
And Park-na-thullahawn.

There's Partnaugh and Graffadiv
I well remember still
Park na loughera, the top of the bog
The graff and the old kill.

The old field of Parknaganee
I can see as plain as day,
Park-nacusha-, Parkeenaglugh,
And Parkeencunganaray.

I can see the house with its roof of thatch
And its low and whitewashed wall
And the big stone in the middle of the yard,
Where the shadows used to fall.

I can see Kate on old Jin's back
With the spur upon her heel,
And the old mare jumping 'round the yard
As if trying to dance a reel.

I can see the path up Dangannasillaugh
And down by Cummerbower
Where we ran to catch the eight o'clock Mass
And did it in half an hour.

I can see the Churchyard away to the west
Where I paid many a round,
And where nearly all those I cared for then
Lie sleeping under the ground.

In the right hand side as you go in the gate,
Facing the rising sun,
I wish I could lie down there
When my day's work is done.

But no such luck is in store for me
For here I have to stay
And lay my bones in a bed of sand
Three thousand miles away.

Deirfiúr eile den Athair Peadar, Margaret O'Leary Murphy lena teaghlaigh. Ag aois ochtó ceathair, scríobh sí dán cumhach a chaith súil siar ar na páirceanna i Lios Carragáin.

Aguisín III: Tuairisc bháis an Athar Peadar san Evening Herald

Foilsíodh an tuairisc bháis seo san Evening Herald ar an Luan, 22ú de mhí Mhárta, 1920:

An t-Athair Peadar

Passing of a Famous Gaelic Scholar

Very Rev. Canon Peter O'Leary, LL.D., P.P, Castlelyons, the famous Gaelic scholar and author died yesterday.

Known and beloved in every corner of the world to which Irishmen have penetrated, his passing marks the ending of a brilliant career. Last summer he was for some time in a private nursing home in Dublin, but recovered sufficiently to be able to return to Co. Cork.

The late Canon O'Leary was born in 1839 in Cluaindrochid, the most western parish of the diocese of Cloyne. He came of an intellectual stock well known as linguists and particularly for their devotion to the native language, to which the deceased rendered such magnificent service.

He entered the diocesan college at Fermoy in the early days of that institution when another great Irishman, Dr. Croke, was president. During his whole collegiate career he was a front-rank student, giving promise of a future rich in achievement for country and religion.

In the various parishes in which he ministered—Kilworth, Rathcormac, Doneraile, and Castlelyons, he unceasingly work to improve the mental and physical abilities of his flock—a strict disciplinarian, candid, but always benevolent. He was made a canon of Cloyne in July, 1906.

A Man of Letters

It was, however, as a man of letters that he earned well-deserved fame. There is no student of Gaelic who is not intimately acquainted with his invaluable works. As example of modern Irish literature they were incomparable, and as an inspiration and a help to the language revival, their value can hardly be over-estimated.

Among his works may be mentioned *"Séadna"*, "Niamh", Eisirt" … He was also the author of Irish plays, and translated the New Testament, the "Imitation of Christ", and "Aesop's Fables".

In recognition of his services to the Irish race and the language, he received, together with the late Dr. Kuno Meyer, the Freedom of Dublin on June 26, 1911, and in Sept of the following year Cork Corporation conferred a similar high honour on these two distinguished authorities on Gaelic. The National University granted him the degree of LL.D.

I measc na sonraí suimiúla san fhógra mairbh thuas tá an sonra gur chaith an tAthair Peadar an samhradh i 1919 i dteach altranais i mBaile Átha Cliath mar tá a fhios againn ó Brian Ó Cuív freisin gur tógadh an grianghraf den Athair Peadar le Shán Mór Ó Cuív, an Canónach Richard Pléimionn, Osborn Bergin, and An tAthair Aibhistín Ó h-Aodáin (féach Caibidil a Sé) i mBaile Átha Cliath sa bhliain 1919 ("Curadh Cosanta" 35). Cé go bhfuil an cúlra ábhairín doiléir, tá an chuma ar an ngrianghraf seo ó 1919 gur tógadh é cois farraige. Neartaíonn an grianghraf den Athair Peadar agus an tAthair Aibhistín Ó h-Aodáin le chéile (féach Caibidil a Dó) an tuairim seo mar is follasach go bhfuil siad ina seasamh in aice na farraige agus, cheapfá, ar an gcosán céanna is atá san ghrianghraf den ghrúpa. Is amhlaidh an cás leis an ngrianghraf den Athair Peadar agus Richard Pléimionn le chéile (féach Chapter Four) agus an ceann leis an sagart agus Shán Mór Ó Cuív (féach Caibidil a Ceathair), grianghraf ina bhfuil mairnéalach in éide cabhlaigh le feiscint sa chúlra fiú!

Tá an chuma ar Osborn Ó h-Aimhirgín freisin go bhfuil sé féin agus an tAthair Peadar ina seasamh ar an gcosán céanna ar aghaidh na farraige céanna san ghrianghraf den bheirt acu. Ina theannta sin, nuair a thugann tú faoi ndeara go bhfuil na héadaí céanna á chaitheamh ag Bergin—cóta mór fada donn agus háta leathanduilleach—is a chaitheann sé san ghrianghraf den ghrúpa a bhfuil a fhios againn gur tógadh i mBaile Átha Cliath é sa bhliain 1919, bheadh cathú ort mar sin tuiscint as sin gur tógadh na grianghraif go léir seo san áit céanna ar an lá céanna i 1919. Ós rud é go ndúirt Peter Hegarty go raibh sé de nós ag an gCanónach—in sna blianta deireanacha dá shaoil—imeacht ar feadh cúpla mí go dtí Dún Laoghaire, áit a d'fhanadh sé sa Royal Marine Hotel (*Britway* 127), bheadh cathú breise ort tuiscint as sin go raibh an tAthair Peadar i nDún Laoghaire nuair a tógadh na grianghraif.

Nótaí Buíochais

Tá an foilseachán seo á pháirtmhaoiniú ag Comhairle Contae Chorcaí faoina scéim deontais Éire 1916.

Dearadh clúdaigh le Sciob Sceab Oideachas Siamsúil.

Ár míle buíochas do Sheán O'Brien as ucht an phictiúir ar an gclúdach tosaigh a phéinteáil dúinn.

Buíochas ó chroí le Sara Twomey, Lios Ardachaidh, as cead a thabhairt dúinn cuid dá griangrafanna den Athair Peadar agus a mhuintir a úsáid don foilseachán seo agus as ucht roinnt daoine ó cheantar Mhuscraí a chur in aithne dúinn. Ba léir ó bheith ag caint leo nach bhfuil dearmad déanta ar an Athair Peadar i gceantar Mhuscraí go fóill ná baol air.

Míle buíochas do Marie agus James Murphy, Coole, as ucht grianghrafanna a bhain le laethanta an Athar Peadar i gCaisleán Uí Liatháin a haimsiú dúinn agus as ucht na cabhrach a thug sibh dúinn i mbun an tsaothair seo.

Ár mbuíochas le Liam Barry, Kieran Dwane, agus an fhoireann ag Fermoy Print & Design. Brú nó strús níor bhraitheamar agus sinn ag plé libh maidir le clóbhualadh an leabhair seo!

Leac uaighe an Athar Peadar i gCaisleán Uí Liatháin.

Éilís with Marcella Fahy, descendant of an tAthair Peadar. Marcella holds a calendar issued in 1939 to mark one-hundred years since his birth, given by Eleanor Kent.

Descendants of an tAthair Peadar from Rhode Island, USA, with Sara and Éilís.

Editorial team in Castlelyons who helped this book come together: Pat and Éilís with James and Marie Murphy.

Sara Twomey with Éilís in the grounds of McNally's Latin school in Macroom in July 2016.

Séan O'Riordan and his wife Margaret with their son Seán Óg. Their house is built on what was once the O'Leary's farm in Liscarrigane. Seán O'Riordan's mother, Maura O'Riordan, bought the O'Leary homestead from an tAthair Peadar's brother, Patsy, in 1911.

Nora Flynn and her son, James, in their home near the castle in Macroom, the spot where Mr. McNally's Latin school once stood.

From left to right, Anraí Mac Eoghain, Diarmuid Ó Donnabháin, Frank Murray, and John O'Brien browse some of an tAthair Peadar's books at the 2005 commemoration in Castlelyons.

An tAthair Peadar commemoration in Castlelyons, 2014.

An tAthair Uinseann, Mount Melleray, addressing the cúrsa spioradálta group who visited an tAthair Peadar's grave in April 2017.

Una Ó'Sullivan [second from the left] and Nuala Fitzgibbon [first on the right] who helped serve tea to the Mount Melleray group in 2017 along with cúrsa spioradálta organiser Áine Ní Fhiannusa [second from the right].

Plaque marking the spot of an tAthair Peadar's Liscarrigane home.

Plaque on wall of the O'Riordan's house.

The window in the Latin school from which an tAthair Peadar described the flow of the Sullane river.

"Mo Shlighe Chun Dé", a prayer book translated into Irish by an tAthair Peadar O'Laoghaire, published in 1921, the year after his death. Found at an auction by Pat O'Dwyer, now in the possession of Anne Hegarty, Glenarouske.

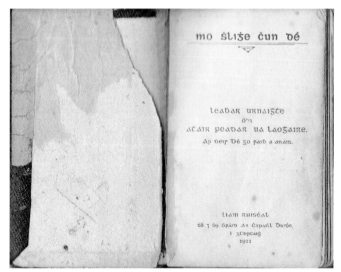

Title page of an tAthair Peadar's prayer book, Mo Shlighe Chun Dé.

Pat examining an tAthair Peadar's prayer book with Fr. Coleman.

Glasses and wooden glasses case belonging to an tAthair Peadar on display in Cork Museum along with some of his books.

The Stable, to the left of the church door where an tAthair Peadar kept his horse while saying Mass in Castlelyons.

Whip belonging to an tAthair Peadar which he left at Hallahan's house when visiting Toddy Hallahan's mother.

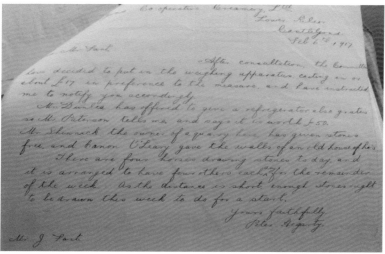

"Canon O'Leary gave the walls of an old house of his ..." Letter dated February 1917 about the building of Castlelyons Creamery which mentions an tAthair Peadar. [Photo courtesy of I.A.O.S / Castlelyons Creamery Centenary Book 1917–2017]

An tAthair Peadar's photo on his grave at his 2005 commemoration.

Originally belonging to an tAthair Peadar, this clock is a treasured keepsake of the Morrison family, Kilawillin, Castlelyons. Mossy Morrison's uncle Hugh was married to an tAthair Peadar's niece.

View from inside the church looking out on Carrigastira Famine graveyard.

Castlelyons as an tAthair Peadar would have known it: the village main street in 1902. [Photo courtesy of Michael Lillis]

Fr. Ferris memorial in Castlelyons Church.

"Down by the Bride", where an tAthair Peadar said he had many conversations in Irish with Mary Smith's grandparents.

Thomas and David Kent being marched across the bridge in Fermoy after their arrest following the Siege of Bawnard.

Last day of visiting Thomas Kent's grave in Collins' Barracks before his body was exhumed.

The Kent family grave in Castlelyons Churchyard.

Éilís with former Taoiseach Enda Kenny at Thomas Kent's State Funeral in 2015.

Drawing made in 1989 to mark 150 years since an tAthair Peadar's birth, on display in the Auld Triangle Pub, Macroom.

Original of the painting on the cover of this book. Painted in 2016 by Seán O'Brien, originally from Castlelyons, now living in London.

"I am that Son:"

Remembering an tAthair Peadar Ó Laoghaire

EILISH O'BRIEN & PAT O'BRIEN

A Word about the Authors

Originally from Durrus in west Cork, Éilís Uí Bhriain has lived in Castlelyons since 1979. She has so far published one book—*Níl aon Leabhairín mar do Mheabhair-chinn Fhéin* which came out in 2006—and she writes a weekly article called "Cúpla Focal" for "The Avondhu Press" newspaper. She founded "Gaeilgeoirí Cois Laoi"—an Irish-language conversation circle that meets every forthnight in the Clarion Hotel—and has hosted it ever since. See www.gaeil-laoi.com for more information.

Originally from Castlelyons, Pat O'Brien has one book—*Old Bob Hatchet's Revenge*, published in 2003—and two screening writing credits—*Dáithí agus Goliath* in 2012 and *The Scumbagnetic Effect* in 2013—to his name. He has an Arts degree in Irish and English from University College Cork and a PhD in medieval English literature from University College Dublin.

He founded an education company called Sciob Sceab Edutainment in 2017. It offers more immersive history and language learning through embedding its learning points in stories that catch your imagination. See www.sciob-sceab.com for more information.

Foreword from one of the Authors

In the spirit of the quote in this book's title, let me start by saying that I am another one of whom it could be said: "I am that son", specifically, Eilís's son, my co-author on this book. To be honest, when I first got involved, I only intended to do some light editing but, on doing some research, it became apparent that Eilís had chosen a somewhat polarizing character as her subject and would be wise to tread carefully as a result. Yet the more I researched the more intrigued I got about the man who wrote all his books not a mile from where I grew up. Until eventually, I had contributed so much to the book that neither of us felt comfortable passing it off as solely her own work so that's how my name also ended up on the cover.

This book makes no pretensions to be the definitive account on an tAthair Peadar, but those who know little or nothing about him should come away with a good knowledge of his life and legacy as well as an overview of the best and the worst that has been said about him. Our hope is that this may help restart a general conversation about him that has lapsed largely into silence.

My input was heaviest in the Introduction and Chapters five and six and anywhere that the account digs into the nitty gritty of the research, you can take it that that's my input. But ultimately the voice throughout is Eilís's for it was her curiosity first day about a historical figure dimly remembered locally that led her to seek out the little anecdotes about him still circulating in the parish. It was she who visited the places near and dear to him in Macroom for a more vivid sense of his home place. It was she who hunted in books for stray references to his time in Castlelyons which we wove into what you might call a folk picture of him as seen through the eyes of his Castlelyons parishioners. This in itself is no small contribution to what is generally known about him when as recently as 2015 an tAthair Peadar scholars have lamented how little he has to say about his thirty years in Castlelyons in his autobiography. Finally, it was her insistence that he had a kinder more amiable side to him that had been lost sight of in the recent focus on his clashes with other Gaelic Revivalists that forced me to keep an open mind about him and I think that we produced a more balanced picture of him as a result.

A word, finally, on the bilingual format of this book: we decided, early on, to do an Irish and English version of the same text to cater equally to a dual audience. We think that an tAthair Peadar would have appreciated this as, for all his championing of Irish, he had a bilingual view of the world and he saw its benefits:

But if I had a good opportunity to pick up beautifully fluent Irish from the first moment that I began to talk, I had an equal opportunity to pick up English with the same beautiful fluency right from the very same moment... At any rate, I had a great chance. I had both English and Irish from the cradle. I got a sure grasp of both of those tools of the mind and an especial knowledge of how to wield them both. Then, instead of getting in each other's way, it was the way that they helped each other for me (*Mo Scéal Féin* 30, 32).[1]

Each audience can rest assured that though the Irish and English versions follow each other closely, neither is a pale imitation of the other. Something tells me that is how an tAthair Peadar would have wanted it.

Pat O'Brien

January 2018

---

1   All translations my own unless otherwise stated

Introduction

Canon Peter O'Leary to some, An tAthair Peadar Ó Laoghaire to many, was such a well-known figure, in Ireland at least, by the time he died in 1920 that you only had to say "an tAthair Peadar" for most people to know who you meant. The book that made him a household name was *Séadna* (Ó Céirín 17). The quote in this book's title—"I am that son"—is the simple yet resonant phrase with which he ends his recital of his family tree, having traced his descent down through five generations of O'Leary's to himself:

> The match was made. Red Diarmaid O'Leary, son of Peter and Máire Toohey of Liscarrigane, was married to Siobhán O'Leary, daughter of Conor O'Leary and Nell Hickey of Mullach Rua. In the year of Our Lord a thousand eight hundred and thirty-nine, that pair had a son. I am that son (*Mo Scéal Féin* 14).

Anyone able to trace his descent back five generations clearly knows where he belongs and, given his birth in Liscarrigane near Macroom, the people of Macroom have long seen him as one of their own. If the lonesomeness that an tAthair Peadar felt leaving Macroom in 1878 after a brief stint as a curate there is any indication, he returned the kindred feeling:

> I would have much preferred to stay in Macroom if I was left there. But I understood that perhaps that wasn't God's will. That maybe God had some other business in mind for me in Charleville that I couldn't do in Macroom. That's the truth. I was lonesome having to leave Macroom all the same, for as short a while as I was there, the people of Macroom and I had a great liking for each other (135).

It was only natural then that, less than two decades after his death, a crowd gathered on the bridge in Macroom to witness the unveiling of a plaque honouring his long association with the town (O'Brien 39). Translated into English, the plaque's Irish inscription reads as follows:

> This stone was erected to perpetuate the memory of an excellent modern Gaelic author, an tAthair Peadar O Laoghaire, born in Liscarrigane, in the parish of Clondrohid near Macroom. Adjacent to this bridge near the castle stood the Latin school in which he was for a time a student. This plaque was unveiled on 10 September 1939 (39).

The locals gathered in remembrance of him again in 1964, this time in a commemoration ceremony marked by a lecture series and an exhibition of his works as well as a senior football game between Fermoy and Macroom, Fermoy chosen as opposition to commemorate his years as a student in St. Colman's College, Fermoy (40).

An tAthair Peadar commemoration in Macroom in 1964.

Another plaque was erected in 1939 on a house built on the farm where he was born. The long low structure that an tAthair Peadar grew up in had been replaced by a yellow two-storey farmhouse with pretty if windswept flowers leading up to the door when Dan Joe Kelleher filmed the Liscarrigane farm as part of a documentary in 1988. The documentary starts with an interview with a Mrs. Maura O'Riordan, then owner of an tAthair Peadar's former home. Her father bought it from an tAthair Peadar's brother, Patsy O'Leary, in 1911.

Plaque beside tree planted to mark the spot where an tAthair Peadar's Liscarrigane home once stood.

Dan Joe Kelleher in his house in Carriganimmy. Dan Joe made a documentary on an tAthair Peadar in 1988.

Watching this 1988 interview now when memory of an tAthair Peadar has largely faded in wider society, what strikes me is how easily Mrs. Riordan is able to rattle off details from his autobiography. The same goes for the other Macroom people interviewed later in the documentary: the overall impression you'd get from their reminiscences was that the memory of this once famous son of Macroom was still very much alive in the locality. And pride in the local connection lingers on if the an tAthair Peadar exhibit in Kilmurry Museum—twenty minutes out the road from Macroom— is anything to go by. Opened in 2016, the Kilmurry Museum houses an tAthair Peadar's kitchen, complete with seats, table and dresser.

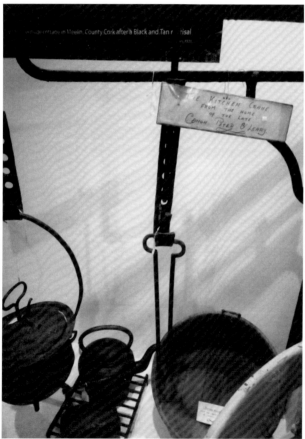

Kettle and pots from An tAthair Peadar's Liscarrigane home on display in Kilmurry museum.

Note about who donated the kitchen furniture of an tAthair Peadar's Liscarrigane home to the museum.

Yet, born in the most western parish of the Cloyne diocese (Gaughan 85-6), an tAthair Peadar lived the last third of his life in the complete opposite end of the diocese in the east Cork village of Castlelyons. After spending near thirty years of his life serving as parish priest there from 1891–1920, it would have been unsurprising if he came to see Castlelyons as his home away from home and the people of Castlelyons accordingly entitled to claim him as an adopted son of their village. With the centenary of his death fast approaching in 2020, the people of Castlelyons have yet another reason to stress their connection with him, as Máirín Ní Dhonnchadha points out in her 2015 article:

> If it is as a Macroom man and national figure he is most remembered these days, it's worth bearing in mind that he was in Castlelyons for the whole of his literary career (129).

Alas, there is just one problem with this proposition, as Ní Dhonnchada also points out:

> It is... a great pity that Mo Sgéal Féin [his autobiography] doesn't give an account of his life in Castlelyons: after noting the date of that fateful letter from the bishop, the book says nothing but 'I'm here ever since'.

There could be any number of mundane reasons for his silence about his time in Castlelyons: Ní Dhonnchadha, for instance, wonders whether it was because he didn't have time to bring his account up to date before publishing his autobiography in 1915 (131). Or, something I can relate to in writing this book, carried away by the first flush of writing, he could have lavished a great amount of detail on the early chapters only to find himself skimping on detail as he ran out of steam towards the end. This seems all the more probable once you consider that he was in his mid-seventies when penning his autobiography and just five years away from his death. Or laid up with the aches and pains of an old man and chained to his writing desk with a heavy workload—he averaged two books a year while in Castlelyons (Ó Céirín 17)—it could be that he hadn't the time to get up to anything he deemed interesting enough to be worth recording in his autobiography.

Whatever his reasons for skipping over his life in Castlelyons, this book is an attempt in part to fill in the blank of his time there through weaving together the anecdotes still circulating about him in the parish as well as stray references to his life in Castlelyons in other people's writings. Since, as far as I can make out, it has been thirty years since the last English translation of his autobiography was published—the 1987 reprint of Cyril Ó Céirín's 1970 translation of *Mo Scéal Féin* called *My Story*—this book further aims to make accessible a short account of life and legacy in English at a time when general curiosity about him may be stirred on hearing mention of him in the newspapers around his 2020 centenary.

The first thing that anyone who knows little or nothing about an tAthair Peadar is likely to ask is: Why does he deserve to be remembered? That's a question easily answered for, you see, an tAthair Peadar was a man of many firsts: he wrote the first autobiography in modern Irish in *Mo Scéal Féin* and the first play in Irish ever staged in *Tadhg Saor* (Ó Céirín 11,107).

He wrote *Tadhg Saor* at the request of the Macroom Players and they performed it in 1900, his first cousin Seán Ó Laoghaire acting the main part (Ua Súilleabháin 147). As the first original Irish language play ever staged, *Tadhg Saor*'s performance attracted the notice of *The Cork Examiner* which sent a reporter to find out if it was a difficult task staging a play in Irish. The following report appeared in *The Cork Examiner* a few days later [15 May 1900]:

The Gaelic Revival. Feis at Macroom.

The boards were cleared for the amusing little comedy 'Tadhg Saor'. The different parts were excellently filled, and the piece, to use the hackneyed phrase, brought down the house...

It's hard now to appreciate the excitement that greeted his advent as a writer following *Tadhg Saor*'s publication in booklet form. A write-up in *The Leader* newspaper on 6 October 1900 captures the sense of the thrilling possibilities that an tAthair Peadar represented for the budding Gaelic Revival movement:

> The publication of a sixteen page booklet containing two little plays at the price of a penny… would not at first sight appear to be a very important event. Yet in the history of Irish literature this apparently trifling occurrence is nothing short of momentous… Everything Father O'Leary touches is simple, with the simplicity that only a masterhand can give… 'Our first dramatist!' How strange it sounds! But it is true. (Ní Dhonnchadha 132).

And then, of course, there is *Séadna*: the first novel ever composed in Irish (Titley 172). *Séadna* was hailed as an instant classic on publication, readers straight away recognising in its style and wording a master of prose at work (Mac Mathúna x). It continues to be held in high esteem today (Ní Dhonnchadha 146), and Seán Ó Riordáin—a celebrated poet in his own right—is of the opinion that "an tAthair Peadar was an able complex artist while writing *Séadna*" (Ó Céirín, "An tAthair Peadar & Dul Amú na Léirmheastóirí" 23).

First edition of 'Séadna' signed by an tAthair Peadar. [Courtesy of Sara Twomey]

In listing off an tAthair Peadar's achievements as a writer it must be admitted that not all of his works have stood the test of time: Máirín Ní Dhonnchadha, for instance, thinks his drama *Bás Dhalláin* "a weak effort" (139) when judged by today's standards while Philip O'Leary gives his second historical novel *Niamh* the following scorching review "the novel is rife with anachronisms and howling inaccuracies" (182). Yet, in weighing an tAthair Peadar's legacy as a writer, we would do well to remember what it means to be a pioneer: in being the first to write in these genres in Irish, an tAthair Peadar wrote without any precedent to guide him and Gaelic writers who came after him had the luxury of learning from his mistakes. Pádraig Pearse seemed to understand this when he wrote:

> The formative influence of "*Séadna*" is likely to be great. Some of our distinctive writers have declared that it was the early chapters of "*Séadna*" which first taught them to write Irish. Not that they admit themselves mere imitators of Father O'Leary, but rather that "*Séadna*" showed them how to be themselves (Mac Mathúna xxxvii).

Looking back on an tAthair Peadar's heyday from 1989 and pondering how his writings had fallen out of fashion since, Brian Ó Cuív reckoned that:

> Anyone with a close knowledge of the Gaelic Revival would find it hard not to arrive at the conclusion that we would not now have any literature in modern Irish worth talking about were it not for how firmly an tAthair Peadar stood up for Gaeltacht Irish and how diligently he worked to provide reading material in it. ("Curadh Cosanta" 32).

Hard as it is to imagine nowadays when the tendency is to respect if not envy native speakers their fluency, back then letting slip that you spoke Irish from the cradle could be a source of shame. A story told by a Castlelyons parishioner of an tAthair Peadar's—Mrs. Mary Smith of Mohera, Castlelyons (*Britway* 136)—nicely illustrates people's hang ups about Irish in early twentieth-century Ireland. Born in Ballyarra in January 1895, Mrs. Smith described herself "as a near neighbour of Canon O'Leary's" (132). She was still alive in 1988 when Dan Joe Kelleher came to Castlelyons filming his documentary, making her around ninety-four when Seán Aherne sat down with her to ask what she remembered of an tAthair Peadar.

Mrs. Smith was a spry little old lady still sharp for all her years if a little deaf, or at least that is how she comes across in the documentary. When asked if an tAthair Peadar mixed well with people, she replied that he

Mary Smith [1895–1991] who knew an tAthair Peadar well as parish priest and family friend while he was in Castlelyons.

did and, what's more, he always used to like meeting someone who could speak in Irish to him. And his sister, who lived in the parochial house with him, was the same. Mary O'Leary, or "Miss O'Leary" as she was known locally, looked after the Canon's horse and car, trap, some cows and few chickens on the parish land (later the creamery) and got the provisions from town (*Castlelyons Parish Yearbook* 7). Mentioning Miss O'Leary made Mrs. Smith think of a day when an tAthair Peadar's sister was walking down from the parochial house one day when she saw an old lady coming up the hill against her. Thinking it would be nice to stop and have a chat, she spoke to the old woman in Irish and the affronted answer that she got was: "Why I can speak English as good as yourself!"

1901 census return listing Peter O'Leary [age sixty], Mary O'Leary [age sixty-two] and Katie O'Sullivan [age thirty] as the occupants of a house in Castlelyons.

Mrs. Smith chuckles to recall this, but even so it serves to illustrate the shame that ordinary people felt at being seen to talk Irish lest it be taken as a sign that they were poor and ignorant. This was an understandable fear given that, confined to poorer areas, native speakers did tend to be poor and illiterate. You could say that this snobbishness spilled over into the Gaelic Revival in the debate about what kind of Irish was to form the basis of the new literary Irish needed to revive literature in the language. They were many who proposed a return to the Irish of Geoffrey Keating, a scholar who lived in the seventeenth century. Perhaps they didn't think the Irish spoken by the fireside and around the kitchen table in poorer homes up and down the country was dignified enough to be a literary medium.

An tAthair Peadar with his sister Mary O'Leary who lived with him in Castlelyons.

But an tAthair Peadar saw different. As Douglas Hyde put it:

Canon O'Leary's great merit is that he... turned his face resolutely towards the folk speech of his native County Cork which he wrote with a crystal clearness that has never been surpassed. He showed us, and indeed it was to many a revelation, what a splendid medium for literature the speech of the common people was (Ó Céirín 12).

I will explore an tAthair Peadar's championing of caint na ndaoine in more detail later, but for now I would just like to note that if he hadn't fought to change attitudes then a) the Gaeltacht might have been allowed to wither and die long before now and b) the Irish we learned in schools could have been very different. For this above all he deserves to be remembered one hundred years on from his death. Turning back to Mrs. Smith, bringing his interview with her to a close, Seán Aherne observed that she was the only Castlelyons person that he had met that day who knew an tAthair Peadar personally. If living memory of an tAthair Peadar was fading fast in 1988, it is all but gone today.

However, that is not to say that, walking around this east Cork village today, you won't find reminders of him everywhere. For instance, enter Castlelyons from the Conna road and you first pass the parochial house where he lived and then the stables where he stabled his horse. Across the road from the stables you will see Castlelyons National School where a photo of him hangs pride of place at its entrance.

Stables just down the hill from the Parochial House where an tAthair Peadar kept his horse and trap while in Castlelyons.

Turn right up the village and by the community centre you will see a small plaque at the entrance to the GAA field announcing that you are about to enter "Páirc an Athar Peadar Ó Laoghaire." Or, back at Stables' Cross, carry on down the hill towards Bridesbridge until you come to St. Nicholas church where, tucked off to the right of the main door, you will find his grave.

St Nicholas Church, Castlelyons. An tAthair Peadar's grave is the first grave to the right of the church. Thomas Kent's grave is in the bottom left of photo [Courtesy of Fr. Gerard Coleman].

Yet, for all these reminders, the sad fact is that an tAthair Peadar is little more than a name to many in the parish today, as I discovered when researching this book. Who am I, you ask? My name is Eilish O'Brien and I am from Durrus in west Cork originally but I moved to Castlelyons in 1979 and, to quote an tAthair Peadar, "I'm here ever since" (*Mo Scéal Féin* 181). Having lived in Barrymore territory now for as long as an tAthair Peadar spent stationed here, I can't help but feel an affinity with him. Especially since the longing for the "old sod" of West Cork that I sense in his writings strikes a chord with my own feelings about the grass being greener Mizen Head-side!

In a way then, as well as trying to rekindle his memory in Castlelyons and further afield, this book also recounts my own journey in getting to know an tAthair Peadar—as a person and a cleric—across a gap in time and with scant evidence to go on.

Chapter One: "2016—The Year of Remembering"

What of the second half of this book's title, you ask. What made me settle on "remembering an tAthair Peadar Ó Laoghaire"? Because 2016—the year I began writing this book—will always be the year of remembering for me as it seemed like I couldn't open a newspaper every week without reading about some 1916 commemoration event roundabout. As it happened, the biggest 1916 centenary event in Castlelyons happened in late 2015 when Thomas Kent's body was brought home from Collins' Barracks to be laid to rest at long last beside his brothers David, Richard and William in Castlelyons churchyard. Certainly, the details of that day made a vivid impression on me as the likes of it had never before been seen in our sleepy little village. A day when Castlelyons took centre stage, the whole country watching through TV cameras that filmed everything.

To see the likes of Taoiseach Enda Kenny and President Michael D. Higgins—dignitaries we were used to seeing only on the 6 o'clock news—walk in the gates of our humble churchyard on any other day, you would have thought you were dreaming. But not today. Today, the 18 September 2015, was no hallucination as the church grounds really were buzzing with RTÉ cameras and excited worshippers. Children raced to and fro to gaze at the massive viewing screens mounted strategically around the churchyard. Other, more sedate visitors halted to read the lovely poem mounted in a green frame at the entrance to the huge marquee. Shaded by the large oak trees, it read: "I don't think I shall ever see, a poem as lovely as a tree ..."

Crowds watching former Taoiseach Enda Kenny on screen at Thomas Kent State Funeral in Castlelyons, 18 September 2015.

I had squeezed my way into the back of St. Nicholas Church and had a view from there of the congregation packing the resplendent church up to the altar. Our own Fr. Gerard Coleman con-celebrated the Mass alongside Bishop Crean who held up three items dear to Thomas Kent's heart: a set of Rosary Beads, a Pioneer pin and *Mo Scéal Fein*. I could not help but feel my own small investment in the ceremony as—copies of it hard to find locally—I had been asked for a loan of my copy of an tAthair Peadar's autobiography to offer up during the Offertory Procession in memento of Thomas Kent.

Peter Hegarty [1893–1980], the man whom an tAthair Peadar quizzed on Irish grammar as they travelled to a Station Mass in Peter's youth.

As I watched the small green book with the creased cover being borne to the altar along with the Rosary beads and Pioneer pin, I could not help but think of another funeral, one that happened almost a century before. The funeral was an tAthair Peadar's and it happened three days after he died in the parochial house on Sunday 21 March 1920 (*Britway* 131). Having served Mass for him many times as a boy, Peter Hegarty of Kilcor vividly remembered where he was when he heard that Canon O'Leary had died as "the circumstances surrounding his death... left the deepest impression on me" (127). Peter's reminiscences about an tAthair Peadar seem to have first appeared in 1982 in the *Castlelyons Parish Yearbook*. In introducing "some notes on local history written down from Peter Hegarty", Fr. David O'Riordan described him as a man who farmed all his life in Kilcor and was secretary to the Castlelyons Creamery Committee for many years (6). Peter heard about an tAthair Peadar's death as follows:

> The day he died it was on a Sunday, I think it was also Passion Sunday. That day the Bishops were also having Exposition of the Blessed Sacrament to oppose the Education Bill. Miss Mary O'Leary, the Canon's sister, and Katie O'Sullivan who also lived in the Canon's house, and kept house for him while he was in Castlelyons, were in the Church for the Exposition. Fr. Michael Ahern, the curate, was giving the

Benediction at the end of the Mass, when he was called into the sacristy to be told that the Canon had died. At the same time somebody else called Miss O'Leary from the chapel. We all waited on in the chapel til Fr. Aherne returned and then he told us the Canon had died and asked us all to pray for him. That was how he died and we were in the church at the time during Exposition. The Mass at which he read the Bishop's letter was the last public Mass that he said.

Mrs. Smith attended the funeral along with a large crowd of parishioners and clergy and, speaking wistfully of it in the 1988 documentary, she said she watched as an tAthair Peadar's coffin was borne up to the cross and back. Among the notables at the funeral were David Kent, M.P., and Osborn Bergin (*Britway* 131). Of Protestant stock, Osborn Joseph Bergin was better known as an tAimhirgíneach to Irish speakers (Breatnach, "Osborn"). An authority on modern Irish in his own right by 1920—they called Bergin "the prince of Irish scholars" when he died—it was likely affection for old time's sake that brought him to an tAthair Peadar's funeral as the two were close friends since Bergin's youth (Murphy 392) and an tAthair Peadar had been a great influence on him in his early career.

When Bergin himself died, those who knew him best liked to remember him as "the bearded professor who would lie in the shallow water of the Solán on a day of July sunshine discussing etymologies" (392). I think this is the same river that an tAthair Peadar looked out on as a seventeen-year-old studying in Mac Nally's Latin school, [i.e., the Latin school mentioned on the plaque erected on Macroom bridge in 1939]. That view must have made a vivid impression on him as he describes it in detail in *Mo Scéal Féin*:

> You'd look out the window and see, slap up against the bottom of the window, the river, the Solán, going past the window eastwards and into the eyes of the bridge, grandly and easily, wide and calm (55).

I visited the site of this school in July 2016, following an tAthair Peadar's precise directions:

> A small man-een named Mac Nally had a Latin school on the far side of Macroom bridge, exactly at the foot of the castle… at the end of the railing, you would turn into your right and down a couple of steps… then you'd see the door in front of you. You'd knock on the door…

Sara Twomey of Lissarda was my guide—her great-grandmother Cáit Ní Laoire was a first cousin of an tAthair Peadar's—and we called in on Nora Flynn, owner of the house that now stands where the Latin school once stood. Hardly a trace now survives of the building where an tAthair Peadar "broke his heart" trying to learn "those three wretched words hic, haec, hoc", but Nora was able to show me the lane and gateway down which the Latin students came to enter the school.

Sara Twomey with Nora Flynn. Nora's house is on the site of the Latin school near the bridge in Macroom town that an tAthair Peadar once attended.

As you can see from the photo below, the Solán really does flow "grandly and easily, wide and calm" past the site of the Latin school. An tAthair Peadar said that he sat with his left shoulder to the window out which you could see the Solán flowing past so I turned my left shoulder to the river to try and see the view as he saw it near one hundred and sixty years ago now. I imagine that he looked left to enjoy the view of the Solán glistening *faoi sholas na gréine* whenever he needed a break from his lessons. Perhaps, if the window was open, he could hear the musical sound it made burbling past as I did. I could easily see why he felt drawn to this scene of serenity and natural beauty.

View of the Sullane River that young Peadar used to see from the window of the Latin school.

Osborn Bergin, as his habit of lying in the Solán discussing etymologies on sunny July days shows, had his quirks, as did an tAthair Peadar. He's also useful to keep in mind when we later wrestle with the seeming contradictions in how an tAthair Peadar appeared to different people for, as Gerald Murphy observes about Bergin, the "kindly and affectionate" side that he showed to friends was "hidden from many… by a certain austerity of manner" (393). Known for his love of precision and accuracy (389), he made students ill at ease by "show[ing] no sympathy for one who made mistakes" and could be blunt to the point of rudeness (393). Yet his friends loved him for his "honesty, his fidelity, and his affectionate nature".

I go into detail on the two sides of Osborn Bergin as it echoes the less flattering view of an tAthair Peadar that Seán Aherne encountered in interviews in Castlelyons for the 1988 documentary. He was told that, according to a "word of mouth version of an tAthair Peadar" still circulating in the parish, he was supposed to have been a standoffish kind of man who kept to himself and rarely spoke to the people. He was reputedly quite strict with his altar boys and woe betide any of them who smirked or smiled on the altar. All in all, there were some in Castlelyons who found his sermons high-faluting and saw him as a man who didn't appear to be liked very much because he didn't mix very well.

Yet to Mrs. Smith, a Castlelyons woman who, in her own words, "used to meet him very often" and "can remember him as if it was only yesterday that I was talking to him", he was a jovial sort not afraid to laugh at himself. In the documentary, she chuckles to recall how he used to say, whenever anyone remarked on his short height, that it's good to be small because when the fisherman put out his net to catch the fish, he caught a lot of fish, but all the small fellows got away and all the big fellows were caught!

Peter Hegarty, one of the altar boys with whom an tAthair Peadar was supposedly strict, said that he:

> was always full of fun and in good humour. He was never otherwise and always was full of jokes. But never in a sermon in the church. In all the years I heard him he never once told a joke in a sermon, something which good preachers often do, to score a point in their favour (*Britway* 127).

This chimes with the recollection of another Castlelyons man, Fr. Christy McCarthy of Coole. He remembered an tAthair Peadar as "a low sized man with long white hair—a very gentle, well-respected person" who used to say "Is maith an buachaill thú" to him whenever he opened the door for the priest when he came to visit the school. An tAthair Peadar often said Mass in Coole and young Christy served as altar boy for him when he came to his house to say Station Mass. Thinking back on those occasions, however, Fr. Christy reckoned he must have been quite young at the time because, when charged with getting the Mass things ready, he remembered only ever being interested in getting the bell out of an tAthair Peadar's bag. Every Station Mass went off without a hitch until:

> On one visit, to my horror, there was no bell, and I thought we couldn't have Mass! But didn't some sensible man, some neighbour, get a cup and put a spoon into it, and I was happy with that. When the time for the Consecration came, I got my cup and spoon and gave it a good rattle (Fitzgerald-Murphy 15).

Fr. Christy McCarthy, Coole, Castlelyons, who used to ring the bell for an tAthair Peadar when he came to his house to say the Station Mass.

So which is the true portrait? The humourless reclusive character that some people saw in him or the warm funny man that Mrs. Smith, Peter Hegarty and Fr. Christy McCarthy knew? I think Peter Hegarty gives us the key to that particular puzzle when he described him as always full of fun but yet who never once told a joke from the altar. If all you ever saw of him, as many of his Castlelyons parishioners did, was a distant figure droning at you from the altar of a Sunday, it would have been easy to think of him as stern and standoffish. Yet, if you had personal dealings with him, as Mrs. Smith and Peter Hegarty did, then you saw a completely different side to him: a warm congenial fellow. The lesson I take from this is that we should beware of drawing an overall impression of someone's character from how they come across in one narrow situation. In this case, as Peter Hegarty's testimony points to, he probably did have an aloof air on the altar; the sermons he gave Sunday after Sunday probably were, for the most part, tedious. But, as Peter Hegarty points out, this wasn't because he was incapable of humour—far from it, he was "always full of jokes" when not in church—but because his was an old-fashioned kind of piety that believed that reverence and humour did not mix. You never treated the sacred lightly—even in ways that seemed harmless—and so "smirks and smiles" indeed had no place on the altar. But that didn't mean that he couldn't see the funny side of things outside the sacred.

To return to Osborn Bergin at an tAthair Peadar's funeral, it has gone down in folklore that, staring at his old friend's coffin as it was being lowered into the earth, Bergin is meant to have gruffly exclaimed to those next to him: "Disgraceful! That coffin plate contains seven grammatical errors" (Breatnach, "Osborn").

Of course, a notorious stickler for grammar—his lectures were almost entirely grammatical (Murphy 393)—it was likely Bergin's own pernicketiness that made him say this. Yet an tAthair Peadar could be a stickler for grammar too, as the following comment shows:

> Before I left Liscarrigane, I never heard from anybody's mouth phrases such as 'Tá mé', 'Bhí mé', and 'Bhí siad'. I used always hear 'Táim', 'Bhíos', and 'Bhíodar', etc. Little things!—but little things that come repeatedly into conversation. A taut mode of expression, as opposed to one that is lax, makes for finish in speech (*Mo Scéal Féin* 31).

I therefore like to think that part of what made Bergin fret over the seven grammatical errors that he spotted on an tAthair Peadar's coffin plate was the thought that it would have bothered his old friend too to spend eternity with ungrammatical Irish on his coffin. And I find that concern touching and not a little thrilling as it takes me right back to the moment that they laid an tAthair Peadar in the earth; makes me feel, if only for an instant, that I am there among the graveside mourners.

An tAthair Peadar's sister stands behind him, with his old friend Osborn Bergin to her left. [Photo courtesy of Sara Twomey]

Desk in Thomas's Kent's jail cell where he prayed and read.

Which I guess is what made the sight of those three mementos, the rosary beads, Pioneer pin and a copy of *Mo Scéal Féin*, an emotional moment for me as I stood in the back of Castlelyons Church for Thomas Kent's funeral in late September 2015. It was the ordinariness of each item that brought the man, not the myth, to life for me. Perhaps that was why I felt more interested in the homelier reminiscences about Thomas Kent doing the rounds in the parish in the run up to his funeral. Fascinated by the little details that revealed the man in his ordinary likes and dislikes, I asked various locals I thought might be in the know: "What kind of man was he, personally?" A typical answer I got was: "I heard he went fishing on the Blackwater and didn't they say that he loved dancing?" Another person would chip in: "Oh, and did you hear that he liked currant cake and never left his Bawnard home without a shine on his shoes to head off dancing at the Crossroads Céilí?"

Though just hearsay really, I still thought these little insights into the man and his habits worth adding to our picture of Thomas Kent as they brought out the human side of him that I felt got lost behind all the official talk of him as a brave frontman of The Galtee Volunteers and the farmers' campaigner in the Land War. Just so with the items offered up in memory of Thomas Kent at his funeral, particularly the rosary beads as their well-worn look were a reminder that he would have handled them closely and often as he fingered his beads while saying his prayers. Indeed, in such prolonged and intimate contact with him, we might expect them to have absorbed some of his essence. So too his Pioneer pin as he literally wore that close to his heart.

The personal connection seems all the tighter once you know that Thomas was wearing his temperance badge when brought before the firing squad (Ryan 311). When asked if he'd like a drink to steady his nerves just before he died, he is said to have declined it with the words: "I have been a total abstainer all my life and a total abstainer I'll die". His rosary beads also played an intimate role in his final moments in that he is said to have "walked proudly to his doom, a Rosary Beads in his hands" and that he still clutched the purple rosary beads in his bound hands as he was shot (312).

Standing at the back of the church, my reverie faltered a little as I considered what personal connection the copy of *Mo Scéal Féin* could have had with Thomas. Yes, its well-thumbed cover would put you in mind of a cherished possession, but what evidence was there really that its author and Thomas were anything more than polite acquaintances? Well, let's see, we know that Thomas returned from Boston, America, to live in Castlelyons in late 1889 (Ryan 159) little more than a year before an tAthair Peadar became parish priest there in 1891. Count forward to Thomas's death in 1916 and it becomes clear that, living in the same parish for twenty-five years, the two could hardly have been strangers to each other.

Moreover, if shared interests are any indication, then they had ample grounds to like and admire each other. An tAthair Peadar would no doubt have heartily approved of Thomas's commitment to his Pioneer pledge as he promoted the temperance cause in a lot of the parishes where he was priest. For example, seeing the social ills caused by alcoholism while ministering in Kilworth, he recalls his resolution to try and convince the youth of the parish to abstain from drink. Here's how he set about it, in his own words:

> After a while, I coaxed them to abstain from every alcoholic drink, and they did so eagerly. I made a small card for them and printed a promise on it: "As atonement for my sins and to avoid every sin from now on, with the help of God, and in honour of St Bridget, I will abstain for every alcoholic drink (*Mo Scéal Féin* 123).

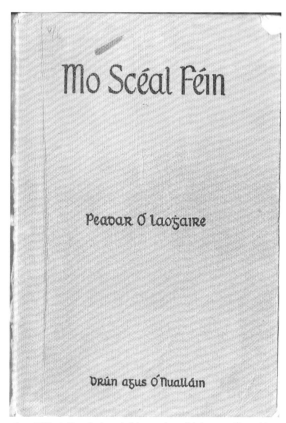

ⅡΙο Scéal Féin

Peaдaꞧ Ó Laoᵹaire

Drún aᵹus ÓΠualláin

Éilís's copy of an tAthair Peadar's autobiography which was offered in memento of Thomas Kent at his State Funeral in Castlelyons in 2015.

An tAthair Peadar and Thomas also both loved the Irish language, a trait Thomas showed soon after emigrating to Boston in 1883 when he joined the Philo-Celtic Society (Ryan 37). On returning home, he became one of the most active members of the Castlelyons branch of the Gaelic League and is said to have "conducted Irish, music and dancing classes in the local branch… under the presidency of Canon O'Leary" (210). But, alas, as much as all these indirect signs tempt me to believe in their friendship, it is only circumstantial evidence of it really. Indeed, I only came across one certain bit of evidence of their paths crossing and that happened on the most fateful day of Thomas Kent's life—the "Siege of Bawnard"—and the run-up to it. For instance, in the week before Easter 1916, Fr O'Leary came to a neighbour's home, the Brodericks, to hear the confessions of Thomas and his brothers (Ryan 279).

About a week after Thomas made confession with an tAthair Peadar, an event happened at the Kent's house that would become fabled locally. In the early hours of 2 May 1916, RIC troops surrounded the Kent homestead while they slept and shouted "Surrender!" Running barefoot down the stairs to meet them, an armed Thomas shouted "No surrender!". The only ammunition that the Kent family had were three rifles and a handgun against the might of the loaded RIC machines outside. Mrs Kent, then in her eighties, helped reload the guns and when David's rifle jammed, she

swiped it from him, cracked a beam from the staircase and freed the jammed bullet, before handing it back to her son. One of the RIC men—Head Constable Rowe—was shot dead during the siege and, whether the bullet came from a Kent gun or was friendly fire, nobody knows. In any case, it would later prove the death of Thomas as he was charged with his killing and executed for it.

Returning to the siege in Bawnard, David lost part of two fingers but continued firing only to then get badly wounded when, lacing his boots, a bullet ricocheted off the wall and hit him, leaving 'a gaping wound'. He fell to the floor (290) and, seeing his brother bleeding badly, Thomas shouted: "Get a priest and a doctor! We've a man dying" (291). That call led to a detail that jumps out for me from the siege's aftermath: Constable Frank King of the Fermoy RIC barracks (285) later testified that, seeing the wounded David:

Statue of the Virgin Mary which was shot at during the siege of the Kents' house in Bawnard on 2 May 1916.

The Kents bought this statue at an auction of Fr. Ferris's belongings after the priest's eviction from the parochial house in 1883.

I left my position without permission and went down to one of the trucks on the road and told the driver to take me into Castlelyons for the priest. Canon Peter O'Leary was waiting at the Presbytery for a car to take him to 7 o'clock Mass. He came away with me immediately in the truck instead. When we got to the Kent house the military were still searching the house and Mrs. Kent who was eighty-six years of age [sic] had been under arrest (292).

The scene that must have greeted an tAthair Peadar that May morn! Thomas's brother, William, gives some sense of the devastation when he wrote:

The house was wrecked. Not a pane of glass was left unbroken. The interior was tattooed with marks of rifle bullets. The altar and statues in the Oratory alone, escaped but not one of the statues was struck. At one time the fire of the attackers was attracted to the window of the Oratory where they thought that a girl was firing at them. Strange to say, it was (290) / the statue of our Lady of Lourdes they saw from outside… and I attribute to it the fact that our lives and home were saved from complete destruction (291).

Entrance to the Parochial House where Constable King picked up an tAthair Peadar to bring him to the Kents after the "siege of Bawnard".

It strikes me that the idea of a miraculous intervention by Our Lady of Lourdes would have appealed to an tAthair Peadar. In any case, Constable King reports that, later that morning, "leaving a silent and wrecked home behind them," he took Mrs Kent and Canon O'Leary to Fermoy in a truck (293). Peter Hegarty added another touching detail about when "Canon O'Leary… attended the Kents" in 1916:

it was Cornie Spillane who saddled up a horse and car to bring the Canon out. He tried to comfort Mrs. Kent but was not allowed to have tea with her, she was then under arrest (*Castlelyons Parish Yearbook* 7).

Here then is evidence of the Kents and an tAthair Peadar's paths intertwining but, back to Thomas Kent's funeral in 2015, was that enough to justify offering up an tAthair Peadar's book as a memento of Thomas Kent the man? I still don't know. All I know is that the twist and turn of my thoughts that day, as I watched the green cover of *Mo Scéal Féin* borne to the altar, were in part a reflection of my recent research. For, the more I read up about an tAthair Peadar, the more I began to doubt what I thought I knew. Which brings me to the other reason why I chose "remembering" as the theme for this book. Google "an tAthair Peadar O Laoghaire Castlelyons" and a number of potted histories will pop up in which you will soon find the following dispiriting assertion: "His advanced years may account for some errors in his autobiography". I suspect that assertions like this ultimately trace back to Anthony Gaughan, the first to forcefully make the case that:

> the main reason for most of an tAthair Peadar's eccentricities was his advanced age… the numerous inaccuracies in Mo Sgéal Féin can be attributed to the fact that he was seventy-six-years-old when he wrote it (89–90).

Gaughan cites Lytton Strachey's *Eminent Victorians* as an inspiration for his critique of an tAthair Peadar (80). *Eminent Victorians* was both ground-breaking and controversial in its day for how it dismantled the romanticised image of figures like Florence Nightingale. Gaughan seems to adopt a similar approach in the way he puts an tAthair Peadar's flaws as a person under the microscope. An tAthair Peadar was once described as "a little God to us all" (Ó Céirín 11), but it's hard to come away from Gaughan's exposé on him without seeing tarnish on his halo. Some of the "historical errors" that Gaughan highlights seem fairly trivial. He, for instance, notes how an tAthair Peadar got the details of the first letter of his ever published wrong:

> he writes that the first thing he published was a letter which he wrote to the Freeman's Journal from Macroom criticising the text books distributed by the Gaelic League's antecedent organisation, the Society for the Preservation of the Irish Language. In fact this letter appeared in the Irishman, was written from Rathcormac and incorporated no criticism of any aspect of the work of the Society (80).

Others are more serious in that he as good as accuses him of lying in attributing to him a penchant for "vicarious history", "imagining himself present at places on historic occasions" (78). A possible instance of this, in Gaughan's opinion, is when an tAthair Peadar said that he went to the great protest meeting in Mitchelstown on 9 September 1887, otherwise known as the "Mitchelstown Massacre". Despite his vivid description of the day's happenings, his name does not appear among the twenty-four priests listed as present in a report published in the *Freeman's Journal* the following day. Though Gaughan admitted it "quite possible that he was overlooked by the reporter", he nonetheless thought it a "distinct probability that he was not present". Another instance of vicarious history in Gaughan's view is when an tAthair Peadar claimed to have been present at the founding of the Gaelic League when, in fact, it was founded for two years before he had even heard about it. The one sure and "blatant example of vicarious history in Mo Sgéal Féin" in Gaughan's view is when an tAthair Peadar:

> asserts that while at Maynooth he won first prize for an English essay on the subject 'English literature during the Elizabethan period.' In fact this prize was won by his fellow-diocesan, Timothy Crowley, in 1867. The only prize an tAthair Peadar is credited with in the College's extant calendaria is the second prize for Irish in 1866 (79-80).

A word that leaps out at me here is "extant calendaria" as "extant" implies that not all of the college records from the time have survived so it could just be that the document that would have vindicated his claim in this case was lost. Or Gaughan could be right, in which case we have to ask ourselves what motives an tAthair Peadar could have had for altering the facts.

The alterations could have been innocuous, along the lines of Hollywood biopics which leave out small inconvenient facts or juggle around the dates of someone's life to give the story better flow. This fits with how an tAthair Peadar presents the incident as a moment of epiphany in which a reproach from one of the dignitaries on stage "opened my eyes to the great mistake that I had made" (93). The mistake was allowing his love for Irish to wane in the face of the apathy towards the language that he encountered in Maynooth and the dignitary was John MacHale, archbishop of Tuam. Listening to the seminarian from Macroom read out his prize-winning essay in front of the whole college, he heard him praise Greek, Roman, French, German, Spanish and English literature in their turn.

When an tAthair Peadar finished reading, John MacHale is supposed to have stood up and said: "You did that much well, boy. You paid your visit round to them all... you heaped praise on the literature of England. But lo! Not one word did you say about the literature of Ireland." An tAthair Peadar describes hearing this as a very humbling moment for him in which "he rightly took my high notions from me", all the more intense for how McHale, seated right in front of him, looked him in the eye the whole time that he spoke to him. But he also describes it as an electrifying moment in his relationship with his mother-tongue:

My way of thinking changed straight away. The exaggerated veneration for English, which had come over me, and the respect, which I had earlier for Gaelic, lit up in my heart again. Once more, I began to read and study the Gaelic books in the library and… when I came home for the holidays, I started going all over neighbourhood gathering songs and old sayings from old people (93-4).

In other words, MacHale's reprimand galvanized an tAthair Peadar into saving what he could of the Irish language after he had fallen into apathy about its decline. If this were a Hollywood movie then, this would be a key moment in the hero's journey—a turning point, if you will—and perhaps an tAthair Peadar changed some of the facts to make it better fit this mould. That is to say, an tAthair Peadar could have written the essay; he could have won some sort of prize for it and McHale could have pulled him up for not giving Irish its due, but perhaps the year wasn't 1867 or it wasn't first prize he got and maybe he didn't even read it out before six or seven bishops and the whole college, just his class.

It's either that or believe, as Gaughan proposes, that he invented the entire episode. But surely he would have been afraid such fabrications would be exposed when there was likely some still alive who attended seminary with him by the time he published his autobiography in his mid-seventies. They could be expected to read the chapter on his Maynooth days with interest and cry foul if they found there any claim that they knew to be untrue. Not to mention that, as a priest and an apparently pious person, it's hard to imagine him feeling comfortable with consciously lying. If you do not believe that an tAthair Peadar was telling lies, but still you don't think that his reminiscences square with the historical record, then you have no choice but to fall back on the other theory that Anthony Gaughan put forward to explain the discrepancies in his autobiography: that his memory was failing.

And if his memory was failing, what kind of forgetfulness do we suppose he had? A light bout of what was just the normal forgetfulness that comes with old age? Or was he suffering from something more serious, like dementia, maybe? In which case, we would have to discard the incident with MacHale in Maynooth as something he imagined while in the grip of a dementia-induced delusion. The fact of the matter is that, because of the lack of evidence, we may never know whether an tAthair Peadar's memories were distorted by dementia. Another thing we will likely never know is how deep the errors in his autobiography go: they could be harmless or very serious.

Peadar Ó hAnnracháin [1873–1965], the Skibbereen man who used to visit an tAthair Peadar in Castlelyons.

The trouble is, if we let ourselves dwell too long on these imponderables, we will give up before we even start when it comes to getting to know an tAthair Peadar through his own words. But suppose for a moment that the worst case scenario is true—that either an tAthair Peadar was in the habit of making things up or that his memories were distorted by dementia—I still maintain that his autobiography is a valuable source of insight about him insofar as it tells us how he wanted to be seen and what he saw as his legacy. And there is one other way to look at it: even if an tAthair Peadar got his dates mixed up now and then while writing his autobiography, we don't automatically have to take that to mean that his memory was failing. This much I know from my own experience: take, for example, the day that I climbed Peakeen in Durrus with my Dad, a memory of mine that I have often written about. I have a very vivid recollection of that day but I can't for the life of me recall when exactly it happened. Was it before or after I got married? I don't know. Does my being hazy on the date mean that this treasured memory never happened? Certainly not! By the same token, spotting that an tAthair Peadar got some details of time and place wrong while reminiscing doesn't automatically prove the whole memory false.

Another thing that people should bear in mind when weighing the veracity of an tAthair Peadar's reminiscences is that the case against him in this respect is not as open and shut as might first appear from the forceful way that Anthony Gaughan states his case. Indeed, his case seems to rest on the four pieces of inconclusive evidence that I mentioned earlier, namely:

* a newspaper report didn't list him as present at the Mitchelstown Massacre but he could have been there

* He misremembered which newspaper published his first letter in Irish and where he wrote it from.

* The possibly incomplete records of Maynooth college don't show that he won an essay prize in 1867 when he says he did.

- He claims to have been present at the founding of the Gaelic League when it was already two years in existence by the time that he heard about it.

That is not to say that just because Gaughan cannot muster enough evidence to pin his case on an tAthair Peadar that an tAthair Peadar had no case to answer to in this regard. But it is frustrating how many people repeat Gaughan's argument like it's a cast-iron fact when discussing an tAthair Peadar in passing. It is this widespread tendency to write him off without giving him a hearing that Cyril Ó Céirín reacted to in 1989 when he lamented:

> how often people—and reviewers who should know better—are heard criticising an tAthair Peadar as a writer (and as a person, alas!) and dismissing everything that he wrote without having read a single one of his books (23).

He found many Irish speakers just as "blind to the merits of an tAthair Peadar's writings because of the preconceived notions and recycled opinions firmly entrenched in their minds". Where do they get their preconceived notions about an tAthair Peadar from then? An influential source of the jaundiced view of an tAthair Peadar is the article "Caradas Nár Mhair: Peadar Ua Laoghaire agus Eoin Mac Néil" written by Fr. Shán Ó Cuív. To give Shán Ó Cuív his due, his article is an incisive and insightful study of an tAthair Peadar's letters to Eoin MacNéill, his onetime editor and friend.

Alas, it is his own words, as Shán Ó Cuív reveals through excerpts from an tAthair Peadar's private letters, that often damn him and you would have to agree with Breathnach and Ní Mhurchú when they say that "it is not a nice picture of the priest that we see in Fr. Ó Cuiv's chronicle of that dispute" (Breathnach, "Ó Laoghaire). With all due respect to Shán Ó Cuív, however, it is clear from the sardonic tone throughout his article that he didn't like an tAthair Peadar very much as a person. For better or worse then, I think that the dislikeable image of an tAthair Peadar has come to dominate the discussion about him and I see this in the university students who come to Castlelyons seeking local information about the author of *Séadna*: it is hard for them to see him in anything other than in a jaundiced light.

That said, having read Gaughan and Ó Cuív's work, I now see what annoyed them about an tAthair Peadar: where now the tendency is to get so hung up on his faults that we cannot see past them to the lasting good that he did, once upon a time it was the fashion to turn a deaf ear to anything critical said about him. The thing that maddened Anthony Gaughan about an tAthair Peadar apologists was how purposely vague they were about his eccentricities, if they even mentioned them at all (85). I won't do this as, when my purpose is to get some of the doubters and the naysayers to reconsider, I don't think that a whitewash will do an tAthair Peadar any favours in the long run. *"Don't paint over dirt"*, my mother used to say to me long ago when she put me painting a wall, *because it always shows through*. This is advice I intend to follow in my pen portrait of an tAthair Peadar.

By "dirt" I don't mean scandal in the tabloid paper sense as, from my research into him at least, an tAthair Peadar doesn't seem like someone with anything major to hide. A joke that he made while defending his policy, as manager of the schools in Castlelyons, to only appoint teachers with fluent Irish nicely captures this. We know about this joke from Peadar Ó hAnnracháin, a Skibbereen man who first visited an tAthair Peadar in Castlelyons while inspecting the standard of Irish taught in the schools there (*Fé Bhrat an Chonnartha* 555). His pretext for calling in on him in Tigh an tSagairt was to consult him about the Castlelyons schools under his care, but really, as he would later admit, he was eager to talk with him just so he would one day have it to say that he met the great Peadar Ó Laoghaire (554). He heard firsthand about the cleric's policy of only appointing teachers with fluent Irish to the schools under his care because an tAthair Peadar once asked him to witness a teacher contract for one Seamus Ó Scanaill of Cúil Aodh whom he was then appointing as a teacher to a Castlelyons school (559). An tAthair Peadar confided in Ó hAnnracháin that some people in the parish had been trying to persuade him to appoint a local person, but he wouldn't because he had no Irish.

To those trying to talk him round to appointing the local teacher without Irish, he told Ó hAnnracháin that he said: "Of course, I said to them, it's for your children's sake that I'm putting a Gaeltacht person in the school. I don't have any children of my own and I don't intend to!" According to hAnnracháin, he then had a good chuckle at the thought of the to-do that he'd had with his parishioners over the local teacher with no Irish. From this it seems that an tAthair Peadar felt easy in the knowledge that his parishioners had no need to fear him scandalizing the parish with his goings-on. So by promising to not paint over the dirt in my pen portrait of an tAthair Peadar above, what I meant was the small unflattering details about ourselves that we leave behind. The awkward sides of our personality that tend to get glossed over in eulogies out of a desire not to speak ill of the dead. Yet, I would maintain that some of an tAthair Peadar's defenders have done him a disservice in skirting the small awkward details because this makes them seem worse that they actually are.

Ultimately, I will leave it to the reader to judge how an tAthair Peadar should be remembered. Before passing judgment though, I would ask you to come with me on a journey to get to know him. I think the person you will see at the other end is someone flawed, yes, but who nonetheless achieved great things. The pity of it is if his 2020 centenary comes and goes and he is let quickly slip back into oblivion again because people can't see past the cloud of suspicion that some critics have raised to the lasting contribution to Irish society that he made. It was this fate that Cyril Ó Céirín feared would befall the once-celebrated author of *Séadna* when he closed his introduction to his 1987 translation of *Mo Scéal Féin* with the wish that "the good that an tAthair Peadar did is not interred with his bones" (19). Speaking of burials, to return to Thomas Kent's funeral one last time, words that stuck with me in the writing of this book were some I heard Cmdt. Gerry White say during his eulogy for our Bawnard hero. He said that:

> Thomas Kent was once known only for being the man who gave his name to Kent Station in Cork. "Today, however, all that is changed... Thomas Kent has once again become someone who is very much in the present... Today, he will no longer be the 'Forgotten Volunteer'. Today, after ninety-nine years, Thomas Kent is finally coming home (Irish Times 18 September 2015).

The "Forgotten Patriot" returns home: Thomas Kent's coffin being carried into Castlelyons Churchyard.

Given how my thoughts of Thomas Kent intertwined with an tAthair Peadar that day, I could not help but think of the "Páirc an Athar Peadar Ó Laoghaire" plaque on Castlelyons GAA field. As once was the case with Thomas, now an tAthair Peadar is mostly known in Castlelyons only for giving his name to a local landmark and there is irony in that. For, you see, while Thomas Kent quickly fell into obscurity after his death, an tAthair Peadar had honours "showered on him in the autumn of his life" (92) as Gaughan puts it. A highpoint no doubt was when Dublin Corporation made him a freeman of the city on 26 June 1911 (92). Cork city followed suit the following September, the Corporation pulling out all the stops to show their appreciation, as an tAthair Peadar gives a sense of in his description of the day:

I never expected to see the sight I saw that day. When Kuno Meyer and I came out of the train in Cork a big crowd of children welcomed us. They sung us a song in Gaelic, which Osborn Bergin had composed for them. The Mayor and his carriage were there to bring us to City Hall. An honour guard accompanied us, before us and behind us and on every side of the carriage... We proceeded through the city... to City Hall. All along the way people, young and old, were crushed together on either side of us as they cheered and clapped their hands welcoming us. When we went the great hall, the people were gathered inside. It was full, so full that there was no room for more. We gave a talk then and were addressed in turn, and were both amazed at how well the young boys spoke Irish to us.

I think I should stop here, and say, as the storytellers used to say in Ireland long ago:

And that is my tale up to now (189).

Yet, celebrated in his lifetime, an tAthair Peadar now languishes in obscurity while Thomas Kent—the man once dubbed the "Forgotten Patriot"—is the first name to everyone's lips when asked what famous people Castlelyons ever produced. That thought galvanised me. *I'll do my bit to make an tAthair Peadar more than just a name on a plaque, at least locally*, I thought. Time to write that account of his life that I had been meaning to write for ages, but somehow had never gotten around to.

Éilís and Bridie Milward stand next to the "Páirc an Athar Peadair Ó Laoghaire" plaque which marks the entrance to Castlelyons GAA pitch.

KENNEDY'S BREAD

FINEST QUALITY MADE

BAKERIES:

127 & 128 GREAT BRITAIN STREET and ST. PATRICK'S BAKERY. DUBLIN.

Comfort

Whether on business or pleasure bent, you can always travel in comfort by securing an A. & B. TAXIS.

"We never sleep—day or night."

A. & B. Taxis, Ltd.

GT. BRUNSWICK ST., DUBLIN.

PHONES: 2387 and 2368.

WIRES: "WAITANSEE, DUBLIN."

Managing Director: HARRY WAYTE.

ECONOMY.

A Soap that will last long is to be prized, especially in these days, when this useful commodity is not so cheap as in pre-war times.

And with this lasting quality, if the Soap does its work thoroughly and is pleasant in use that is the kind of Household Soap to buy

All of these qualities are combined in that excellent Household Soap called **SILKSTONE**, which is sold in tablets at 1/-, 9d. and 6d.

Most good Housewives use it; if you do not we recommend you to get a supply now and to test it.

It will stand the test.

ALEX. FINLAY, LTD.

Seen and Heard

Notes and Notions on Men and Matters

TO-DAY'S THOUGHT.

"John Williams, aged 36, of Pennsylvania, was made a grandfather of twins on Saturday."—News cable.

THE AFTERTHOUGHT.

John should have some grey hairs before he dies.

PAID THE PENALTY.

The tragic death of the Lord Mayor of Cork brings to mind the fact that in its long list of Mayors and Lord Mayors there was only one other Mayor who died a violent death. This was John Walters who in the 10th century, supported the cause of the pretender, Perkin Warbeck, and received him into the city with all the honours due to a sovereign. After the capture of Perkin Warbeck, Walters and his son, Philip, Dean of Limerick, were arrested and tried in company with Warbeck at Westminster. The pretender and John Walters were found guilty of high treason and hanged at Tyburn; their heads were afterwards set up on London Bridge. Philip Walters was according to some authorities, pardoned, but Lord Bacon says both father and son were executed with Perkin.

WELL LOOKED AFTER.

If Royal charters count for anything, the city of Cork ought to be one of the best-governed communities in the world, having received no less than seventeen charters. Under these charters the government of the city was vested in a mayor, two sheriffs, a recorder, and an unlimited number of aldermen. In 1273, the first Mayor, Richard Morris, was appointed, and the succession has been continued unbroken since, except for the ten years of the Cromwellian Commonwealth, when the city practically changed its inhabitants.

MAYORS TURNED DOWN.

There are only two instances on record of Crown interference in the choice of a Mayor. One was in 1350, when Edward III. commanded the citizens to accept John Mane as their Mayor, and deliver him the desk, the rolls, the book of green wax, the civil seal, and all the other symbols of office. The order, however, seems to have been evaded, since the name of John Mane does not appear in the mayoral list until twenty-four years after. The other instance occurred in 1851, when the name of the Mayor-elect was rejected by the Lord Lieutenant, and a new election took place.

A CHURCH MASSACRE.

The churchless hamlet of Mulhuddart, near which the bells that was held up and rifled the other night, figures in the history of the Jacobite and Williamite wars as the scene of a terrible massacre of English and mercenary troops. Isaac Butler, writing in 1744, of the old church of Mulhuddart, the ruin of which may yet be seen standing to the north-east of the village, says:—

"Ye church, at present in ruins, is situated on a hill and dedicated to ye Virgin Mary; from it appears a most extensive and delightful prospect into ye County of Dublin and Meath; it was committed a most barbarous and inhuman action by some of ye neighbouring inhabitants in September, 1690. A company of Colonel Coulson men, in their march to Dublin by stormy and rainy weather, retreated into ye church for shelter, but were all of them murdered in cold blood before ye morning. Some of ye wretches were afterwards executed in Thomas Street, Dublin, among yn Pat Moore, Andy Cannon, Ph. Strong, and John Cumann; others made their escape."

The same writer refers to Our Lady's Well at Mulhuddart, which is now enclosed by a neat little stone structure. In his time

MORE DUBLIN RAIDS

Activity at Harold's Cross and Sandymount

This morning a large body of military—numbering between 150 and 200—accompanied by police, in an armoured car, and preceded by a band, visited the Larkfield Saw Mills and Joinery Works, Kimmage Rd., and made a thorough search of the premises. Correspondence was gone through, and the contents of boxes and cases turned out. The owner, Mr. F. Manning, was absent at the time. The search lasted from 10 a.m. to about 11.30. The Woollen Mills of Mr. Cleary, it is

AN t-ATHAIR PEADAR

Passing of a Famous Gaelic Scholar

Very Rev. Canon Peter O'Leary, LL.D., P.P., Castlelyon, the famous Gaelic scholar and author, died yesterday.

He ... and beloved in every corner of the world to which Irishmen have penetrated, his passing marks the ending of a brilliant career. Last summer he was for some time in a private nursing home in Dublin, but recovered sufficiently to be able to return to Co. Cork.

The late Canon O'Leary was born in 1839 at Cloundrohid, the most western parish of the diocese of Cloyne. He came of an intellectual stock well known as litterateurs and particularly for their devotion to the native language, to which the

CANON PETER O'LEARY.

deceased rendered such magnificent service.

He entered the diocesan college at Fermoy in the early days of that institution when another great Irishman, Dr. Croke, was president. During his whole collegiate career he was a front rank student, giving promise of a future rich in achievement for country and religion.

In the various parishes in which he ministered—Kilworth, Rathcormack, Doneraile, and Castlelyons, he incessantly worked to improve the mental and physical abilities of his flock—a strict disciplinarian, candid, but always benevolent. He was made a canon of Cloyne in July, 1906.

A MAN OF LETTERS.

It was, however, as a man of letters that he earned well-deserved fame. There is no student of Gaelic who is not intimately acquainted with his invaluable works. As examples of modern Irish literary style they were incomparable, and as an inspiration and help to the language revival their value can hardly be over-estimated. Among his works may be mentioned "Sendha," "Niamh," "Eisirt," "Seadhna," etc. He was also the author of Irish plays, and translated the New Testament into Irish, "Imitation of Christ" and "Æsop's Fables."

In recognition of his services to the Irish race and the language, he received, together with the late Dr. Kuno Meyer, the Freedom of Dublin on June 25, 1911, and in Sept. of the following year Cork Corporation conferred a similar high honour on these two distinguished authorities on Gaelic. The National University granted him the degree of LL.D.

Editor's Post Bag

SWEEPSTAKE TICKETS.

---

first time I heard myself referred to as "the old man." I am fifty, unmarried, and have always been considered smart looking... And now I have come to the parting of the ways.

I am possessed of bitterness, but I am no fool, and morbidity cannot enter into me now. To-morrow I begin my stroll through middle life to old age. So farewell, my youth; farewell my follies. I smile at you and turn my face towards the setting—or should I say—rising sun.

That is what comes of being called Old

Obituary for an tAthair Peadar that appeared in The Evening Herald on Monday, 22 March 1920, the day after his death.

Chapter Two: "Three Qualities to Remember Him By"

Bill Shea, the next-door neighbour whose talk of the "priest in the long dark coat and hat" who used walk up the Ballyarra road first sparked Éilís's interest in an tAthair Peadar.

When I moved to Castlelyons in 1979, I suppose I vaguely knew that this was where the man who wrote *Séadna* wrote a lot of his books but he was still only a name to me. A name, *Páirc an Athar Peadair Ó Laoghaire*, which I got used to seeing on my way into the GAA pitch to drop my children off at training. And he was a face on the wall looking down at me from a photo whenever I entered the sixth-class room in Castlelyons National School, usually to attend a parent-teacher meeting. That photo, I later discovered, was the iconic photo of him that graces the inside cover of *Mo Scéal Féin*. It didn't surprise me to learn that it was Cecil Roddy, then principal of Castlelyons N.S., who hung that photo of an tAthair Peadar there as he had always shown a great interest in the Irish language. Like the day when, for instance, he surprised and delighted his class with an unplanned excursion to the park just because I had written him a sick-note in Irish to excuse my son's recent absence from school.

A young Cecil Roddy with the first class he taught in Castlelyons in 1962.

Thinking back to those parent-teacher meetings with Cecil Roddy, the thing I remember is my eye straying every so often to the photo on the wall. What kind of person, I idly wondered, lay behind the holy man? What thoughts ran through his mind as he posed for that photograph, looking so calm and a bit mysterious in his meticulous clerical attire? Was that thoughtful look as he gazed off into the distance, his glasses poised at an 'academic' angle, a sign that he was pondering his next literary creation?

Yet these questions only preoccupied me in passing and I soon forgot about them. Until one day when I went on a scoraíocht to my neighbour Bill Shea, a grand grámhar old character who loved to tell stories of old times in our parish.

"Did I ever tell you," he said to me, "about the priest who used to go for walks up our road when I was a boy?"

"You didn't, Bill," I said, half my mind on the need to keep turning myself, like toast under a grill—now facing the fire, now with my back to it—in case I turned burned and crispy. The day was cold but the fire was roasting.

"Oh, yes," Bill said, "I can still picture him, "Fr. Peter", dressed in a long black coat and hat, walking up our road."

This got my full attention as, counting back the years to when Bill was a boy, I realised that the rambler who Bill knew as "Fr. Peter" must have been an tAthair Peadar.

"Really?" I echoed in fascination. "You remember Fr. Peter walking up our road?"

"I do and, you know, he liked to stop and chat with any he met along the way... which reminds me of a funny story about Con Sweeney. You know Con Sweeney, he was a right ould rogue. Fr. Peter is supposed to have met him one day while out for a ramble."

"Where did you get them fine spuds, Con?" Fr. Peter asked when he saw Sweeney returning from his "pratie garden" lugging a galvanised bucket of spuds. Sweeney was quick with the comeback: "Yera, I didn't get them that easy, I had to go for 'em, Father!"

Bill burst out laughing at this recollection and, laughing along with him, I felt a sudden sense of connection with a figure from history who had long felt unreal to me. Suddenly, I could picture him – the man, not the myth – a smallish warmhearted man strolling up my road, the Ballyarra road, in his long black coat, casually saluting neighbours here and there.

An tAthair Peadar
Ó Laoghaire

From then on I was curious to learn more about an tAthair Peadar's time in Castlelyons and I soon discovered that he had written all his books not in Tig an tSagairt next to Castleyons' church as I had always assumed but in the parochial house where the Ballyarra Road meets Stables' Cross, a spot I pass every day on my way into the village. The obvious place to go in retracing an tAthair Peadar's footsteps was his grave and so I found myself standing beside a Celtic cross in Castlelyons Churchyard. How often, I wondered, had I passed his final resting place by on my way into Mass and never stopped to read the inscription on his tombstone? Reading it now for the first time, I puzzled over the archaic spelling a little before deciphering it as follows:

An tAthair Peadar's walking stick

The people of Castlelyons put this stone on the grave of Canon Peter O'Leary, to preserve his memory because of how faithfully he served them for thirty years in matters of piety, learning and love of country ...

Celtic Cross on an tAthair Peadar's grave

Here then, set in the stone, were three sides to an tAthair Peadar—piety, learning, and patriotism—as he appeared to his parishioners in early-twentieth century Castlelyons. These qualities came back to me later when I read *Mo Scéal Féin* as I found much in his life story to bear them out.

I: The Pious Man

I don't think, for instance, that an tAthair Peadar would have objected to being labelled "pious" when he only ever had one ambition from a very young age and that was:

> that I would be a priest. I had that much settled in my mind from the very start, and I can't remember ever thinking any different... other than that I would be a priest when I grew up (33).

Once he achieved his ambition, he said that the privations of a priest's life did not bother him. Part of being a priest, he found when ministering in his first parish in the north Cork village of Kilshannig in the late 1860's, was to be ready to do your duty at any hour of the day or night:

> I used often get a call for last rites all the way down from the bank of Blackwater and it used often come in the middle of the night. Sometimes, when I was sound asleep... the call for last rites would come and I would have to get up and go down. But I was young and strong in those days and didn't much mind such things (110).

But perhaps the most touching testimony of an tAthair Peadar's piety comes from Mrs. Smith about an tAthair Peadar's housekeeper, Katie Ó'Sullivan, or "Katie the Canon" as she was known locally (*Britway* 132).

> "Where will I be this time tomorrow night?" the Canon asked his housekeeper the day before he died.
>
> "I'm afraid you'll be with God," Katie answered sadly.
>
> "Don't say 'I'm afraid", Katie," the Canon replied, "say 'I hope' you'll be with God."

One of the last things he said before he died, his words bespeak a man pious and spirited to the last.

It would appear that not everyone had the same appreciation for his piety, however. Bill Shea told me a story of another local rogue, from the Ballyoran side of Castleyons this time, called Rael O'Keeffe. Attending Mass one Sunday, Rael apparently stood up while an tAthair Peadar was preaching full flow from the altar to loudly declare: "That's enough for today, Peter! Shut up now!"

God only knows what an tAthair Peadar thought of this interruption but he seems not to have gotten too upset about it as Rael attended many a Sunday morning Mass afterward. I like to think that this shows a tolerant and accepting side to an tAthair Peadar.

II: The Teacher

His Castlelyons parishioners also wanted to preserve his memory on account of how faithfully he served them in matters of education and there is a lot in *Mo Scéal Féin* that fits with this characterisation. The roots of his love of learning go back a long way. By his own account, he was a voracious reader from very young to the point where it was his habit to bring a book with him to read by ditch and bush whenever he had to go out herding cattle (32). But he didn't get this love of literature out of nowhere, it was instilled in him by his mother and, indeed, the books that he remembers reading and re-reading to the point where he had much of Shakespeare, Milton and Rudeki off by heart, were her books (32), English and French books which she brought with her to Lios Caraigáin when she married Peadar's father at the age of twenty-four (31).

As soon as young Peadar was old enough to learn, she started to teach him English and then French and this somewhat unusual upbringing seems to have made him a bit of a local curiosity as he recalls how he eventually got sick of people always asking him to speak French to them whenever they ran into him (31). An tAthair Peadar paints a pretty picture in recalling his mother's routine for her home-school sessions: "when night came, my mother used to light a candle on the table and she would sit us around the table and give us the books and teach us our lessons" (44).

But where did Peadar's mother, Siobhán, pick up her teacherly ways? Well, her father was a farmer prosperous enough to send her to boarding school in Killarney (30). Two of her brothers went to Latin school, with one of them going on to study for the priesthood (30). After a few years in the seminary, he realised that he didn't have a calling and left to set up a Latin school in Kanturk (31). Siobhán joined her brother at his Kanturk school once she finished her schooling in Killarney and ended up teaching English and French there while he taught Greek and Latin (31).

Thinking back on the candle-lit lessons of his childhood as an old man, he pays tribute to his mother by noting that the teaching she gave him was níb fhearr go mór, "better by far", than the teaching that many other children of his day got in schools (44).

This may be because his first experience of mainstream education opened his eyes to how his mother's teaching style was a cut above the norm:

> At that school [Carraig an Ime], I for the first time saw a thing that astounded me: young people learning, reading, speaking and defining words without the slightest clue as to what the words and their definitions meant. There's no fear such a thing would happen in our house. No fear that any

word would be left without giving us its meaning so that we understood the word and its meaning (45).

In other words, Siobhán O'Leary impressed upon her son the importance of grasping the meaning of each new word or piece of knowledge. Being able to rattle it off wasn't enough: you had to know what it meant to truly master it. In so doing she showed her son that learning came easier when you understood what you were learning. This approach became a hallmark of an tAthair Peadar's teaching style in later life and you could say that it was partly what inspired him to write the book that made him famous: *Séadna*. An tAthair Peadar explained the thinking behind *Séadna* as follows:

> I saw, in setting about the work, that the future [of Irish] depended on the young people. Pondering this I realised that we had nothing, in the form of a book, to put into a child's hand to teach him Irish. From such pondering I decided to write a book for young people… a book whose language would appeal to young people. That was the thought that inspired me to write *Séadna*. Everyone, young and old, liked the book… young people liked it because the Irish in it was very like the English in their mouths (*Mo Scéal Féin* 185).

In other words, unlike the other books for teaching Irish at the time, an tAthair Peadar wanted to write a style of Irish that children found accessible. To do so he had to speak as a child would and so he chose Peig Labhráis, the girl who lived next door to him in Liscarrigane, to narrate his book. In vowing to write down the story of *Séadna* exactly as he heard it from Peig Labhráis when they both were children (Ó Cuív 33), his aim seems partly to have been to speak to children on their own level. Here then, forty or so years on from his candle-lit lessons in Liscarrigane, I like to see Siobhán O'Leary influence at work in her son's approach (now in his fifties) as he started writing *Séadna*. For she seems to have taught him that the mark of a good teacher is not talking down to your students. You must get down to their level, explain things on their terms to give them the best chance of absorbing new knowledge.

It was a good thing that he had a good teacher at home as the nearest school was five miles away (32) and so he was thirteen-years-old before he set foot inside his first schoolhouse when a school opened at Carraig an Ime (44). He had the advantage on his classmates for whom the English in their schoolbooks may as well have been Greek as they heard nothing but Irish or broken English at home (46). So, the other boys took to crowding around his desk to ask him the meaning of words in the lessons (45). He remembers that they used to marvel where he got the knowledge whereas he used to marvel how anybody could not know what to him seemed basic (45-6).

He further recollects how the teacher, Cormac Ó Luasa, used to see the other boys come to him for answers, but pretend that he didn't as, so an tAthair Peadar says, he saw that the boys benefited from the consultation (46). Which explains why he used put Peadar a part of the day teaching and part of the day learning from quite early on during his time at Carraig an Ime school (45).

An t-AthAiR PeAdAR Ó LAoghAiRe
1839 - 1920

LáthAiR SeAn Scoil ChARRig An Ime
AR A fhReAstAL

SAgARt Agus ScRíobhnóiR CáiLiúiL

PRIEST AND WRITER
ATTENDED THE OLD CARRIGANIMA
PRIMARY SCHOOL
1850 - 1856
WHICH WAS SITUATED ON THIS SITE.

ERECTED BY CARRIGANIMA COMMUNITY
DEVELOPMENT 1999.

Plaque marking the site of the first school that an tAthair Peadar went to.

Though he claims that having his classmates crowd around him for answers left him feeling half-smothered (46), I think that it shows what drew him to teaching in later life. For, it appears that teaching and learning were intertwined for him from then until the end of his life, as he made clear when he observed: "One learns a thing far better through teaching it than by learning it (132).

He had cause to make this observation when, serving as curate in Rathcormac in his mid-thirties, he taught Latin to some local boys around 1875. Part of what motivated him to set up the class was the hope that, in dusting off his old Latin and Greek books to teach, he would refresh his own knowledge of languages that had grown rusty at through lack of practice (130). As he later ruefully admitted, his village students didn't let him down in this regard because they soon showed him that he would have to brush up on his subject fast as: "boys from twelve to fifteen years of age are a terror for asking questions!" (131).

Yet, despite being put through his paces, he claimed to have gotten a better knowledge of Latin through teaching it in Rathcormac than he ever did learning it in Macroom, Kanturk, and even in St. Colman's (132). Indeed, describing the satisfaction he got from teaching Latin in Rathcormac, you can really sense how teaching was a second calling for an tAthair Peadar:

> We had a great time, me and them, me teaching them and they learning from me, both sides enjoying the process. I don't think that there is any pleasure in this life to compare with the mental enjoyment that a teacher and their pupils feel when they are of one mind in the work, and when they understand each other... We enjoyed ourselves in this way at that time, and went ahead with the work swimmingly (133).

But he didn't get to enjoy himself for long as "a letter came from the Bishop telling me to go west to Macroom to do a priest's work there. That put an end to the work in Rathcormac" (133).This abrupt uprooting seems typical of an tAthair Peadar's life as a curate as again and again we read of him receiving orders to decamp to a new parish, often at short notice. His first reassignment from Kilshannig to Kilworth set the pattern for all the moves to follow: he had only been curate there for a year and a bit when a letter arrived from the Bishop one Saturday morning informing him that Kilworth was his new parish and he was to get there by 12 o'clock the following morning to say Mass (111).

By his own account, an tAthair Peadar submitted to this relocation gamely enough but, as just the first in a long line of relocations, it adds up to an unsettled life. He must have found it hard to feel at home anywhere when he knew that he could be moved on at a moment's notice. Teaching may therefore have seemed to him a quick way to put down roots wherever he went, perhaps helping him to settle in faster than his priestly duties as, in my day the respect in which the priest was held and his aura of authority often caused parishioners to keep their distance.

A sign that he was a good teacher, many of the boys that an tAthair Peadar taught in Rathcormac followed him to Macroom, taking lodgings there and coming to his house every day to continue their lessons (134). A few Macroom boys soon joined the Latin class and it was going from strength to strength until the parish priest put an end to it (134). An tAthair Peadar protested that he could be making worse use of his time playing cards or falling asleep by the fire (135) but it was no good. A letter came from the bishop a short while afterward informing him that there was a priest north in Charleville who very much wanted to set up a Latin school in that town (135). An tAthair Peadar remembers that the bishop's precise wording was:

> "I think it would be good for you to go north to Charleville to do this work that you are doing in Macroom there." I knew the meaning behind his words. I knew that the bishop wouldn't have spoken thus without the Macroom parish priest complaining about me and my school. But I said nothing (135).

He passed through many more parishes after that until he was finally allowed to settle in one place with his appointment as parish priest in Castlelyons in 1891. Though he didn't teach himself while there, he contributed to the educational life of the parish through appointing teachers to the local schools. Just a boy when he first arrived, Peter Hegarty remembered how the Canon brought in native speaker, Seamus O'Neill of Adrigole to teach Irish in Castlelyons National School (*Britway* 128). For Peter, O Neill's arrival meant that:

> we were given a ½ hour a day of Irish outside the curriculum, so that we were in school till 4 o'clock every day and we had a book of Irish phrases to learn from. We were the only school in Ireland which had Irish then (128).

Religious Report Book for Castlelyons N.S. with an tAthair Peadar's signature on it three times under 1899, showing that he visited the school in July, August and October of that year.

Message that an tAthair Peadar left in the Religious Report Book.

Though an tAthair Peadar seems to have left his official teaching days behind him at this stage, he appears never to have lost the love of turning any moment into a teaching moment as he was still giving impromptu lessons as an old man in Castlelyons. Peter Hegarty, for instance, remembered that grammar questions were part of the car trip whenever the Canon picked him up in a covered car to serve as altar boy for Stations at Kilcor and districts (*Castlelyons Parish Yearbook* 6). Incidentally, an tAthair Peadar always travelled in a covered car wherever he went, one which he hired from Ginn's shop in Castlelyons where Paddy Kenny's house is now. Here's how the grammar lessons in the covered car typically went, according to Peter:

In the covered car going down the road to the stations, he would be helping me with the Irish. He would say what is that? I would say: Geata, a gate. Then he would say: Cad a dhéanfadh feadh níos mó glóir ná muc ar gheata? [What makes a lot more noise than a pig on a gate?] I would say: Ní fhéadar, a athair [I don't know, father]. He would say: Dhá mhuc ar gheata [Two pigs on a gate!] Then he would laugh. He was always full of fun and in good humour.

This anecdote always makes me laugh too and in the midst of the fun you can see the canny teacher at work in the way he managed to pack more than one grammar lesson into one small sentence. Dhá mhuc ar gheata!

III: The Patriot

An tAthair Peadar with Fr. Aibhistín Ó h-Aodáin who attended the 1916 rebels in the GPO in Dublin and again with the leaders of the Rising before their execution. [Photo courtesy of Sara Twomey]

Returning to the qualities engraved on an tAthair Peadar's headstone, the third and final reason why his Castlelyons parishioners thought that he ought to be remembered was "on account of how faithfully he served them... in love of their country". Hearing him described in these terms, it is easy to think of an tAthair Peadar as a patriot in the same vein as Thomas Kent yet the reality was not so simple, not if you listen to Diarmaid Breathnach and Máire Ní Mhurchú, two scholars who suggest "that he was against the use of force to achieve freedom" ("Ó Laoghaire, Peadar"). Likewise, Máirín Ní Dhonnchadha finds strange his failure to mention in his autobiography the political unrest in Castlelyons during his time as parish priest there given how "that unrest closely touched the house that he came to live in" (130). Once known as 'Prospect Cottage', said house served as the parochial house and had been rented by the parish priest in Castlelyons since the mid-nineteenth century from landlord John Walter Perrot.

Fr. Thomas Ferris was the Castlelyons parish priest just before an tAthair Peadar and he took up the tenancy in his turn but then refused to pay his rent in the summer of 1883. Chairman of the Castlelyons branch of the Land League since 1880, Fr. Ferris made his stand in solidarity with local farmers then refusing to pay their rent to local landlords like Perrot until he reduced it from what they deemed an extortionately high rate. Perrot set the law in motion to have Fr. Ferris evicted and on the day of the eviction Mrs. Smith remembered great crowds in Castlelyons, while in an account later published in *The Cork Examiner*, Fr. Ferris claimed that "several thousand" turned out to support him (*Britway* 103).

Fr. Ferris, Parish Priest in Castlelyons from 1880–1891

Though the chapel bell tolled incessantly and the two bands played as the eviction was carried out and though the crowd jeered the evicting party and Fr. Ferris made an impassioned speech denouncing "felonious Landlordism" and "legal robbery", it was all to no avail as the eviction was complete by 2 o'clock in the afternoon and the priest's furniture was transferred to the Land League hut which had been erected for him on a piece of waste ground near the churchyard (104).

There Fr. Ferris lived for the next eight years until he died in 1891, his health ruined, as many supposed, by his ill-treatment (Ní Dhonnchadha 130). Certainly, living in the timber hut cannot have been easy on his health as Mrs. Smith remembered it as damp and leaking rain for a finish (*Britway* 134). As tenants farmers up and down the country banded together to campaign for the "three F's"—fair rent, fixity of tenure and free sale—in the Land War of the 1880's (Ryan 20-1), Fr. Ferris was commonly felt to have died a martyr for the cause. You get a sense of this from the wording of his epitaph—there to be read on a wall plaque by any visitor to Castlelyons church today—in the way that it memorialises him as "an ardent lover of his country, in whose cause he laboured assiduously, and *suffered not a little* during the closing years of his life".

It is thus surprising that an tAthair Peadar glides over Fr. Ferris's death with hardly a mention when covering his time in Castlelyons in his autobiography as the cause for which he essentially martyred himself was one also dear to an tAthair Peadar's heart.

Puzzled by his silence on this score, Máirín Ní Dhonnchadha wonders whether he may have deliberately avoided bringing up the political unrest that gripped the parish in the early days of his ministry there as it had set the local community quarrelling to such an extent (131). This fits with Mrs. Smith's impression that he brought "a great peace" to Castlelyons and that "people were very glad of the new spirit he brought to the parish" as there had been a lot of agitation before his time on account of the landlords and the rent (133).

Coolagown churchyard where a protest meeting was held on Sunday, 28 July 1889, inviting locals to show by their presence that "the land grabbers will have to glut their greed elsewhere than in Coole".

It is accordingly quite plausible that an tAthair Peadar felt duty-bound to calm the waters given how much his predecessors had stirred things up. Consider the inflammatory effect that the following placard—erected in Castlelyons just two years before an tAthair Peadar came to minister there—must have had locally:

Irish National League, Castlelyons and Coolagown Branch. A special meeting of this branch will be held on Sunday 28 July at Coolagown. The people are requested to attend and show by their presence that they do not approve of land-grabbing, and that the land grabbers will have to glut their greed elsewhere than in Coole.

Signed: Rev. Thomas Ferris, P.P. Castlelyons, president (201).

Fr. Ferris and his curate Fr. O'Dwyer addressed the near 300-strong crowd at this protest meeting, urging them to show their discontent at the eviction of local man Richard Rice from his farm at Coole Upper and its purchase by an Orr McCausland who, not living in the area, had brought in a Scotsman named Brown to work the farm for him (201).

Though new to the parish, Fr. O'Dwyer was not slow in stoking up local resentment, speaking the following fighting words to an already worked-up crowd (as shown by their refusal to let a large force of police enter the churchyard):

> There will always be a few black sheep. Old Brown was a black sheep, and they hunted him out of Scotland, and how will he rest here?

> Well, it is for you to say the word, and when you say the word to stick to it. Do not allow anyone to grab a farm, and do not allow anyone to work a grabbed farm; if you do it will be a disgrace to your posterity. Let the word go to Brown, and let him send it up to his master in the North (202).

The boycott of Brown intensified after this meeting, acts of intimidation escalating from shadowing him around the fair at Fermoy to stop him selling pigs, to throwing down his fences, to an assault on him at Coolagown Cross as he was returning from a religious service (201). Charged with using intimidation against Brown and inciting others to use intimidation against him (209), Fr. O'Dwyer was put on trial in Fermoy Courthouse as one of the ringleaders of what was soon dubbed the "Coolagown Conspiracy" (204). The following fiery exchange from the court case gives a sense of how combative Fr. O'Dwyer could be when his blood was up:

Fr. O'Dwyer: If I am to be shut up like this, give me my sentence at once. I will be very glad to get out of this place.

Judge Gardiner: You have mentioned that a dozen times before.

Prosecutor Wright:	It is not at all consistent with his efforts for the defence.
Fr. O'Dwyer:	Sit down. I don't mind the barkings of a little puppy.
Judge Caddell:	I think you should have some little respect for yourself and your calling.
Fr. O'Dwyer:	We do not look to you for respect or anything else (205).

Fr. O'Dwyer kept up his defiance right to the bitter end, constantly interrupting the judge during sentencing:

Judge Gardiner:	Under the first charge—the reverend Mr. O'Dwyer will be imprisoned for three calendar months—
Fr. O'Dwyer:	Hear, hear. Why not make it six? (206).

Fr. O'Dwyer was sentenced to another two months for the speech that he made in Coolagown churchyard (209) and so served near six months in jail before he was released on 28 March 1890. Returning home to a hero's welcome, he resumed his parochial duties in Castlelyons until his transfer to a new parish in September 1890. So, you see, the dust had hardly settled on the "Coolagown Conspiracy" when an tAthair Peadar came to Castlelyons in early 1891 and, feelings in the parish still running high, he may well have sought to ease tensions rather than whip them up further. That is not to say that an tAthair Peadar did not involve himself in land issues while in Castlelyons for, as Peter Hegarty puts it, he showed himself "anxious to see a just settlement between landlord and tenant farmer" (130). One such occasion was when a group of Kilcor farmers invited him to act as negotiator with their landlord in 1907. They had long been agitating for fair rent against the likes of Henry Dwyer whom Peter Hegarty remembered as "a bad type of landlord", his tenants agitating "against him because of the rack of rent that he put on the land" (129).

After addressing a meeting of Kilcor farmers at Leary's Cross, an tAthair Peadar entered negotiations with the landlord and, securing a settlement, the purchase of the farms soon followed (130). In so doing, an tAthair Peadar seems to have been less confrontational in his approach as Peter Hegarty is careful to point out that "he was not, however, an activist as had been the case with his predecessors in the parish. In temperament, he was a very different kind of man". Yet, it would be a mistake to present an tAthair Peadar as meek and mild in his nationalist feelings as he showed himself just as capable of working himself into a lather over the same issues on occasion. This much is plain from an outburst of his made while reminiscing about his college days in Maynooth.

> I knew full well that the people of England were oppressing Ireland. I hated the English with a passion for that. I can't remember a time when I didn't have that hate burning in my heart. I remember when I was very young being shown some speech in the "Times" saying that the laws of England were nowhere near harsh enough on those criminals, that is, the Irish people. I remember that I snatched the paper and threw it on the ground and stamped on it until it was in tatters (*Mo Scéal Féin* 102).

Read out of context against the backdrop of today's more friendly Anglo-Irish relations, it is hard not to be taken aback by the ferocity of the anti-English sentiment here. Yet, to be fair to an tAthair Peadar, we need to take into account the aggravating circumstances that provoked it. To set the scene first: it was the early 1860's and a twenty-something-year-old Peadar was not long in the seminary when rumours reached him of a new secret society—calling themselves the "Phoenix-men" but later dubbed the Fenians—who were set on rebellion (96). Before long the Fenians set up a newspaper which an tAthair Peadar at first read with approval as he found much in it with which he agreed. Particularly the hard line that they took on corrupt landlords, bringing public pressure to bear on them by continually publishing "every unjust deed that a landlord did to a tenant" (100).

But then, much to his horror, the Fenian newspaper turned those same tactics on Irish priests after word spread that they were trying to dissuade young men from joining the rebellion. The way he saw it, the Irish clergy sought to stop young men from rallying to the Fenian cause not out of any desire to prop up the English regime in Ireland but because they were firmly convinced that nothing but the gallows or exile awaited any young men drawn into the Fenian uprising when it too would inevitably be quashed just like all the failed rebellions that had gone before it (101).

The Fenian response was to mount what today might be called a smear campaign, using their newspaper to denounce any priest who dared advise the young men of his parish to steer clear of the Fenians (102). They published story after story that portrayed the Irish clergy as no better than English collaborators for seeking to talk down the rebellion (102). The Fenians kept up their negative press campaign until, in an tAthair Peadar's view, they had the youth of the country convinced that "the priest was the enemy; the enemy of Ireland". Under orders from his church superiors to turn the other cheek, an tAthair Peadar could do nothing but listen to the

Fenians badmouth Irish priests in the press week after week. With no way to express his anger back then, he gave vent to it decades later in his autobiography with his vehement declaration about "hating the English with a passion" for "oppressing Ireland" ever since he a child. He summed up the strength of his outrage in that memory of his young self stamping *The Times* into tatters for saying that the Irish deserved what they got and more.

I think that there was another factor that on certain issues inflamed his feelings against the English, one that that lay in traumatic memories from his childhood. For, we must remember that he was only six when the Famine broke out and, by his own account, witnessed some pretty horrific scenes. His Famine memories evidently stayed raw right into old age as plain from his reminiscences about a Fr. Tomás Ó Muirithe, parish priest in Kilshannig when he served as curate there (111) in the late 1860's. Fr. Tomás was already pushing seventy when an tAthair Peadar worked alongside him and ninety-one when he died, a ripe old age which prompted an tAthair Peadar to muse that, during the sixty years that he put in as a priest, Fr. Ó Muirithe must have seen some hard times, particularly during the Famine when: "he saw people dying in ditches and on the roads. All while food was sent overseas to make the rent for the landlords. I can't think of it now without getting furious".

If imagining what Fr. Ó Muirithe must have seen during the Famine maddened him then delving into his own Famine memories made him angrier still. What rankled him most was the thought that the Famine was in part a man-made disaster brought on by the English government's failure to reign in the excessive demands of some landlords at a time when the starving tenantry most needed the authorities to step in on their behalf (43). For, the way he saw it, it was the landlords who left tenant farmers vulnerable to a failure of the potato crop after forcing them to sell every other food source to pay their exorbitant rents. Then, at the height of the Famine, the English government stood back and watched the death toll rise as, in his estimate, they let twice as much corn as could have fed all those dying of hunger in Ireland be shipped out of the country.

All this led him to ask, his pen dripping with sarcasm, why wasn't a law made to protect the people from that injustice that made them sell the corn rather than keep anything to eat for themselves? "God help your head!" he retorts, his contempt plain for anyone who needed such blatant injustice spelt out for them. "A law to protect the people," he continues:

> Arrah, if you mentioned a law to protect the people to the English gentry at that time, they would have said that you were out of your mind. It wasn't to protect ordinary folk that

English people made laws back then. It was to oppress and exploit them, and to condemn them to death by famine and every other kind of treachery that English people made laws in those days. Strange though it may seem, the English had a kind of saying back then, one that went: "It is injustice to the master to give the tenant his rights" (44).

Once again the sectarian attitude revealed here is enough to make many Irish people nowadays uncomfortable. Yet the very thing that people are likely to get stuck on, the lack of distinction that he makes between corrupt English landlords in particular and English people in general, is also a reminder of how his feelings are inflamed in a way that ours are not. It is not uncommon for Irish people today to wax indignant when reading about the English government's complacency in the face of a famine in which a million people died right on their door step. Yet, even when throwing around emotive labels like "Famine Queen" for Queen Victoria, their anger can only ever be second-hand.

In an tAthair Peadar's case, on the other hand, he lived this injustice, he saw it cost the lives of neighbours he loved and respected. And so I think that it forever soured his view of the English role in Ireland so that he could not even think on the subject without an old resentment—born from feeling let down at a vulnerable moment—creeping in. Speaking of feeling rubbed raw by an old resentment, well might he take the Fenian smear stories personally when their mudslinging followed him home. Back from the seminary for the summer with the "priests are traitors" rumours swirling, he noticed a "horrible change" in some of the locals, particularly the young men of the parish. Gone was the deference to a candidate for the priesthood that he was used to and, where once he had found the local lads very friendly whenever he met them out and about, now they treated him like a pariah.

This all crystallised for him in a moment one day while walking on the Macroom road. Spotting four or five lads coming against him, he watched their saunter turn to an intimidating march as they caught sight of him (103). Drawing abreast of them, he said that he would never forget the looks of contempt that they cast him as they passed him by, eyeing him sidelong like he was the worst kind of scoundrel. It left him feeling bitter, disappointed and greatly upset. To be treated like a pariah must have stung all the more when he suspected that his own people shunned him in part because they believed another "lie" put out by the Fenian newspaper: that, in seeking to stymie Fenian efforts to stand up for young men forced "to toil away every day of the week only to see every scrap of the fruits of their labour go to pay the rent", Irish priests like him helped perpetuate that injustice (102).

This was the unkindest cut of all for an tAthair Peadar as he had much in his past to make him feel in close solidarity with exploited farmers. Firstly because he seems to have liked to think of himself as a son of the soil, as clear from the pride he takes in recounting how well-versed in farm chores he was from mucking in on the family farm whenever he was home for the weekend or on summer holidays:

> I knew how to handle a spade or a shovel. My limbs and back were often sore from cutting hay with a scythe, or cutting turf with a turf-spade, or oats with a sickle. I knew how many ears of corn to a handful and how many handfuls to a fistful and how many fistfuls to a sheaf. I knew how to wield a flail and beat a threshing-floor, alternating every second stroke with the other beater, and to bring my stroke down in just the right way to separate the wheat from the chaff (63).

Indeed, since his surname came from the Irish word for "calf" [lao], "Ó Laoghaire" meaning "descendant of the calf-keeper" (Ó Céirín 162), you could say that an tAthair Peadar's very name was a sign of his family's close ties with farming since time out of mind. When you think then that the lads who shunned him on the Macroom road were likely farmers' sons, it must have felt like he was being rejected by his own. All the more so because his early memories set him at the heart of the grassroots resistance to scheming landlords in his own locality. Indeed, he had a front-row seat to local farmers airing their grievances when, as "the house closest to them all" (50), they regularly came to the O'Leary home to discuss what to do about the landlord's latest attempt to squeeze more rent out of them.

When I say "front seat", I mean "front seat" as a favourite perch of young Peadar's was "pressed into the corner" by the fire (29, 26). It was while seated in his favourite nook that he first heard tell of tenant resistance locally one winter's evening when he was very young. The teller was Old Diarmaid O'Leary, a grand uncle of his who was wont to come visiting on long winter nights, his dog in tow, to while away the evening with conversation and by telling old stories. This particular evening an tAthair Peadar remembered him sitting outside him on the same side of the fire, his dog curled up under the legs of his chair, as he regaled his listeners with the first legal dispute to blow up among tenant farmers locally. It happened long before young Peadar was born and indeed his father was only a child when it started.

The dispute involved tenants who lived at Leaba Dhiarmada, the other side of the mountain from the O'Leary farm, and centred on one particular tenant whose farm was at Faill na bhFiach. As was the norm is those days, he and his neighbours rented their farms on a group lease from the local landlord. The time was the early 1800's and agriculture was for once booming as the Napoleonic Wars had driven up demand for produce of all sorts. Anxious to get his slice of his tenants' newfound prosperity, the landlord was itching to raise the rent, but could only do so when the lease was up, something which would not happen for a long while yet as the Leaba Dhiarmada tenants had their farms on a long lease.

The only other situation where the landlord would legally raise the rent was if his tenants broke the terms of their lease through, say, not paying their rent. Breach of tenancy gave him grounds for eviction and he could replace them with new tenants at a higher rent. Putting their heads together on how they could get the Leaba Dhiarmada tenants to break their lease, the landlord and his agent saw an opportunity in the fact that, struggling to make ends meet, the Faill na bhFiach tenant was often late with his rent. So they did not ask him for the rent for a long time, pretending that it was because they did not like to be hard on him but really so that he would slide massively into arrears.

And then, when he gotten so behind on his payments that the landlord was sure that the tenant's neighbours would balk at bailing him out, he asked for the back rent at once, hoping that would give him ground to evict them all. But, rather than play into the landlord's hands, the tenants banded together to defend the case and, after much trouble and expense, they won their lawsuit against the landlord (27). Listening to this tale of how local tenants set the law on their landlord and won, an tAthair Peadar said not a word of it went over his head (29). Young as he was, he said that he did not need any part of it explained to him as he understood it as well as old Diarmaid himself did.

And well might he feel well-versed in the ins and outs of the tenant farmer's lot when he had ample occasion to hear them air their grievances whenever they gathered in his father's kitchen to discuss how to thwart the landlord's latest attempt to extort more rent from them.

Two figures loom large in an tAthair Peadar's early memories of the exploited tenantry in his own locality and seemed to personify for him all that was wrong with the landlord system in Ireland. Indeed, thinking of a very young Peadar listening to the grown-ups talk from his nook by the fire, it would have been easy for the two to take on the aura of bogie-men in his imagination the way he heard a neighbour of his invoke their names to scare a group of dithering farmers into getting their act together.

The neighbour was Séan Ó Laoghaire, son of the old Diarmaid who used come visiting on winter nights, and one half of the sinister duo was a "Mr. Saunders", the landlord from whom the O'Learys rented their Liscarrigane farm. The other was his agent Broderick. An tAthair Peadar remembered Broderick as "a cowardly rogue" (50) whose chief concern was how to coerce tenants into breaking their lease so that he could earn himself a "nice bribe" from his employer "for every small farm that he managed to bring new tenants into" at a higher rent.

He was up to his usual tricks when young Peadar was around fourteen or fifteen, using the same ploy that the Leaba Dhiarmada landlord had used on his tenants fifty years before. It saw him wait for one of his landlord's tenants to fail to make rent and then let him slide on his payments until he was in massive arrears.

Then he asked for all the rent at once and when the farmer predictably could not pay, Broderick sprung the huge sum on the other holders of the group lease, hoping they would refuse as he knew that they could hardly pay their own rent let alone clear someone else's debts. This time it was personal as the tenants threatened with eviction were on the other side of the mountain from Leaba Dhiarmada, the Liscarrigane side, and therefore an tAthair Peadar's father was among those liable. He said that he well remembered the day that all the affected farmers "gathered into our house" to spend the whole day debating what to do. Evening came and they were still no closer to a decision.

Seeing them about to strike off home with nothing decided, it was then that Séan O'Leary invoked the names of Broderick and Saunders like the bogie man to scare them into getting their act together. He warned them that if they didn't quit their humming and hawing and go straight to a solicitor, then soon it would be too late to seek legal advice. And then "Broderick and Saunders would pounce" and they would have no one but themselves to blame when they found themselves at the mercy of "whatever dodge" those two cared to throw at them (51).

Though the assembled farmers was apparently in stitches laughing to see Seán O'Leary get himself so worked up, they took his advice to heart nonetheless and went straight to a solicitor. Thanks to the legal defence that the solicitor mounted, they won the case against their landlord.

As for the other half of the sinister duo, an tAthair Peadar was only three-years-old when he first met Mr. Saunders. His memory of their encounter starts with a vivid image of himself riding a stick up and down the kitchen floor, pretending that it was a horse. He was having a fine old time playing hobby-horse when suddenly a hubbub outside distracted him (22). Peeping out, he saw lots of strangers in the yard and, only able to make out the odd word like "Master" and "Mr. Saunders" from their whispered conversations, he supposed from this that they were waiting for someone important to arrive (23).

Eventually a big fat gentleman did make his appearance, and entering the O'Leary home, he took the seat in the middle of the floor offered him by young Peadar's own father, Diarmaid Rua. Filing in after him, no one in the crowd spoke as they watched the gentleman sit in his chair. Spotting his opportunity and with the confidence of the very young, Peadar marched up to the guest that everyone seemed to be doffing the hat to.

> "Good morrow, Mr. Saunders!" young Peadar said welcomingly.

> "Oh, good morrow, boy! Good morrow, boy!" Mr. Saunders chortled, drawing young Peadar in between his knees to ask him with an air of mock gravity: "Tell me, boy, did you eat any meat today?"

> "Don't you know," young Peadar answered pat, "that I ate a piece of goose a long time ago when it was Christmas!"

Everyone burst out laughing at this, much to young Peadar's mystification. Letting him go a trifle hastily, Mr. Saunders laughed too though, as it would only later dawn on an tAthair Peadar, he laughed not in amusement but with the vexed "laugh of burnt Seán" (24). And well might Mr. Saunders be vexed when, to hear an tAthair Peadar tell it, he had only been fishing for an excuse to raise the rent in asking Diarmaid Rua's son when he had last eaten meat. If the young boy had answered: "I ate meat this morning" or "last week" then Mr. Saunders would have had his excuse to tell the tenant farmers assembled in Diarmaid Rua's kitchen: "Look, ye have meat to eat every week and that shows that ye have my land too cheap. Ye must give me more rent."

But no, when all that Diarmaid Rua's son could boast was that he had eaten a piece of goose a long time ago at Christmas, then that took the legs clean out from under his excuse. Hence, Mr. Saunders' chagrined laugh and why the tenant farmers found the sight so funny: it is not every day that you see your scheming landlord foiled by the innocent response of a three-year-old. You get the sense from the pride in tAthair Peadar's retelling of this memory that he may have seen his younger self as something of a mascot for the grassroots resistance to greedy landlords in his neighbourhood. How galling then to be shunned as a crony of Mr. Saunders and his ilk all those years later by local lads on the road to Macroom.

Though an tAthair Peadar was remembered in Castlelyons as a calming influence in a parish riled up by the Land War, it has to be said that he did his share of stirring on Land League issues in his younger days, particularly during his time in Charleville. It all started when he was offered the chairmanship of the Charleville branch of the Land League after the previous chairman was scared off by reports of mass arrests of Land League members in Tralee (147). An tAthair Peadar agreed without fuss, joking that when the entire Charleville branch trooped into his classroom, he thought that it was something very big that they had to ask them. But when all that they asked was "Would you mind, father, being our chairman?", he was quickly at ease because if that was all they wanted then he drolly assured them that it was easy to please them and he would do it gladly (148).

Yet, in presenting his taking up of the chairmanship as no big deal, an tAthair Peadar was being a little disingenuous in that he faced opposition from his superior as the Charleville parish priest had no sympathy with the Land League. Perhaps, so an tAthair Peadar supposed, because he thought that the Land Leaguers were only Fenians under another name. And an tAthair Peadar and he had clashed before over charging poor students fees for attending his Latin classes (137). That time he managed to get his way by suggesting that they refer the matter to the bishop since it was he who had appointed him to the Latin school in Charleville.

An tAthair Peadar suspected the Charleville parish priest of using the same move on him this time around as he got a letter from the Bishop informing him of his Excellency's concerns that some boys might withdraw from the Latin school over seeing their teacher mixed up with the Land League (148). An tAthair Peadar wrote back, making the case that, far from detracting from the school's reputation, his involvement in the Land League could only enhance it as all his pupils were farmers' sons bar two and even their fathers had great sympathy for the Land League (149). And another thing, "my Lord Bishop", he continued in his letter:

> If I had said to those men who came to me that night, asking me to be their chairman, if I had said to them that I couldn't do it because I had enough on my hands with the school, what do you suppose that they would have said to me? They would have said that it was because I was afraid of the "peelers". Wouldn't that leave me in a fine way? Especially when no such fear was in me or anything like it! How could I look those men in the eyes again if I had shown myself a coward at that time? Especially when there was no cowardice in me!

The mention of not being able to "look those men in the eyes" and the way he gets hung up on the idea of not being thought a coward brings back memories of those boys shunning him on the Macroom road back when he was a seminarian home for the holidays. No doubt, back then he could plainly tell from the looks of utter contempt that they shot him as they passed him by that they thought priests like him cowards for not joining the Fenian rising. Skip ahead to Charleville near twenty years later and it is not inconceivable that, feeling the weight of all those eyes look expectantly at him from the school benches—"We have something to ask you, father? Will you be our chairman?"—that an tAthair Peadar felt a wave of déjà vu, his mind flashing back to the upset and humiliation that he had felt when those Macroom boys "looked at me out of the corner of their eyes like I was the worst kind of scoundrel" (103).

For all that he outwardly made light of their request, would it be any wonder if inwardly he was eager to take up a leading role in the fight for tenant rights locally as it offered him the chance to vindicate himself in the eyes of the grassroots.

This fits with how he felt the day that he attended a mass meeting to mark the set-up of the Charleville branch of the Land League in a field near his Latin school (142). Old memories resurfaced as he threaded his way through the crowd, his thoughts first drifting to that Fenian newspaper and how it had "harshly and unfairly blamed me and my colleagues, saying that we were siding with the English powers" in Ireland. From here it was a short step to thinking back on those two bogie-men of his youth:

> Saunders and of Broderick, on the legal disputes, and on the "piece of that goose eaten long ago when it was Christmas" and certainly I gave hearty thanks to God that he let me live to see these changed times when fear and defeat finally caught up with those criminals (146).

The satisfying thing for an tAthair Peadar was that the grassroots campaign that people were calling the "Land War" was a fight that he could throw himself into. Unlike back in 1867 when he could not in good conscience come out in support of the Fenians knowing that, vastly outmatched by English firepower, their rebellion would likely see young lives thrown away to no good end. The struggle against unjust landlords, on the other hand, now that, to his mind, was a fight that tenant farmers could win (143). What's more, it was a war that could be fought without bloodshed as those waging it need fear no government reprisal when they broke no law in seeking to hold onto what was already lawfully theirs. This was the gospel preached to the crowd that day in a field near Charleville and an tAthair Peadar was all ears as, unlike the bad old days of the Fenian rebellion, now there was nothing stopping him from advising farmers to join this fight for tenant rights.

And, sensing despondency in the air as he looked around the crowd, he realised that the assembled tenant farmers needed more than advice, they needed encouragement. For, on every face he saw fear—every farmer there afraid of word getting back to his landlord that he had been seen in the company of land agitators—and self-doubt, their mood of uncertainty exacerbated by the fact that there was no one on stage just yet save for a few youths. Their mood changed when a young Limerick priest bounded up on stage and began to boldly address the crowd. An tAthair Peadar followed him up on stage and listened in admiration as he held forth on the unjust way that landlords treated their tenants. The farmers listened amazed that anyone had the gumption to say the truth out so bluntly. More priests came and jumped up on stage until there was hardly room for any more.

As he watched the sea of faces looking up at the press of priests on stage, an tAthair Peadar saw a sight that he would not soon forget: he saw the fear and despondency of the tenant farmers melt away as they listened to each priest speak out more boldly than the last. He could clearly tell from their expressions, as clearly as if they said it aloud: "Yes! As long as all those priests are up there on the stage there is no fear of us!"

This was clearly a moment of sweet vindication for an tAthair Peadar in that not only was he very grateful to the priests on stage with him for making such a public stand against the landlords but he was also delighted that here, at long last, the world could see that it was conscience not cowardice that prevented priests like him from throwing the full weight of their moral authority behind the Fenians when they claimed to fight for tenant rights two decades previously (145).

Alas however, an tAthair Peadar's run-in with the Charleville parish priest about whether he should stay on as Land League chairman was far from the last time that the two clashed over tenants' rights. Though the Charleville parish priest lost that argument—an tAthair Peadar reports that he got no more "advice" from the bishop after his last letter (149)—they butted heads again at a dinner party not long afterward. The dinner party was thrown by the Charleville parish priest and, of the six or seven guests around the table, an tAthair Peadar recalled that they all had as little sympathy for the Land League as the man of the house. The conversation went along the lines of:

> Doesn't every man live by his word? When a man makes a bargain isn't it right that he keep that bargain? When a farmer strikes a deal with a landlord, promising to pay a certain amount of rent for farmland, isn't he honour-bound to pay that rent or to give it back to the one who owns it? (150)

Listening to this palaver, an tAthair Peadar choked down his food until he could bear it no longer. Finally, he asked the man of the house: "If you don't mind, I have a question to ask you, Father".

"Oh, ask away, Father," the Charleville parish priest urbanely invited him.

Without further invitation, an tAthair Peadar launched into a story about a man he once knew, a tenant farmer whose landlord came to him when his lease was up to inform that his rent was to be doubled from fifty to one hundred pound a year. When the landlord asked whether he consented to this new arrangement, the tenant just looked at him and said nothing. Angered by his obstinate silence, the landlord snapped at him that that was the rent he would have to pay from now on, whether he liked it or not.

An tAthair Peadar then posed the question to his host: "Would you call that kind of dealing a bargain, Father?" (151)

It was only when neither his host nor the other guests spoke for a while that an tAthair Peadar realised from the uncomfortable silence that an angry edge must have crept into his voice as he spoke.

Eventually, the Charleville parish priest said: "Oh, that was an exceptional case."

"It wasn't, Father," an tAthair Peadar retorted, "It's a common occurrence. I have watched land dealings between landlords and tenants for some forty odd years now and I have never seen anything but that kind of bargain between them."

The others around the table had no answer to that and someone else drew up a less controversial topic of conversation that occupied the dinner guests for the rest of the afternoon. What is striking about this anecdote is that it shows that an tAthair Peadar's younger self at least found it hard to keep quiet when he heard others pontificating about things which he felt that they had little practical experience of.

And, he was not above letting his Charleville parishioners see him thumb his nose at authority on these issues, as he showed when invited to address a big meeting of tenants at Tullylease. Taking his place on stage, he found himself standing beside a police note-taker; there to record anything incriminating that was said for the authorities in Dublin Castle. Knowing that most people in the crowd had a good understanding of Irish, an tAthair Peadar decided to have a little fun with the note-taker and launched into his speech in Irish (179).

He saw the eyes of the crowd light up with mischief as they gleefully eyed the man from Dublin Castle to see how he would react to being shut out of the conversation. The longer an tAthair Peadar held forth in Irish, the more the sniggers grew until he turned to the note-taker and, seeing him standing there stumped with his pencil in his mouth, he said to the crowd with a laugh: "All I'll say is that Diarmaid has been made to look very foolish". This raised such howls of laughter from the crowd that, the way he remembered it, he could say no more even if he wanted to. Having fun at the expense of the notetaker cannot but have set an example of disrespect towards English figures in authority and an tAthair Peadar didn't seem too worried about the example that he was setting in mocking him so publicly.

A government crackdown on Land League activities saw some Charleville men imprisoned and an tAthair Peadar held a raffle to fundraise for them (156). Already on thin ice with his superior over his involvement with the Land League, he really pushed his luck with the spoof prizes—each a cheeky swipe at English rule in Ireland—advertised on the raffle ticket:

> "A splendid Bengal tiger called 'Resources of Civilisation.' Warranted sound in wind and limb."

> "A huge African elephant called 'Passive Resistance.'"

> "An Egyptian mummy called 'Rackrent,' said to be as old as the days of Moses."

> "A magnificent puck goat called 'Peel,' alias 'Fix Bayonets.'"

> With many other highly interesting and valuable prizes.

The tickets sold fast and the Charleville parish priest was predictably furious when he came across one of them. He wasted no time in seeking out his subordinate.

> "It was you who put these out, Father" the parish priest said, brandishing one of the tickets at his younger colleague.

> "Of course it was me," came an tAthair Peadar's tart response, "don't you see my name down on them?"

> "And what are they for?" the parish priest continued, no doubt with a dangerous edge to his voice.

> "To raise money," an tAthair Peadar responded shortly, evidently in no mood to elaborate.

> "And what's the money for?" the parish priest asked, surely growling by this stage (157).

"I will tell you exactly what for," an tAthair Peadar fired back, "since you've asked me. To send it to the men from this village who have been put in prison by Buckshot."

Parish priest and curate must have been practically squaring off to each other for a finish as an tAthair Peadar admits that "there was anger in both our voices the whole time that we were talking".

This dust-up was apparently the last straw for the Charleville parish priest as an tAthair Peadar got word from the Bishop that he was to be transferred to Kilworth not long after.

That an tAthair Peadar came to be seen as in league with the land agitators is clear for what happened one day when he was at dinner at a gentleman's house in Kilworth (164). There was also a landlord at the table who now and then would let loose a word about the injustice being done to the poor landlords. An tAthair Peadar pretended not to catch his drift as he found him a decent man in other respects and thus didn't want to be winding him up (165). The conversation wound around to whether the farmers or the landlords were in the right and the best way to prevent reprisals. Still an tAthair Peadar held his tongue until a doctor, whom he knew to be completely pro-landlord in his sympathies, asked him straight out: "So, tell me this much, father, what do ye want?" Suspecting that the doctor was trying to bait him into saying something rash like he wanted "to give land for no rent to the farmers", he gave the following careful response:

> "I will tell you, doctor," I said, "what we want. What we want is for no one to be able to take what belongs to another and keep it. He who does the work deserves the fruits of his labour. He who deprives a man of the fruits of his labour does an injustice. We want to prevent that injustice by law."

According to an tAthair Peadar, that seemed to put the good doctor in his place as he didn't ask him a second question. In stressing the word "ye" in his question—as in "What do ye want?—the Kilworth doctor was clearly implying that an tAthair Peadar was commonly seen as closely associated with the Land League. Yet for all that people saw him as a staunch Land Leaguer when in Kilworth in his mid-forties, his attitude must have softened in later years to square with his Castlelyons parishioners' impression of him as a voice for compromise between tenants and landlords when stationed in Barrymore territory.

The softening of his once hard-line position on tenants' rights could simply have been the mellowing that comes with age, a factor that he even attributed to the Charleville parish priest in pointing to the fact that "he was old" (148) to account for his lack of enthusiasm for the Land League.

Yet it could also have had its roots in a wisdom bought by experience in that the longer that he involved himself in grassroots agitation, the more he saw that, no matter your peaceful intention, things had a habit of spiralling out of control when you whipped up the passions of the mob to fight injustice.

This was the case in the Coolagown churchyard in 1889 when, in the midst of whipping up the anger of the crowd against anyone who dared "to work a grabbed farm", Fr. Ferris assured the English constables also present that no violent tactics would be used to force Brown out of the parish (*Britway* 202) yet Brown was assaulted at Coolagown Crossroads not long afterward.

And it was the case when an tAthair Peadar attended a rally—to protest the trial of Land League activists Seán Mandeville and William O'Brien—in Mitchelstown in 1887 along with many of his Doneraile parishioners (*Mo Scéal Féin* 171).

An acknowledgment before we proceed any further: in drawing on an tAthair Peadar's eyewitness account of what he saw in Mitchelstown that day, we have to take into account Anthony Gaughan's reading of it as a possible instance of the habit of "vicarious history" that he attributes to him. In other words, it could be that an tAthair Peadar wasn't actually there that day but only imagined himself into the scene after reading vivid newspaper reports about it.

The Police Barracks in Mitchelstown. A soldier opened fire on the crowd gathered in the Square from the second floor of this building, killing three people, including Castlelyons man John Shinnick.

Even if that was the case though, I still think the details of his account of the Mitchelstown Massacre worth going into for the insight it gives into what might have turned him against mass demonstration. As for what brought crowds of protesters to Mitchelstown that day, Mandeville and O'Brien were summoned to appear in Mitchelstown court on charges of inciting people to resist eviction after they had established a boycott of a local landlord as well as organising crowds to stop evictions from his Kingston estate near Mitchelstown (Ryan 59, 56).

That the large crowds of tenant farmers who gathered in Mitchelstown that day meant their rally to be peaceful is clear not just from how they marched in procession with banners and bands but also from the fact that the organisers told participants "not to indulge in stone throwing and to conduct themselves in a peaceful and orderly manner" before entering the town (60). Yet three people would be dead and many more badly wounded (61) before the day was out in an act of police brutality that would go down in history as "the Mitchelstown Massacre." Up on one of the speakers' platform, an tAthair Peadar claimed to have a good view out over the 8,000-strong crowd who packed out the Mitchelstown square to hear campaigners like John Dillon gives speeches on the unjust way that English law was being applied in Ireland (172-3).

The trouble began when a group of twenty or so policemen tried to escort a note-taker up to the speakers' platform to record what was said in the speeches. Rather than go around the crowd, however, they tried to force their way up through the throng and, when people could not make way, they started hitting them with their batons. Many in the crowd had sticks and they hit back when struck until the police were forced to flee only to return five minutes with fifty more policemen as backup, all armed with guns. Seeing this, some tenant farmers on horseback formed a protective ring around the crowd. The policemen started to beat the horses then and their riders turned their back legs on them, pushing back on top of them (174).

Once again the police were forced to flee to safety of their barracks and, seeing the crowd quiet down after their departure, an tAthair Peadar thought that that was the end of the violence. Until a shot rang out. At first an tAthair Peadar struggled to take in what was happening as, from what he could see, the crowd were showing no sign of aggression when fired on and posed no threat to the police holed up in the barracks.

A second shot rang out and John Dillon leapt down from the speakers' platform to race off towards the barracks. An tAthair Peadar heard afterward how he had raced upstairs to discover a policeman down on one knee as, shooting and reloading, he took aim at the crowd below

(175). Dillon wasted no time in yanking him away from the window and only for this an tAthair Peadar reckoned that a lot more people would have been killed before the policeman's superiors thought to intervene.

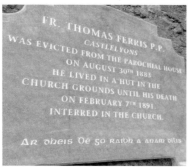

Plaque commemorating Fr. Ferris's eviction, erected in Castlelyons Churchyard in summer 2017.

Down in the Square, the crowd scattered as word spread that at least two were dead, killed by shots from the barracks. Another man, Castlelyons native John Shinnick was gravely injured with a shot to the temple and he died the next day (62). His death was not the only Castlelyons connection that day as, a great friend of Seán Mandeville's (56), Thomas Kent's mother Mary Kent was present at the Mitchelstown rally along with her sons Edmond and David (59).

An tAthair Peadar's abiding impression of that tragic Land League rally is that there was never "a more horrible, disgusting and needless killing of people than the killing" that he witnessed that day in Mitchelstown (*Mo Scéal Féin* 178). He likened it to opening fire at a fair or on a Mass congregation in its senselessness. Yet when he later learnt that one of the officers in charge that day was the same Captain Plunkett who has recently issued the infamous order "Don't hesitate to shoot" to police trying to quell Land League protests in Youghal (175), then it must have been obvious to him in hindsight that things were bound to turn ugly with such trigger-happy individuals in charge. And he elsewhere admits that, for all the talk of passive resistance, more and more the agro created by boycotts was starting to spill over into violence and even revenge killings (154). As an tAthair Peadar sadly notes, a tenant broke no law when he refused to pay the rack rent, but he broke God's law and the law of the land at once when he put a bullet through the land grabber for taking his farm from him (155).

Here then I think we see the seeds of a change in thinking that would see tAthair Peadar adopting a more restrained approach to Land League issues by the time he got to Castlelyons. People talk of "riding the tiger" when warning about how whipping up the passions of the mob nearly always leads to events slipping out of your control and I think that an tAthair Peadar came to see that, no matter how just the cause, whipping up the anger of the grassroots to harness it was more often than not a dangerous proposition.

Chapter Three: "His Early Years"

I: The Mark of his Ancestors

As I found while researching this book, people become interested in an tAthair Peadar for different reasons. For some their interest lies more in tracing their connection to him than in what he did or wrote. One person proud of her family connection is Sara Twomey of Lissarda whose great-grandmother Cáit Ní Laoire, as I mentioned, was an tAthair Peadar's first cousin. I suppose my aim in asking Sara to show me round the places of an tAthair Peadar's childhood back in 2016 was to get a more vivid sense of him in life and, in a way, we chose an auspicious day to visit his old haunts as it was one hundred years to the day since the death of her great-grandmother Cáit's husband on 28 July 1916.

Sara Twomey talks with Warren O'Sullivan from Rhode Island. Warren is an tAthair Peadar's oldest living descendant.

Sara also showed me her photo collection of O'Leary relatives going back generations. Cáit's face gazed out at me from the many photographs that her great-granddaughter had spread out on the table before me. As captured frozen in time in the black-and-white photograph, she sits for the camera, her long billowy dress arranged demurely around her as she holds the hand of a smartly-dressed little boy, her grandson Patrick from Montana, America. She looks into the camera with an air of matronly self-confidence.

Her other hand holds a folded sheet of what could be either paper or fabric in her lap, but I like to think that it was paper, a newspaper perhaps, because that fits with a trait Sara said that many O'Leary's of Cáit's generation shared: they set a great store by education as a way to escape the poverty trap, many going without themselves to give their son or daughter the start they needed to get on in life. One such was an tAthair Peadar's father who, for instance, had to scrape together the £6 needed to pay for his son's schooling in Fermoy and, not letting his humble station as small farmer deter him, even approached the bishop to argue on his son's behalf when it appeared that he might not get his place in St Colman's College, Fermoy (*Mo Scéal Féin* 63). An tAthair Peadar was accordingly only too aware of the debt that he owed his father:

> Bear in mind, reader, that the people of Ireland had a very hard life then… He who decided on giving an education to his son, had to bring double the work out of himself and his family in order to give the one person the chance to better himself. Because of that, the boy who went to Colman's College and who took lodgings in the town had to feed him himself without any extravagance or else he would be doing an injustice to his people at home, who were working so hard to get him ahead (61-2).

The effort that Sara had put into collecting photos of her ancestors was just one sign of her deep interest in her family's history and I think that an tAthair Peadar would have approved as genealogy seems to have been important to him too, otherwise he wouldn't have devoted the first chapter of his autobiography to tracing his family tree from his earliest ancestors, Diarmaid and Conor O'Leary—two brothers expelled from Carraignacurra Castle in 1694 (Ua Súilleabháin 145)—down through nearly two centuries to his own birth in 1839.

According to an tAthair Peadar, Diarmaid and Conor were minor Irish nobility of the kind that hung on "in lonely glens and remote areas" (*Mo Scéal Féin* 11) and, forced to abandon their ancestral land in Inchigeelagh, they fled to Ballyvourney where Diarmaid settled in a place called Carraig na Madraí (11). As far as I can make out, this is the same Diarmaid from whom an tAthair Peadar traces his family line through five generations (Diarmaid → "Master Conor" → Barnaby → Diarmaid → Peter → Diarmaid→) to his own birth.

An tAthair Peadar's first cousin Cáit Ní Laoire with her grandson Patrick from Montana, USA.

In a way the line of descent that led from the brothers expelled from Carraignacurra Castle in 1694 to the boy born in Liscarrigane in 1839 is a tale of a family coming down in the world, a change of fortune that Cyril

Ó Céirín nicely captures in describing an tAthair Peadar's branch of the family as "aristocrats in 1642, tenant farmers with the grass of seven cows 200 years later" (12). Indeed, though you might not expect it from a poor farmer's son, maybe the self-confidence that an tAthair Peadar showed throughout his life was not so surprising if it was sustained by a belief passed down from generation to generation that the O'Leary's who ended up in Liscarrigane were of noble descent.

A great-great-great grandfather of an tAthair Peadar's on his mother's side, the Conor who lost Carrignacurra Castle in 1694 was known as "Conchubhar Meirgeach Ó Laoghaire" (Ua Súilleabháin 145). A word that means "rusty" or irritable" (Ó Dónaill's Dictionary), the nickname that distinguished the "Meirgeach" O'Leary's of Carrignacurra suggests interesting possibilities in terms of recurring traits passed down through the generations. Maybe, a sign of his "Meirgeach" heritage, an tAthair Peadar's father was nicknamed "Red" Diarmaid because he had red/ "rust-coloured" hair. Which makes one wonder what colour an tAthair Peadar's own hair was as the only photos we have of him are as a white-haired old man.

As for the other meaning of *meirgeach*, "irritable", perhaps, passed down from the Conor Meirgeach O'Leary who lived in Carraignacurra Castle, that quality was also in an tAthair Peadar's blood if the cantankerousness that he showed when he fell out with the Gaelic League was any sign of a deep-seated trait [see Chapter Six for details].

Getting back to Diarmaid of Carraignacurra Castle, according to an tAthair Peadar, he had a son called "Master Conor", so named to distinguish him from "Conor the farm-hand", a labourer who worked for him, also called Conor O'Leary (12). "Master Conor" features in a story in *Mo Scéal Féin* that explains an anomaly that I know has puzzled some of an tAthair Peadar's present-day descendants: namely, where does the name Barnaby suddenly crop up from after generations of Conors, Diarmaids and Arts? Well, according to the story handed down to an tAthair Peadar, the break with tradition had a supernatural origin tied up with the misfortune of "Master Conor" and his wife, a misfortune that saw child after child of theirs die soon after birth (12). The repeated infant deaths greatly upset the couple to the point where Conor's wife worried that her anxiety about losing yet another child would cause her to miscarry her latest pregnancy. But she had no option but to soldier on despite her fear until one day a most unlikely answer to her prayers walked in the door out of the blue in the form of a woman that she had never seen before in her life.

When Conor asked her where she was from, she replied that she had come a long way to them from up north in Kildare before she turned to his wife and said: "You need not worry or fear this time… the one who is coming now will live but on one condition… give him a name never before used in the family [cúil le cine] and he will live" (13). And with that she walked back out the door and was never seen again in those parts.

Conor's wife gave birth to a boy not long afterward and, breaking with the family tradition that saw O'Leary boys named Conor, Diarmaid, Art, Céadach or Fear, they christened their child "Barnaby", a name never heard of before in the O'Leary dynasty. And, would you believe it, Barnaby thrived. As did the next child born to Conor and his wife. They named him "Peter" in yet another departure from the usual clan names as an tAthair Peadar makes plain through observing: "If it wasn't for that woman who came down from the north and brought the name that wasn't traditional to the family with her, I wouldn't be called Peter. I mightn't even be here at all" (29).

II: Love of the Outdoors

An tAthair Peadar seems to have felt a lure in fresh air and the outdoors all his life. Indeed, it was in hearing of his rambles up the Ballyarra road that he first came to my attention. My neighbour Bill's account of his country walks fits with the recollection of Mary Smith, another one-time resident of Ballyarra. She remembered him as a low-sized man who used walk a lot for exercise, although she first remembers seeing him on a bicycle. He gave up the bicycle as he moved on in years (*Britway* 132).

It seems fitting then that his earliest memory exhibits a precocious curiosity about the great outdoors:

> I think my earliest memory is of some woman holding me in her arms, I don't remember now who she was. She was standing just inside the door so that I had a view out the door and over across to the townland called Cathairín Dubh, and the hill called Doire Liath. There was, and there still is, a long toothy gapped ridge on that hill, and I remember well marveling at those teeth, and at the gaps between them, and asking myself how could they be so rough in the ridge of that hill (16).

Visiting the site of an tAthair Peadar's Liscarrigane home in 2016, I stood where I supposed the house door to be and looked out over the same fields that he saw while that unknown woman cradled him in her arms. I can almost picture him as a rosy-cheeked baby, eyes alive with curiosity as he reaches out his chubby little fingers to touch the toothy gapped ridge on the horizon. But it was a case of "look but don't touch" at that stage because the front door was the limit of his world as an infant. Within a few years, however, he had grown hardy enough to venture out into the yard as far as the corner of the haggard (17). Here he says that he had a view across not just to Cathairín and Doire Liath but also northeast to Cura Liath and over all his family's land (17). Looking out once again from the limits of his world, you can sense his impatience to go out and explore.

Young Peadar's love of a great view would only grow as he grew, but it got him into a scrape on more than one occasion. This was because the gumption he showed in seeking out beautiful views often led to him biting off more than he could chew. A classic case of this was when he rashly decided to climb Mangerton mountain at the tender age of ten (69). To be fair, it was his father who put temptation in Peadar's way by sending him the twenty or so miles west to Lettercannon, Co. Kerry, with farm-labourer Micheál Ó Finnegáin. Micheál was tasked with driving some dry cows to their summer pasture on a Lettercannon hill while it was Peadar's job to run after the cows to head them off should they take a notion to bolt for home, something Michael was unable to do as he suffered from rheumatism (69).

"My earliest memory", according to an tAthair Peadar: the view from the front door of his house in Liscarrigane.

On reaching Lettercannon, they called in on the family who owned the hill and Micheál rested there while Peadar and a young man of the house drove the cows up to the sheltered ravine where they were to spend the summer (70). It was up on the hillside looking down on the lovely view of the deep wide valley below that the moment of Peadar's temptation came in the form of a hill looming over it all (70). "What's the name of that big hill?" Peadar asked and no sooner did the young man tell him that it was called Mangerton than the next words out of Peadar's mouth were: "I suppose there's a great view from the top" (70).

"Oh, there is", the young man assured him, "a very great view from the top. You'd think you could see the whole of Ireland from the top if the day was clear" (70).

"It's very clear now," Peadar eagerly pointed out. "The sun won't be setting for a while. We'll have plenty of time to go up to the top to see the fine view. C'mon and let's go."

The young man eyed Peadar dubiously. "Have you any idea," he asked, "how far away that hill is from you now?" (70).

"I suppose it's a good two miles from us" Peadar said, no doubt trying to sound more confident than he felt.

"Two miles!" the young man snorted, marvelling at Peadar's innocence. "That hill is ten miles from you, my boyo, and you'd find it far easier to walk twenty miles of road than those ten miles" (71).

Peadar said no more to the young man but though he may have appeared to have given up on the idea of climbing Mangerton, secretly he was determined to get up very early the following morning to be on the top of Mangerton before Micheál was out of bed. He says he went to bed that night with Mangerton on his mind and, rising at first light, set off for Mangerton (71). He had to leave the road after a while to stay on course and soon found himself toiling across mountainy land full of rocks, hummocks and holes (72).

"Foggy Mangerton", the 2,750 ft. mountain near Killarney that a ten-year-old an tAthair Peadar tried to climb on his own, setting off on his trek without telling anyone.

As he traipsed along he kept telling himself that it wouldn't be long now before he saw Mangerton's big fat head rise out of the hills before him but it was a long time before it did. It was worth the wait in a way though for the way it seemed to wobble and sway over him with every step that he took towards it. But the trouble was that it was already late in the morning and he was hungry, sweaty and exhausted from walking through the hills. Contemplating the stretch of wide valley still to go between himself and Mangerton, he remembers the hard-going that young man warned him about running through his mind: "those ten miles" cross-country from Lettercannon to Mangerton that were "harder walking than twenty miles" of road (73). "By God," he remembers deciding without further ado, "I'll go no farther".

Young Peadar went farther astray then when he tried to take a shortcut back to Lettercannon and it was only after tramping many weary miles and the sole fell out of his shoe that he saw a crossroads grow out of the distance (75). A man waited for him there, shaking his stick angrily at him. Who should it be but Micheál Ó Finnegáin, at his wits' end since he woke to find Peadar missing that morning. "What will I do at all!" he fretted as he searched high and low for his employer's son, "How will I face his father and mother?!".

"Head back home," everyone advised him, "and you'll find him at home before you, you mark my words!".

So, there he was, heading home, when he saw young Peadar coming against him. He seemed more happy than angry to see him safe and wouldn't let him out of his sight until they got home. It surprised Peadar when Micheál never said a word about his escapade to his father and he admits that there was no fear that he'd dob himself in.

An tAthair Peadar did manage to scale Mangerton a long time after that (76). Older, stronger, and one suspects, a bit wiser than when his ten-year-old self tried to tackle it, he took the tourist path up to it from the Killarney side this time. He remembers stopping whenever the steepness of the climb winded him to turn and look at the countryside spread out below. The view only got nicer as he climbed until eventually it got so beautiful that it took his breath away: small white clouds high in the sky with the air crystal clear below so that, nestled in among the fields, woods, rivers, chapels, and houses laid out below, Killarney looked so close that he felt could land a stone in its main street if he threw it (77).

Shifting to another side of a peak, he says he found himself looking down into a great deep wide hole with a lake at its bottom. He spent so long looking at the lake that he felt it must have put a spell on him (78-9).

"The Devil's Punch Bowl" near the summit of Mangerton Mountain.

Indeed, he spend so long drinking in the view that it was well into the afternoon before he remembered that he was a good way from his lodgings and needed to get there before nightfall (80). Even then he found it hard to leave the view as it grew yet more beautiful in the changing light of the setting sun. There's a powerful sense of how the call of the outdoors was like a siren song for him in the wrench he describes leaving his vantage point:

> I tried to go. I lingered a little longer. I tried to go again and again I stopped to take one last look all around me. I ended up running from the place in the end (81).

III: His Famine Memories

An tAthair Peadar was only six when, in his words, "the blight carried off the potato crop and then there wasn't a scrap of food for the people to eat" (43). Living through such a traumatic time at such an impressionable age left its mark on him as he himself admits when recalling some of his most vivid memories from the Famine in *Mo Scéal Féin*. For instance, at eight years old, he remembers standing in the yard where:

> I saw a woman coming down the hill towards me. She was barefoot. She was walking very slow and panting like someone after running. Her mouth was agape so that I could see her teeth as she puffed. But what really astonished me was her legs. Her legs were swollen so that both legs from the knee down were as big and fat as a gallon. That scene lodged itself so deep in my mind that I can see it in my mind's eye now as crystal clear as it was that day, even though sixty-five years have passed since I saw it (35).

Another memory that haunted him was when, standing at his own fireplace, he was startled by a boy bursting in the door. The thing that young Peadar would not soon forget was the boy's:

> face and the terror in his eyes, the terror of hunger. That face and those eyes are still before my mind as clear as they were that day when I could give but one look into them. Someone gave him a cut of bread. He snatched the bread and turned his back to us and, his face to the wall, he stuffed the bread into his mouth, eating so ravenously that you'd think he'd choke himself (35).

More famine heartbreak again is his account of Máire Rua, a neighbour who sobbed as she looked out on her blighted garden and knew that nothing now lay between her family and starvation. When her husband Lábhras took to the bed with hunger, she left the cottage fasting each morning to struggle east the five miles over rough terrain to Clydagh where relatives gave her a wee can of milk. Only to trudge home again to heat the milk on a meagre fire and, separating the curds and whey in this way, she drank the whey herself for its scant sustenance while she gave the more nourishing curds to Lábhras. But alas, despite her self-sacrifice, he still died. It seems clear that, with anecdotes like this, an tAthair Peadar wanted to give his neighbours credit for their steadfastness and untiring efforts to survive. He also didn't want the world to forget the nobility that they had shown in the face of such hardship.

A haunting reminder of this tragedy in Macroom today is the famine grave at Carrigastaighre which I visited in late summer 2016 along with Sara Twomey. Sara and I had just spent a lovely day visiting the places of an tAthair Peadar's youth as we paused to admire the cheery scene that greeted us at Carrigastaighre or Relig na mBocht as it is otherwise known: a cheery little church tucked snugly under the shelter of a small wood. But as I watched the sun shine on the gravestones I couldn't help but shiver as it brought to mind an tAthair Peadar's words about what happened to many who ended up in the poorhouse in Macroom during the Famine. He talks of families going to that overcrowded poorhouse where little ones were separated from parents and that was only the start of their ordeal as the unhealthy conditions in the poorhouse saw:

> people falling with fever... dying in their droves as soon as they caught the disease... you would see them every morning laid out in rows (38) /... and they were put into carts and taken to a place near Carraig an Staighre where a big wide deep hole yawned open for them and they were buried in that hole together (39).

The church in Carrigastira Famine graveyard.

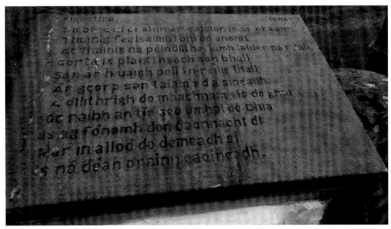

Famine poem on a plaque in Carrigastira.

Today, one can't help but feel a spiritual atmosphere in the quietness under the trees at Carrigastaighre and I like to take this as a sign that those who died a lonely death after suffering the pains of starvation are now at rest. I certainly think that it would please an tAthair Peadar to know that Muskerry people still come together today to remember those who died locally during the Famine. I have seen a video (recorded by Dan Joe Kelleher) of a commemorative Mass held by Monsignor Ó Donaill in 1997 and I hear that a Mass in memory of the famine dead is held here every year.

The poor house in Macroom, a place of last resort during the the the Famine where people "fell sick and died with fever as quickly as they came in" only for their bodies to be carried up to Carrigastira where a "big wide deep hole" awaited them as their burial place.

Chapter Four: "A Robust Will in a Delicate Body"

With the nearest school "five long miles away" (32) from his Liscarrigane home, an tAthair Peadar said that the reason why he had to wait until he was thirteen years of age to set foot in his first schoolhouse was because the schools in the surrounding area were too far away (31). Yet Mrs. Smith heard that he never attended national school as a young child because he was ill much of the time (*Britway* 132). She was prompted to this recollection in remarking that "the Canon was often in poor health" when in Castlelyons. Peter Hegarty's recollection echoed Mrs. Smith's, he too remembering an tAthair Peadar as in bad health for the last few years of his life (127). He further recalled how "the Canon":

> would often go away for a few months at a time to Dunleary where he would stay at the Royal Marine Hotel, and in those later years he would also take frequent walks, more than he used to in the earlier years. Then towards the end he was poorly and in bed (127).

An tAthair Peadar bundled up in his signature long black coat as he walks with his longtime friend Risteard Pléimionn. [Photo courtesy of Sara Twomey]

Speaking of "bed", Mrs. Smith remembered an tAthair Peadar asking her to knit him a woolen night cap, one that came down over his ears, as he suffered much from the cold (132). Similarly, Peter Hegarty remembered that he was always covered up when he travelled (*Castlelyons Parish Yearbook* 7). Indeed, he could arrive at Stations in October wearing two overcoats, a bundling up that attracted more than one amused comment. Though it would be unfair to take these habits as further signs of ill health, it does suggest someone of delicate health, at least in his declining years.

We get the odd hint early on in his autobiography that he was not the most robust youth. For instance, in urging his father to send him to the Latin school in Macroom, school principal Micheál de Bhál had this to say about the then sixteen-year-old Peadar:

> He is intelligent and has a head for learning. If you keep him at home you won't end up with much to show for it. He'll never grow very big. He will never be stout or strong enough to do the heavy work on the farm, and even if he will, you have enough help with that from the rest of the family (*Mo Scéal Féin* 54).

From then on, an tAthair Peadar's health would intermittently let him down. For example, he spent much of his second year at Maynooth confined to the infirmary with stomach troubles, to the point where he fell way behind with his studies (87).

Skip ahead to when he was in his early forties and people started to tell him that he "was looking very shook" shortly after his transfer to Kilworth (157) in 1882. Falling ill, an tAthair Peadar reckoned that he had overworked himself at his previous posting in Charleville with a hectic schedule that saw him juggle teaching and parish duties with chairmanship of the local branch of the Land League. But he soon recovered his full health and vigour once he gave up teaching and stepped back from the Land League, then very active in Kilworth (157).

Then, when stationed in Doneraile a few years later, he suffered a very severe bout of illness which he said "very nearly carried me off" (179). The suddenness with which it came on him struck him as odd and, indeed, feeling like he'd been poisoned, he suspected that dirty drinking water was to blame. He supposed the source of the contamination to be the polluted river that flowed under the bridge at the end of Doneraile Main Street (180). He also had a theory about how he came to drink it when he had warned his servants not to serve him water from that river but to draw it from a spring well a bit of a distance from the main street instead. Temptation to disobey his instructions came in the form of boy who went door-to-door with his donkey and cart, selling water from a tub. No doubt to save themselves a trip lugging water from the well, an tAthair Peadar speculated that his servants sometimes "forgot" that this boy was in the habit of drawing his water from under the bridge and, so his theory went, that was how contaminated drinking water ended up on his table (180).

Yet, though an tAthair Peadar's health may have been somewhat delicate, he was hardy in another way in that he toughed out situations that saw off other, sturdier men. Take his prolonged stomach ailment while a twenty-three year seminarian at Maynooth as an example. So he says, he wasn't alone in falling sick at Maynooth as the air and food of the place disagreed with a lot of students, many starting the new college year "fine big strong lads" only to head home for the summer "quite wasted away" (85). As far as an tAthair Peadar could see, country lads were worse affected than those raised in the towns. Much as their mothers might fatten them up on a diet of bacon and cabbage, brown cake and cow's milk when back home for the holidays, they soon lost whatever weight and strength they regained on returning to the college.

Most weathered the unhealthy conditions there, but it broke the health of some. One such was a strapping youth from Tipperary who joined the same year as an tAthair Peadar. At well over six feet, he towered head and shoulders over everyone else and had gained a reputation for terrible strength, a reputation no doubt helped by an incident that happened one day on the handball court (86). Confessing he had "never been much good at athletic games of this sort", an tAthair Peadar watched it all unfold from the side-lines. There were three other lads on the court and, after drawing aside for a conspiratorial whisper, all three closed in the Tipp giant; their plan to all jump on him at once to knock him. Two of them caught him by the waist while the other grabbed his knees. But the Tipp strong man just twisted his knees and let himself fall back until he had the upper two pinned under each arm pit and a two-handed grip on the thighs of the one clinging to his knees.

Then, straightening himself up, he lifted the three clean off the ground and proceeded to walk around the court at his ease, his pinned captives struggling to break free. When he finally let go of them, hardly able to speak, the winded trio had to sit down to recover from their ordeal, complaining why did he have to squeeze them so hard?

Laughing all the while, the Tipp giant turned remorseful on seeing the sorry state that he had left his would-be ambushers in (87). He apologized, saying that he didn't know his own strength; that he thought that he had been holding them just tight enough to lift them off the ground. "By God," one of the groaning trio retorted, rubbing his sore back, "if you had squeezed any harder you would have killed me!"

Yet for all the prodigious strength that this incident showed, when an tAthair Peadar saw the Tipp giant a few years later, he had been reduced to a shadow of his former self (87). Like so many others the air and food at Maynooth disagreed with him, gradually eating away at him until he collapsed and had to go home. But he was too far gone and wasn't long home before he died. Now, I am sure that a betting man watching the new students arrive for their first year at Maynooth in 1861 would have put his money on the Tipp man to emerge unscathed. Yet that's not how it turned out; instead it was the diminutive, some might say delicate-looking, man from Macroom who weathered its debilitating environment with his health more or less intact. And that makes me think of the boy who took on Mangerton Mountain at the tender age of ten. I am sure if I were Micheál Ó Finnegáin watching that small figure emerge from the wild landscape ahead of me, my first thought would have been: *what the hell possessed you?! Whatever ever made you think you would succeed in your aim, setting off cross-country with no food and only a vague idea of where you were going?*

While part of me admires the pluck that young Peadar showed that day, another part of me thinks that it was a rash and thoughtless thing to do. Yet I think that I can understand the mindset in that I too was a somewhat frail child and even a late starter in that I was seven-years-old before my older sister, Anne, took me by the hand to walk me the two miles to the schoolhouse for my first day at school.

Back then I remember the sting of having people take one look at me and underestimate me. Yet that made me determined to prove them wrong, to show that I was as good as anyone else. And so I threw myself at challenges that sturdier children than me might have had the sense to steer clear of. Perhaps an tAthair Peadar sometimes felt the same although looking back now we will never know. All we can say for sure is that his delicate frame hid a surprising mental toughness.

That mental toughness must have stood him in good stead when he took to writing at the age of fifty-five. As now so then, there was a common attitude of "sure, you'd have to be mad to try and do anything to revive Irish". Yet, in churning out Irish-language publications year after year, an tAthair Peadar seemed to have the same mindset that he showed in tackling Mangerton; a mindset that said: *don't stop to let yourself be daunted by the scale of the task, just throw yourself into it.*

He turned out an extremely prolific writer publishing 1000 items from his first published piece in 1893 right up to when he died in 1920 (Ó Cuív,

"Curadh Cosanta" 36). What's more, from when he published his first book, a small grammar book, in 1895, hardly a year went by when he didn't publish a book of some kind and his industrious work-rate meant that he had fifty-two books published by his death. All this gave rise to the impression of Trojan work in service of Irish at the time and it was precisely because "it was commonly recognised that he had done the work of one hundred men in furthering the language" that he was awarded the freedom of the cities of Dublin and Cork in 1912 (32).

And let us not forget that he was quite old when shouldering this heavy workload. A striking example of this was when he translated all of the Old Testament into Irish. At age seventy-four, he started translating the Book of Genesis in November 1914 and kept going until he had translated the Book of Maccabees in November 1916 (36). The finished translation ran to 4,500 pages, all handwritten by himself in the space of two years! He often confessed himself regimented in his habits and his fixed routine helped him cope with his workload, or so he told a friend in a letter dated 20 October 1903:

> I'm getting through a lot of work alright, but I am not doing myself any harm. I walk a lot outside during the day and I am always in bed before the stroke of ten. I never stay up late. Thus the work is no trouble to me. I don't have the pen in my hand for more than four hours a day. Some days I don't have it in my hand for more than two hours. That's not too hard (Ó Fiannachta 120).

Fr. Coleman sits at a writing desk in the Parochial House, Castlelyons, similar to where an tAthair Peadar would have sat as he wrote all of his books in this very same house.

A room just for writing was also part of the regimen, Mrs. Smith remembering that: "The Canon had a special small room built onto the priest's house. It was there he kept his books and papers. He used to write a great deal there" (*Britway* 133). And this was not the only measure that an tAthair Peadar took to ensure a good writing environment as he also had a custom-built high stool and table—the table top sloped so that he didn't have to hunch when writing—which Peadar Ó hAnnracháin saw on one of his visits (565). The aged priest even sat on his high stool just to show Ó hAnnracháin how suited it was for anyone who spent a lot of time at his desk. "Only a fool would spend any length of time writing without setting up this kind of equipment for himself" he told the Skibbereen man, one imagines sounding rather pleased with himself.

An tAthair Peadar up past his usual bedtime: he adds by way of a note to his translation of the Book of Job that he finished translating it at half past ten in the evening on 16 December 1915. [Photo courtesy of the Librarian, Maynooth University]

The sight of an tAthair Peadar at his writing desk must have made a strong impression on Ó hAnnracháin because it came back to him vividly the night of their last conversation. The Skibbereen man had just left the aged priest's house when he stopped to look back and, as he looked towards an tAthair Peadar's house, he found himself thinking of all the riches produced for the Irish nation inside there unbeknownst to most Irish people (564). That in turn made him think of:

that stalwart man with his grey head, the high stool under him and the high table suited to the stool before him, the cross-bar on the stool a little way from the bottom where he would rest his legs for comfort; paper and ink on the table, and a pen in his hand, that wonderful hand that guided the pen over thousands and thousands of pages over the years.

That's the picture that I painted in my mind as I stood on the road looking in the direction of an tAthair Peadar's house in Castlelyons (565).

But why did an tAthair Peadar leave it so late, until his mid-fifties, to become a writer? Some of it must have been timing as *Irisleabhar na Gaedhlige*—the monthly periodical that started to publish *Séadna* in instalments from November 1894—was not set up until 1882 (Mac Mathúna vii, xxiv). So an tAthair Peadar was in his early forties by the time there was a forum for literature in Irish. Over a decade would then pass before Conradh na Gaeilge was founded in 1893 (x). Set up to encourage "the cultivation of a modern literature in Irish" (x), Conradh na Gaeilge proved instrumental in launching an tAthair Peadar's career as a writer, particularly Conradh na Gaeilge secretary Eoin MacNéill who, in his role as editor of *Irisleabhar na Gaedhlige*, gave an tAthair Peadar his first break as a writer when he decided to start publishing *Séadna* in that periodical from November 1894 (vii, xiv).

Come to think of it, there may have been another reason why he didn't turn to writing until he was middle-aged, one that lay in the promotion to parish priest that came with his transfer to Castlelyons in 1891. Here for the first time he had a curate to delegate some of his parish duties to, thus freeing himself up for other pursuits, writing included. Whatever the reasons for the delay, leaving it late in a way seems fitting as it is in tune with earlier parts of his life: for instance, having to wait until he was thirteen to attend primary school. These and other details combine to give the impression of him as bit of a late bloomer. Certainly, if I was in his position, embarking on a literary career in the autumn of my life, I would have felt like I was making up lost ground.

In this regard, something that an tAthair Peadar said to Peadar Ó hAnnracháin while discussing his usual approach to writing gives me pause: "I have heavy work ahead of me yet, if I live to see it" (565). Add to this the fact that he was "still writing and translating almost up to the day of his death" (*Feasta*, "Eagarfhocal", 3) and it is easy to imagine him as a man who felt that he was in a race against time, a race not just against his own mortality, but against the dying of the Irish language.

I mention this to try and understand something that critics have commented on: the uneven quality of his literary output. Pádraig Ó Fiannachta, for instance, touches on it when he said, by way for epitaph for an tAthair Peadar, that "he understood that 'constant work is better than excellent work'" (120). Though he does not come right out and say it, this seems to be his way of saying that an tAthair Peadar favoured quantity over quality. What's more, Ó Fiannachta seems to mean this as a compliment although it is hard to see how to take it as such at first until you take into account an tAthair Peadar's motive for writing *Séadna*, as expressed in his autobiography:

> As we started the work I saw that the future [of the language] depended on young people. Thinking about that I realised that we did not have anything at all, in the form of a book, to put into the hand of any child to teach him Irish. From that mindset I decided to write a singular book... a book with talk in it that would appeal to young people. That's what inspired me to write "*Séadna*" (185).

In other words, as historian Brian Ó Cuív puts it:

> Ua Laoghaire did not claim to have great originality as a writer. His aim was to supply abundant reading matter in good idiomatic Irish and this he did, and successive generations of learners benefited from his work (420).

So, put yourself in an tAthair Peadar's position, it is the early days of the Gaelic Revival and there's a sore need for books in natural Irish with few like yourself able to write them. Wouldn't you feel an obligation to churn out material while you still could? The sad part is that, from a literary point of view, an tAthair Peadar peaked with *Séadna* as he never again wrote anything quite as good. But then, as Máirín Ní Dhonnchadha speculates, faced with huge demand for his books from schools and universities, meeting this ceaseless demand may have stopped him from developing the literary potential that he showed in *Séadna* (142).

Chapter Five: "The Native Speaker's Champion"

Though not a place you would associate with native speakers of Irish today, there were some in Castlelyons when an tAthair Peadar was parish priest there. But their presence there was not that unusual for the times, not when you consider that, around the time that young Peadar was at school in Carriganima, the 1851 census recorded that 37% of the barony of Fermoy were Irish speakers while—the same year that an tAthair Peadar took up his post in Castlelyons—the 1891 census shows the Irish-speaking population of the Fermoy region still hanging in there at 13% (Ní Dhonnchada 129).

Mrs. Smith remembered how Fr. Peter used "be delighted to meet someone who could talk Irish to him" (*Britway* 133). And there seems to have been plenty of parishioners willing and able to talk to him in Irish, at least in the early days of his ministry. For instance, when he served as curate in Kilshannig in his late twenties, everyone spoke Irish to him when he went to give them extreme unction (*Mo Scéal Féin* 110). Even the messengers, some of whom were very young, spoke Irish to him on waking him in the middle of the night to tell him to get out the pony and trap because some poor soul needed last rites, sometimes as far away as the banks of the Blackwater.

But some of these people may have spoken Irish to an tAthair Peadar more out of necessity rather than any desire to please. For instance, he seems to have encountered Irish speakers without a word of English in Kilworth (125), his next posting after Kilshannig. Further recalling it as a place where much more Irish than English was spoken, Kilworth sticks in his memory for how beautifully some of the locals spoke Irish (125). Indeed, reminiscing about his time as a young curate there, he gets a bit emotional remembering how he:

> loved listening to the old people speaking it [Irish]. When I gave one of the old people last rites, and when I used to give him the blessed host, and when he used to say then, from the bottom of his heart, "Lord Jesus Christ my love! My love forever!" My breath used to stop and my heart race and tears spilled from my eyes so that I would have to turn away a little (125).

Mary Smith's grandparents were two native speakers whom an tAthair Peadar liked to converse with in Castlelyons. She recalled an tAthair Peadar asking her father: "Why don't you talk Irish like your father and mother for it's many the talk in Irish I had with your father down by the Bride?" (133).

Her father replied: "That may be so but my father did not pass the Irish on to me for he spoke only English to us when we were growing up" (133). It was the same with her mother—a Sullivan from Deerpark by the Bride—her people did not pass the Irish onto her either (133). And "that's how the language died out in these parts" (133) Mrs. Smith noted.

This was a pattern that an tAthair Peadar encountered elsewhere, in Kilworth, for instance. There, middle-aged people—those "between the old folks and the school children" (*Mo Scéal Féin* 126)—seem to have been a generation caught in the transition from Irish to English. Unlike the generation before them, they spoke English but it was English of a horribly broken sort that it pained an tAthair Peadar to think was what Kilworth parents commonly spoke to their children at home (126). And indeed those children had the signs of it when they came to school, their poor standard of English making hard work of it for their teachers trying to teach them through English (125). Though an tAthair Peadar's sympathy was with teachers "killing themselves trying to teach through a language that wasn't understood" (125), he seems even more sorry for the young learners forced to bear the inspector's scorn when he came calling.

He remembers listening to an inspector one day asking a child what kept him at home the day before (126).

"I does be thinning turnops, sir," the child answered.

"And what does your brother be doing?" the inspector quizzed him further.

"He do be minding the cows, sir," came the child's meek reply.

"'I does be,' 'He do be.' That is nice teaching!" the inspector gibed at the teacher before scornfully addressing the child: "Well, Mr. 'Do be', how are you to-day, Mr. 'Do be'? And how is old Mr. 'Do be'? And how is Mrs. 'Do be'? And how are all the other little 'Do be's' and 'Does be's'?"(127).

As the inspector makes clear in harping on "do be", it was the child's ungrammatical English that drew his scorn for to form the present tense using "do" is a sure sign of someone more comfortable speaking in Irish than English. That is, Irish, unlike English, has two forms of the verb "to be", one—táim, tá tú etc—for feelings/ actions that happen once and the other—bím, bíonn tú etc—for feelings/actions that happen regularly, also known as the habitual present tense. So, were the Kilworth child to answer "Bíonn sé ag tabhairt aire dosna ba" to the inspector's snide question "And what does your brother be doing?", then his reply would have been grammatically correct.

But, alas, not so in English and so the inspector made fun of the child for betraying his ignorance of proper English grammar. An tAthair Peadar took a dim view of the inspector's humiliation of the child, as his reaction makes clear: "How's that for showing contempt for a family? Public contempt, in front of the whole school!" (*Mo Scéal Féin* 127). Indeed, he wanted people to be under no illusion that what he witnessed that day in Kilworth was an isolated occurrence for he claimed to have seen many inspectors like this in his day, a type given to barrelling into a school with his hat on his head and nothing for the teacher, in front of the children, but the most insulting word in his mouth (127).

Though an tAthair Peadar professed himself perplexed to Mrs. Smith's father about why Irish speakers did not pass on the language to their children—""Why don't you talk Irish like your father and mother" (*Britway* 133)—the inspector's ferocious stigmatising of the Kilworth child's "Irish" English seems reason enough for me as to why people abandoned speaking Irish in their droves in an tAthair Peadar's day. In their place, why wouldn't you try to give your child every chance to speak English when any cross-contamination of your English with Irish was ridiculed by people in authority as a sign of backwardness and ignorance?

An tAthair Peadar seems to have encountered a similar attitude in Maynooth which, if not contempt exactly, was of the bemused, "ah, but why would you bother" variety still common among those who see supporting Irish as a waste of the taxpayer's money today.

Entering the seminary at Maynooth seems to have been something of a rude awakening for him as it had never before dawned on him that Irish was in danger, surrounded as he was by nothing but Irish-speaking neighbours back home in Clondrohid and Ballyvourney (88). But in mixing with young men from all over the country in the seminary, he was astounded and dismayed to discover that most of them hadn't a word of Irish. He for the first time realised that Irish was disappearing and would continue to disappear apace according as the Irish-speaking old people died and the young English-speaking people took their place. The thought of this not only made him feel very lonely, but also sad and disheartened (89).

Rather than give in to despondency, however, he resolved to come up with ways to keep his Irish from getting rusty. One such strategy was to start saying the Rosary in Irish, just like they did at home. He also took to reading any Irish-language book he could find in the College library, writing down any passage that appealed to him in a little book that he kept in his pocket. This became his routine even as more and more he began to question whether what he was doing was futile. Unfortunately, Maynooth had no shortage of things to reinforce the nagging thought of "I'm wasting my time", chief among them his fellow seminarians who would shake their heads and laugh when they saw him reading books in Irish. Their dismissive attitude was apparently in tune with the organisation that was shaping them as the church in nineteenth-century Ireland was known for being half-hearted in its support of the Irish language (Wolf 119). And an tAthair Peadar's career shows the signs of this in that, apart from a brief stint in Macroom in 1878, he was only ever deployed to parishes where Irish was either dying off or already gone.

One wonders how this affected an tAthair Peadar, particularly in light of how he felt at having to move on from Macroom to Charleville:

> I would have much preferred to stay in Macroom if I was left there... I was lonesome having to leave Macroom all the same for, as short a while as I was there, the people of Macroom and I had a very great liking for each other (135).

His use of the words báidh ana-mhór, "a very great liking", seems revealing as it suggests that he felt that the people of Macroom "understood" him in a way that parishioners in the other places that he ministered perhaps didn't. One further wonders if the bond he felt with Macroom-siders in some part grew from their being native speakers of Irish like himself.

And to this day the people of Muskerry feel an affection for an tAthair Peadar, something brought home to me when I organised a commemoration in Castlelyons Churchyard in 2005 to mark the eighty-fifth anniversary of his death. Although there was a good turnout from Castlelyons, they were outnumbered by those who had made the forty-five mile-or-so journey from Macroom after seeing a notice in *The Examiner* about the commemoration. Wondering what an tAthair Peadar would have thought of this gathering in his name, I was glad to see Macroom, Ballyvourney, Lissarda, Clondrohid, and Coolea all represented among the west Cork attendees.

People from west Cork in among the Castlelyons parishioners who attended the commemoration in 2005 marking eighty-five years since an tAthair Peadar's death.

First listening to a musician from Comhaltas play a lonesome air, we then heard two Macroom natives, first Peadar Ó Liathain and then Beitsí Ní Shuibhne, give graveside talks on the life and times of an tAthair Peadar. The warmth with which they spoke was testament to how fondly he is still remembered Macroom-side.

I was both surprised and delighted to see a former classmate of mine, Stephen Rafferty, at the commemoration. He knew me as "Betty Coughlan" back when we both went to Durrus primary school and, now a secondary-school teacher in Ballingeary, he had come to the an tAthair Peadar commemoration after seeing it advertised in *The Examiner*, little realising that I was the one who organised it.

Stephen has, sadly, since passed away but I can still picture him, a somewhat shy boy, as he and I walked the same boreen to school. And I remember us talking the day of the commemoration back in 2005, reminiscing over a cupán tae about reading *Séadna* at school and about our teacher Bean Uí Ghallchóir's habit of writing nice bits of Irish from *Séadna* on the blackboard.

Éilís at the 2005 commemoration with Finbarr Creed, Coolea, [right] and Stephen Rafferty, Durrus [left]. Stephen attended primary school with Éilís in Durrus, a school where Bean Uí Ghallchóir wrote nice sayings from 'Séadna' on the blackboard.

His time spent teaching in Ballingeary giving him a special insight, Stephen testified to the high regard in which the Liscarrigane cleric is still held locally and this reinforced my sense of an tAthair Peadar's special connection with Macroom. Indeed, it set me thinking, in taking the road to Charleville back in 1879, did an tAthair Peadar feel like he was leaving a part of himself behind in Macroom? Had he felt something of an exile living in a predominantly English-speaking village like Castlelyons? Who knows, but he certainly relied on memories of his home territory to sustain him later in life. I have already mentioned "east the yard at the corner of the haggard" (17) as a favourite haunt of an tAthair Peadar as a child and the vividness of his recollection of the view from there shows how alive the fields of Muskerry, left behind so long ago, were in the mind of the old man writing in Castlelyons:

> But there was no thought of blighted potatoes in Ireland that day when I first stood at the corner of the haggard looking over at Peig na Croise's house, and at *Páircín Chúinne na Réidhe*, and at *Máire Rua*'s house, and at the other small fields west of there, the Hillocky Field and the Rushy Field; and at the Red Hillock, and at the gully made down through the Red Hillock and the bog by a stream that came down from Cura Liath. They are all still there just as they were that first time when I looked over at them from the corner of the haggard. They are cold and wild and poor, but even so, they are what I most like to think on whenever I have time for remembering, for it was on them and their shape that I was pondering when first I was told that God made the world (19).

Two names jump out of this description for any familiar with an tAthair Peadar's life story: firstly, Peig na Croise, the old woman who lived in a little house by a crossroads just up the road from the O'Leary farm (17). Remembering her as a lovely amiable character, an tAthair Peadar recalled the many days he spent in her little house as a boy, chatting with her in Irish as she hadn't a word of English (17). The picture this paints of an tAthair Peadar as a boy suggests a child old before his time as it is not every boy who would enjoy listening to an old neighbour tell stories. In any case, it would prove typical of the man who young Peadar grew up to be in that the thing that he remembered Peig na Croise for most was her "very fine, very rich Irish" (17).

For, when it came to Irish, an tAthair Peadar was a man in love with the music of the spoken word. It had a lightness and energy to it when given voice by a native speaker like Peig na Croise that made the fusty, book-learnt Irish of academics pale in comparison, as an tAthair Peadar made plain in a rant about editors who kept imposing standardized spelling on the Irish pieces that he submitted for publication:

"Ó thaobh taobh" goes from one side to the other like a flash. But "ó thaobh go taobh" begins at one side and then proceeds deliberately to the other side. That is exactly the way our friends in Dublin write their Irish. There is not a bit of life in it. I told them that several years ago — "It's the way that ye have your Irish looking at its feet" (Ó Fiannachta 113).

The other name that jumps out from an tAthair Peadar's description of that view from the corner of the haggard is Máire Rua, the neighbour who (as you may recall from the earlier section on an tAthair Peadar's Famine memories) looked out at her potato crop rotting on the stalk with blight and sobbed (18). Married to Peig na Croise's son, Labhrás, it was her daughter Peig Labhráis who first told a young Peadar the folktale that he would develop into the novel, *Séadna*, that would make him famous. Remembering her as "the little girl who used tell us stories... when we were young" (18), an tAthair Peadar immortalised her as the young storyteller in *Séadna* who held her fireside audience (and generations of readers with it) in thrall by narrating a cobbler's battle of wits with the "Dark One", otherwise known as the Devil.

I can picture an tAthair Peadar, an aged priest at his writing desk in the parochial house, perhaps pausing to look out at the rich fields of Barrymore territory only for his eyes to turn wistful as he conjures from memory his favourite view yonder from the corner of the haggard in Liscarrigane. What strikes me as sad is that, in his mind's eye, this view seems to have been tinged with loss as evident in the way he introduces it: "But there was no thought of blighted potatoes in Ireland that day when I first stood at the corner of the haggard looking over at Peig na Croise's house ..." (19).

The same lonesomeness for yesteryear echoes in the last tidings he gives of his one-time neighbours: "I don't think there is any trace of Peig na Croise's house at the cross now... and I have no idea where Peig Labhráis is these days, or even if she's still alive" (18). I think he felt their loss not just because they were such a big part of his childhood but because they represented a lost world for him, a place a world away from where he ended up in early-twentieth century Castlelyons.

Photograph of an tAthair Peadar aged eighty, taken in 1919 in the studio of J. Cashman, Dublin. [Photo courtesy of Marcella Fahy]

It was a place—the Muskerry of his youth—whose lost conversations haunted him in later years. Or so he told Peadar Ó hAnnracháin when the Skibbereen man visited him in Castlelyons. At first intimidated by an tAthair Peadar's formidable reputation, Peadar Ó hAnnracháin soon found himself at ease in the man's company, a feeling he nicely conveys in describing the scene of one of their conversations: "We were out on the road, walking a while, standing a while, a while looking at each other, and other times looking at the road" (559). Maybe it is just because I know the road where this conversation took place, indeed have walked it many times during my years in Castlelyons, that a very vivid scene springs to mind on reading these words of Peadar Ó hAnnracháin.

In any case, Peadar says that an tAthair Peadar kept him a good while on his first visit telling him how as a boy he used to listen to an old woman neighbour of theirs at home as she told tales by the fireside (558). At that time he also knew children there who spoke Irish as perfect as any of the dialogue that he put in the mouths of the girls in his book *Séadna*. Indeed, he confided in the Skibbereen man:

> Those conversations came back to me crystal clear over the years that I've been here, and I'd get lonesome just thinking of the danger that they would all die out. If they died out, nobody would ever think to put their likes together again. I couldn't let that happen (558).

It was with some trepidation that Peadar Ó hAnnracháin first approached an tAthair Peadar, not least because of his reputation as "a very skilled speaker, and a master at the language" (553). Someone who had taught himself to speak Irish (Breathnach, "Ó hAnnracháin"), the man from Skibbereen was afraid that he would be quickly struck dumb in the face of an tAthair Peadar's impeccable Irish (553). He needn't have worried, however, as he found an tAthair to be a nice amiable man given to telling amusing little stories (559). He even told a few funny stories on Peadar's first visit even though the two hardly knew each other yet. But perhaps an tAthair Peadar's instant rapport with Ó hAnnracháin is not so surprising in light of what they had in common. Like the Liscarrigane cleric, Ó hAnnracháin was born to a big family on a small farm of poor land in West Cork and, though they raised him through English, both his parents were native speakers of Irish (Breathnach). What's more, while still only in third class in primary school, Ó hAnnracháin showed some initiative reminiscent of an tAthair Peadar as a boy: he started teaching himself Irish from a book that his sister sent him home from San Francisco and later improved his Irish through questioning his parents about how to say things in Irish.

Something else that would have struck a chord with an tAthair Peadar, Ó hAnnracháin regularly contributed Irish-language articles to newspapers, going on to write a weekly column called "Litir Ó Átha Cliath" in *The Southern Star* for over twenty years (*Southern Star Centenary 1889–1988*). Finally, he was a tireless activist for Irish, cycling the length of the country on the lookout for songs, folklore and choice sayings to record (Breathnach). With this much in common, the two men seem destined to become friends and indeed the "friendliness" that an tAthair Peadar showed him (Ó hAnnracháin 560) that first time he called in on him unannounced was a sign of things to come as he spent many more afternoons in his house after that and they regularly sent each other letters right up to an tAthair Peadar's death in 1920 (561).

Indeed, despite Ó hAnnracháin's initial fear that a figure as "sharp-witted, well-spoken and with all his learning" (554) as an tAthair Peadar would disdain him for his broken homespun Irish, he ought to have known that he was not the type to lord it over him for learning his Irish from so humble a source as his father, a poor farmer of whom Ó hAnnracháin himself said that he never met an Irish speaker as good as him (Breathnach).

For, the academic snobbery that Ó hAnnracháin feared he would face in darkening an tAthair Peadar's door was precisely the thing that the Liscarrigane cleric spent a lot of his life campaigning against, fearing that it would be the ruination of the language revival movement. A view he made plain in his criticism of Dr. Michael Sheehan. A professor of Greek at Maynooth, Dr. Sheehan was considered an expert on the Irish spoken in the Waterford Gaeltacht due to books of his like *Seana-Chaint na nDéise* published in 1906. Yet, as an tAthair Peadar complained in a letter published in *The Freeman's Journal* dated 16 March 1916, Dr. Sheehan had a habit of "censoring" the Irish that he heard from the people of Waterford, dismissing as gibberish anything in their everyday speech that he deemed an anglicised phrase. But, as an tAthair Peadar endeavoured to show through examples from Michael Sheehan's writings, it was often the Maynooth professor's understanding of phrase that was faulty, not the Irish of the native speaker from whom he heard it. And so he held Michael Sheehan up as an example of what happens when:

> People who never heard a word of Irish spoken go and learn a little Irish, and then, the moment they think they understand a little of the language, they proceed to explain all about it to those who have been speaking it all their lives. They would not dare to do that with regard to French, or with regard to any other language which was foreign to them. It is a sad thing to see the Irish language at the mercy of such people. ("Dr. Sheehan's Gabha na Coille", 7).

It seems that an tAthair Peadar was being unfair in singling out Michael Sheehan for this sin when even Osborn Bergin—a man not known to give compliments easily when it came to language matters—took care to write to Michael Sheehan to let him know that he found his writings "admirable" for the prominence they gave "to idiomatic usage which is the very life-blood of the language" and to reassure him that:

> A feeling for idiom such as you evidently possess could only have been acquired by a long familiarity with good speakers and a minute study of authors who are above suspicion (Breathnach, "Ó Síocháin, Micheál").

While an tAthair Peadar may have been wrong to blame Michael Sheehan in particular, there is no doubt that the mind-set that he thought he saw in the Maynooth professor was holding back the revival at the time. As the Liscarrigane cleric laid out in another letter, the damage done by their high-handed approach was all too plain in the situation of:

> Men who knew the language from the very cradle have from time to time written articles for the Irish papers. These articles were written with care and a great deal of thought and study… The articles went up to Dublin and were "corrected" in such a manner that the writers could not recognise them! And the writers were cuffed on account of their spelling! Not a writer of them of course ever wrote a second article, and the whole field was left to people who did not know a word of correct Irish… Anyway we must not allow any man to bind us hand and foot… nor [impose the same restrictions] upon our poor uneducated speakers of Irish (Ó Fiannachta 111).

The thing at stake here was what kind of Irish was to be revived to be taught in schools. On the one side were the many scholars who thought that writers of "modern" Irish should model their prose on that of the seventeenth-century historian Séathrún Céitinn, otherwise known as Geoffrey Keating (O'Leary 77). On the other side were those who thought that, far from harking back to some long-dead writer, Irish speakers and writers should look to native speakers for their standard, modelling their Irish on caint na ndaoine, or the living language as still spoken in the Gaeltacht (McCrea 38-9). This was a view nicely summed up by an tAthair Peadar in some advice that he gave Peadar Ó hAnnracháin as their first meeting drew to a close. His advice stemmed from some proverbs that Ó hAnnracháin had shared with him earlier, ones that the Skibbereen man had often heard his parents use (560). As they dallied in the roadway outside the parochial house, Ó hAnnracháin recalls an tAthair Peadar saying to him:

"I have but one bit of advice for you now," he said, as I was just about to set off.

"What's that, father?" I asked.

"Anytime you find yourself stumped about Irish, leave the answer of your question to those people who gave you those proverbs, or to others like them, and you won't go far wrong. For, it is they who are the professors. They have knowledge that no academic in the country has and won't for a good time yet, if ever they do" (561).

Accepting that native speakers have a certain natural authority when it comes to judging what constitutes "good Irish" may seem unremarkable today, but it was a quite radical notion back when native speakers tended to be poor and uneducated. A perfect example was Din Regan, a native speaker of Irish and a workman in Castlelyons for forty years whom Peter Hegarty used to read Irish books with when he was a boy (*Britway* 128). One such book was *Aesop a tháinig go h-Éirinn*, given to Peter by an tAthair Peadar. Talking with Peter's son, Michael Hegarty, in November 2017, he told me that Din used to work on the Hegarty farm and his son lived in Deerpark, the same townland, incidentally, that Mrs. Smith's Irish-speaking grandmother came from. Which makes me wonder whether there was a pocket of native speakers there. An tAthair Peadar apparently knew Din well, Peter remembering how "the Canon would often have a conversation" with him and his brother John who was also an Irish speaker (*Britway* 128).

In any case, the pattern for these reading sessions was for Peter to read while Din, who was illiterate, would listen. Describing Din as intelligent for all that he was illiterate, Peter recalled how: "As I stumbled over a sentence he would take great delight in telling me the next word for being a native speaker he knew the phrase". Din's reaction shows the novelty of the situation for him in that he clearly wasn't used to Irish giving him an advantage over anyone. For, the Ireland that an tAthair Peadar's father and grandfather knew and even the Ireland that he himself grew up in was a place where the "man with English" always had the advantage on "those who only had Irish", his mastery of English giving him free rein to bamboozle them in business and at law while they had no way to defend themselves (*Mo Scéal Féin* 182). Indeed, as an tAthair Peadar starkly paints the Irish speaker's lot in life, you learned quickly through your dealings with the wider world that Irish was not a language to make yourself heard in as those who foolishly tried to tell their story through Irish found that "nobody could understand them except perhaps the man appointed to cheat them" (182).

In other words, I suspect that native speakers like Din Regan were not used to being esteemed for their ability to speak Irish. In fact, they must more often have experienced it as impediment, as something to be ashamed of even for fear that it marked them out as country bumpkins. Certainly, nothing in their experience would had led them to believe that anything as rustic as the language that they spoke at home could be dignified enough to belong in a book. But, in filling his first novel *Séadna* with caint na ndaoine, an tAthair Peadar showed native speakers that their everyday speech was worthy of books.

This must have been a welcome confidence boost to many native speakers of Din Regan's generation, many of whom, judging by an tAthair Peadar's comment that the old people who liked *Séadna* had to have it read to them (*Mo Scéal Féin* 185), were illiterate. Indeed, to hear an tAthair Peadar tell it, Irish speakers, middle-aged and older, found *Séadna* something of a revelation in that, hearing it read to them: "They heard something which they had never heard before, their own speech coming out of a book at them" (186). In other words, with *Séadna* an tAthair Peadar gave native speakers a voice when they thought that they had none. What's more, through it he showed them that their homely speech could aspire to the level of art, as Patrick Pearse acknowledged when he said of *Séadna*: "Here at last we have literature!" (8).

In an Ireland where it was common practice for Irish-speaking parents not to speak Irish with their children (Ó Cuív 394), an tAthair Peadar wanted native speakers to see that, far from being in a hurry to get rid of it, they should hold onto their Irish as with it they had something precious, something that wider Irish society had lost.

He also wanted to bring about a change in mindset among Irish-language scholars, then hung up on the notion that any new standard ought to be based on the early modern Irish of Geoffrey Keating (McCrea 38). In looking for someone on which to model their Irish, you can see why university-educated men would have felt more comfortable deferring to Geoffrey Keating with his doctorate of divinity from Bordeaux university (Cunningham 201) than, say, an uneducated labourer like Din Regan. But an tAthair Peadar was unapologetic in insisting that having a doctorate didn't make you an expert on how to speak Irish, not when you learnt your Irish from a book. A lifetime of experience spent speaking Irish from the cradle, on the other hand, that gave your opinion some weight when it came to deciding what was and what was not "good Irish".

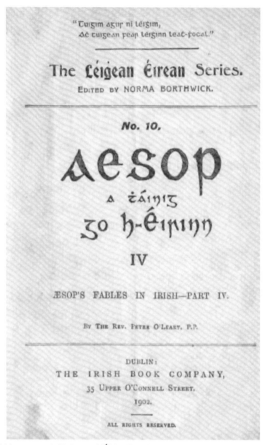

Title page of "Aesop a tháinig go hÉirinn", a book that a young Peter Hegarty read with Din Regan, a workman in Castlelyons for forty years and a native speaker to boot.

The caint na ndaoine supporters eventually prevailed over the Keating supporters (McCrae 38), but one wonders whether they could have done so without as vocal and dogged a champion as an tAthair Peadar. With his frequent outspoken letters to newspapers like *An Claidheamh Soluis* and *The Freeman's Journal*, he forced the academic establishment to get serious about preserving the vanishing resource that was the shrinking pool of native speakers. Meanwhile, he also led by example, writing books like *Séadna* to show native speakers that they had something valuable to contribute; that Irish society owed them respect for being the custodians of something precious.

277

Peadar Ó hAnnracháin had his own little anecdote about how *Séadna* made native speakers look at their own language differently, one that he used as an ice-breaker in his first conversation with an tAthair Peadar. Ó hAnnracháin told an tAthair Peadar how one day he started to read *Séadna* aloud to his father, not expecting to be given much heed as his father had previously shown little interest in the Irish that he had read him from other books (556). As he was reading, Ó hAnnracháin kept expecting his father to get up to go west to the Bridge where it was his habit to socialise with his neighbours of an evening. But he never stirred, just kept listening (557).

Eventually, Ó hAnnracháin stopped reading, getting up to attend to some task only for his father to call him back.

"Arrah, there's time enough for that," his father grumbled, "read a bit more of that book first."

"Is the Irish in it good?" Ó hAnnracháin asked.

"Indeed it is!" his father retorted. "Sure, isn't that the sort of Irish we've always heard. The fellow who wrote it must have spent a part of his life in some spot near us."

His father got so engrossed listening to *Séadna* that he ended up staying in that night and the night after. Ó hAnnracháin reckoned it was because he didn't feel the need to go out visiting when "he could socialise at home with Séadna and Diarmaid Liath and with Sadhb Dhiarmada and Máire Ghearra". In other words, his father felt at home with an tAthair Peadar's characters because they felt like people he knew; people whom he enjoyed spending time with.

Circling back to what an tAthair Peadar said to Ó hAnnracháin about "getting lonesome just thinking" above the lost conversations of his Muskerry youth (558), it strikes me that, feeling something of an exile in Barrymore territory, he may have written books like *Séadna* partly to alleviate his own homesickness for times long gone with some 'scoraíocht sa bhaile'. Cut off in space and time from the people whom he felt at home with, the next best thing he could do was visit them in his mind.

Regardless, people in an tAthair Peadar's own day could see that he had achieved something special with *Séadna* and his influence in this regard long outlasted his death, a literary great like Seán Ó Ríordáin, for instance, writing in his diary on New Year's Day, 1940:

> I like an tAthair Peadar's style more than any other writer that I have encountered so far in Irish... I like Ó Criomhthainn's pure Irish. There is a gap between us and Keating but I am still fond of his speech. The echo of these three will set my pen dancing from page to page (Ní Dhonnchadha 147).

In the way he inspired native speakers to value what they had, I think we see an tAthair Peadar's greatest legacy. And just think, if he hadn't kicked up a row over caint na ndaoine, then the Irish that we speak today would sound very different. For, if Keating's seventeenth-century Irish had been made the standard, then learning Irish in school would be like using Shakespeare to learn to speak English!

Notes to accompany Séadna, written by an tAthair Peadar [Photo courtesy of the Librarian, Maynooth University].

Chapter Six: "The Controversialist"

One thing that Mrs. Smith remembered the Canon for was the Newfoundland dog that he kept at his house, "a great dog" that she was very much afraid of when young as "he was very fierce" (*Britway* 132). That Newfoundland dog comes to mind when reading his correspondence—public letters to newspapers and private letters to friends—as it is his "bark", that is, his abrasive way of speaking, that would lead you to take a dislike to him in print. The following extract is representative of the belligerent tone that he was wont to slip into when writing about things that he felt passionate about:

> Scholars can say what they like, but it is caint na ndaoine that will win in the end. To build up a literature without laying its foundations on the actual living speech of the people is like building your house, commencing at the chimney! It is hard to make those people in Dublin see that truth. But when they won't accept it you have to shove it down their throats as you would force-feed turkeys. The food will do them good albeit shoved down their throats against their will (Ó Fiannachta 114).

It was not fear of the guard dog, but of an tAthair Peadar's intimidating reputation that made Peadar Ó hAnnracháin slow to approach him first day. Indeed, he admits that he might not have darkened his door at all only that he did not want it to be said that he hadn't the pluck to visit him while in Castlelyons (553). His reason for trepidation, he explained, was that he was "afraid that I'd find no welcome as a Gaelic League organizer". And well might he fear a hostile reception, he thought, when an tAthair Peadar was known for:

> criticiz[ing] the League, for the good of the language, as he used to say. How did I know that he wouldn't criticize me and my business, for the good of Irish, or to spite the Gaelic League, if I called on him? (554).

Ó hAnnracháin felt sheepish about his fears when leaving an hour later (555), however, as he found himself at such ease in the Castlelyons priest's company after the friendliness that he had shown him that:

> when I saw him coming towards me out the door and that nice amiable expression on his face, I almost thought that I was talking with someone whom I had known for a very long time (560).

How then to account for the striking difference between how an tAthair Peadar came across in person and on paper? Gaughan thought that "the harsh tone to be found in some of his letters" might have been due to:

> his tendency to speak and probably to write 'extempore'. As he said to Pádraig MacSuibhne, who asked him on an important occasion if he wished to prepare a speech: 'I have never prepared a speech. Whenever I give a speech I just reach for the words and they come' (85).

An tAthair Peadar with his friend Pádraig Mac Suibhne outside St Colman's College, Fermoy. It was said of Pádraig Mac Suibhne that "Nobody knows an tAthair Peadar better than he".

Speaking off-the-cuff certainly increases your chances of unfortunate wording and it is all too plausible that an tAthair Peadar came across as harsh or rash at times because he did not stop to weigh his words while writing. Certainly, there are signs in his writings that he was not much for revising what he wrote. Even Cyril Ó Céirín, in the midst of defending the literary quality of *Mo Scéal Féin*, had to admit:

> it a great pity that an tAthair Peadar did not have an editor brave enough to be sharp with him and advise him at least as far as longwindness was concerned (23).

The trouble was that he did have an editor who stood up to him, Eoin MacNéill, but it destroyed their friendship and close working relationship. The two fell out when MacNéill stopped publishing *Séadna* in the *Gaelic Journal* and again over what he saw as MacNéill's over-correction of the spelling of pieces that he sent to him for publication (Breathnach, "MacNéill, Eoin").

Eoin MacNéill, the man who gave an tAthair Peadar his start as a writer when he decided to publish 'Séadna' in instalments in the Gaelic Journal. [Taken from "My Own Story" 1973 pg. 128]

Before delving into who was to blame for their rift, it is perhaps best to give a short account of MacNéill's life. Born in Antrim in 1867, a job as clerk in the Four Courts brought MacNéill to Dublin at age twenty where he started learning Irish shortly afterwards.

The many hats that he wore over his career—Professor of Early Irish History at UCD, Chief of Staff of the Irish Volunteers, T.D., government minister, and president of the Royal Irish Academy to name but a few— show why history remembers him as a fear iléirimiúil or "man of many talents". But biographers Breatnach and Ní Mhurchú reckon that it was in his "editing of journals that he did his most important work for Irish" and it was this role—mostly as editor of the *Gaelic Journal* for 1894–1899 (Ó Cuív 56)—that brought him into close contact with an tAthair Peadar for many years.

But to rewind a little, the two first met at a Gaelic League conference in Dublin in March 1894 (51). MacNéill was there in his role as co-founder and secretary of the Gaelic League while an tAthair Peadar came to speak to the assembly. The Castlelyons priest lived up to his reputation as a gifted speaker by reportedly holding the Leaguers—as Gaelic League members sometimes called themselves—spellbound with the energy of his speech (Ó Cuív, "Curadh Cosanta" 33).

He was introduced to the Executive Committee—Micheál Cusack, Douglas Hyde, Fr. Eugene Ó'Growney, Seosamh Laoide, and Eoin MacNéill (52)—and they were very taken with him (51–52). And why wouldn't they be when none of them, bar Cusack (Bradley 59), were native speakers. Fr. Ó'Growney's Irish, for instance, was self-taught and his *Easy Lessons in Irish*—though a pioneering book and a best-seller—did not, in Neil Buttimer and Máire Ní hAnnracháin's view, "entirely meet the standards of the new generation" (556-7). "It's not hard to imagine then", as Brian Ó Cuív puts it, how an tAthair Peadar's Irish would have sounded "lovely, precise and musical" to the ears of such men when the Irish that they more usually heard had the halting quality of a language learned exclusively from books ("Curadh Cosanta" 33). Or, to look at their first meeting in another way, it showed an imbalance in that:

> The majority of those in the Gaelic League in its early days were learners of Irish. The early writers of the Gaelic Revival were the same. Only a very few native speakers were able to read or write. It was the learners then who were in charge when it came to writing (Ó Fiannachta 105).

This imbalance is worth bearing in mind when we turn to an tAthair Peadar's clash with the Gaelic League over standardized spelling later. For, he felt himself to be swimming against the tide in insisting that:

> There is only one authority which can dictate spelling. That authority is public Living Usage... Hence any man who wants to write Irish has nothing to guide him but the pronunciation of those who speak the living language still... he must use his ear the first of all (107).

Given how an tAthair Peadar had been listening to spoken Irish since birth, we might say that his ear was attuned to the language whereas the Gaelic Leaguers—with their mostly book-learnt Irish—must have been somewhat tone-deaf to the music of the same. In comparing his capabilities with theirs then, he could be forgiven for thinking himself better able to wield the tuning fork of the living language to fine tune Irish spelling than them. Yes, his unique status seems to have gone to his head in later years, as a remark of his from 1899 shows: "It is a sad fact, but it is a real fact, that no other living human being knows how to handle the language as I do" (Gaughan 84). But this egotism doesn't take away from the fact that he was a rare find back in 1894. The Leaguers made a fuss of him after he spoke at their conference because they recognised in him that rare breed for the time: a native speaker who not only could read and write, but had the makings of a writer. MacNéill saw it, as clear from how he introduced the first installment of *Séadna* to *Irisleabhar* readers:

> We wish to direct the attention of students to the following specimen of Munster Irish, one of the best samples, if not the very best, of Southern popular Gaelic that has ever been printed. This has been sent by the same contributor who has enriched several recent Nos. of the Journal, the Rev. Father O'Leary, P.P., Castlelyons (Mac Mathúna x).

An tAthair Peadar was likewise taken with the Gaelic League and was soon referring to them as "our band" (Ó Cuív, "Caradas Nár Mhair" 52). Indeed, after the conference, he stayed on in Dublin partly to attend a night class run by the Gaelic League and he came away singing its praises: "I spent a few hours in the school listening to them, and came away full of wonder and happiness" (51). It was MacNéill who taught the class and, reminiscing about that night years later, an tAthair Peadar would tell his northern friend that:

> I heartily admit that I had almost lost heart until that night in Dublin when I saw you in front of the blackboard with your bit of chalk… 'On my soul!' I thought, 'if we had ten more of his type in Ireland the job would be done!'

From then on they wrote frequently to each other, many of their letters taken up with teasing out questions of Irish grammar (54) and the odd expression of affection: "I almost feel a little lonely it's been so long since last I wrote to you" an tAthair Peadar wrote to MacNéill in an undated letter (53). At least in the early stages, the Castlelyons priest seems to have relished the robust nature of their debates, as he testified to in an October 1895 letter:

> I love wrestling with you on these issues whatever conclusion we come to in the end. Don't let me away with a jot and I promise I won't let you away with a thing either. Then wherever the truth of the matter may lie, it won't escape us (55).

He also came increasingly to rely on MacNéill as, for example, it was with Eoin he stayed whenever he came to Dublin and, when back home in Castlelyons, Eoin who did all sorts of little jobs for him (53-4). Like in 1897 when an tAthair Peadar wrote to his friend in Dublin about a book that he was then working on:

> I would be very grateful to you if you could speak to some printer to see how much the work would cost and how to sell it and what price to charge for the book and so on. I have no idea about that kind of thing (54).

If it was Eoin who looked after the practical aspects of his writing, it was another one of the Gaelic League inner circle whom he met at the conference in Dublin in 1894 whom he credited with sparking the idea for his most successful book. That man was Seosamh Laoide whom he told: "If it weren't for you, I would never have thought of *Séadna*" (Mac Mathúna xxv). Laoide jogged his memory about a folktale that he had heard in his youth when he asked him what the Irish word for "Jack-o'-the Lantern" was. An tAthair Peadar answered as follows:

My dear friend Joseph,

I got your question about Jack o' the Lantern. I have examined my memory carefully since and this is what I came up with.

Over forty years ago I heard a story told by someone with no English. "Seadhna" was the name of the hero of that story. The tale finished with the following words: "Off he went then & he took the fire with him & and he's been a 'Jack-o'-'the-Lanther' ever since."

Don't you suppose from that, that "Seadhna" was once a name for "Jack"? (xvi, xx).

If it was Laoide who accidentally sowed the seed, then it was MacNéill who brought it to fruition by publishing the first installment of *Séadna* in the *Gaelic Journal* in November 1894 (Ó Cuív 59). Indeed, he liked it so much that he urged an tAthair Peadar not to shorten it (60). An tAthair Peadar was happy to oblige and each new edition of the journal for the next two and a half years contained another chapter from *Séadna* until publication was abruptly discontinued in April 1897 (59). MacNéill explained his reasons for not publishing any more of *Séadna* in the next issue of the journal:

If there are any readers of the Journal who have not revelled in the deft and sinewy and versatile Irish of his narrative, we do not envy them. In our pages, perhaps, the story showed to the least advantage. Published in little driblets, month by month, its action was made to lag where it did not lag. Serial stories are always under this disadvantage, especially when their instalments appear not weekly, but monthly and only a few pages at a time... '*Séadna*' accordingly comes to an abrupt and unfinished break-off with the end of our last volume. We hope, however, soon to see the whole story published in book-form, where its high merits will be much more conspicuously seen.

That was the official reason, but what you might call the "behind-the-scenes" reason was when an tAthair Peadar mentioned in passing—in a letter to MacNéill in February 1897—that all the chapters that he had sent him so far was only a third of the book he intended (61). MacNéill took fright at this as it was by then clear to him that it would take five or six more years just to publish the first third piecemeal in the *Gaelic Journal*, not to mind adding another two thirds on top of that! An tAthair Peadar was very disappointed at the news but after first vehemently protesting—"If you drop *Séadna* from the *Gaelic Journal*, I'm telling you you're making a mistake!" [1 April 1897]—he reluctantly accepted MacNéill's decision. To some extent he had cause to feel blindsided for, to listen to MacNéill in a letter that he wrote to an tAthair Peadar a few months in [10 March 1895] to *Séadna*'s publication in the *Gaelic Journal*, he sure sounded like he was giving him license to write as much as he liked:

> Why would you shorten *Séadna*'s life? Give him free rein. It's a pity that no more space can be afforded him in the *Gaelic Journal* each month. But don't you put the least constraint on him. Let him off & follow (60).

Yet MacNéill could also claim to have been misled insofar as an tAthair Peadar had first described *Séadna* to him as "a nice little story that I heard as a child" (59-60) when it turned out to be a novel that ran to near 300 pages (Mac Mathúna xliv). In any case, MacNéill seems to have done his best to mend the damage done their friendship by his unceremonious cancellation of *Séadna* in the *Gaelic Journal*. For instance, when in April 1898 an tAthair Peadar asked him to find a printer to print the second part of *Séadna* in book form—the Castlelyons priest couldn't go himself, he confessed, as he was ill with a cold—MacNéill approached a number of printers and *Séadna: the Second Part* was published in Dublin later that year (Ó Cuív 62).

Things went downhill in 1899, however, as an tAthair Peadar began to gripe more and more about an issue that had been a minor sticking point between them for years: namely, an tAthair Peadar liked flexibility when it came to spelling. For instance, he rarely spelt "*Séadna*" the same way, spelling it "Séadna", "Seadna" and "Seadhna" (63) as the fancy took him. Some of his changeable spelling was just carelessness, as he himself admitted: "I understand the necessity of having someone proof-read my writing… I could read back over what I wrote seven times and not see the missing séimhiú's" (63).

It became a point of principle with him, however, as he informed MacNéill in a letter dated 1 August, 1899:

> The wonderful power and flexibility of the Irish alphabet rendered flexibility in spelling absolutely necessary. I am determined to stick to that flexibility. I want it. I cannot get on without it. I must be allowed to write *bliaghain or bliadhain* just as I like (63-4).

Hearing an tAthair Peadar's willful tone here, it is easy to write him off as a crank, but we should remember that it was not just contrariness that made him take a stand on his right to spell just how he liked. For, recalling his insistence that Irish spelling must be guided by "the pronunciation of those who speak the living language", flexible spelling for him meant "phonetic spelling" and being able to spell words exactly as he heard them was the tool he needed to capture on paper Irish as spoken by a native speaker before native Irish speakers died out altogether. This much is clear from his description of his method in committing the Irish he heard spoken to his youth to writing:

> I am doing my best to set it [Irish] down in writing just as my ear heard it from the likes of old Diarmaid O'Leary and Micheál Dubh and Máire Rua and her daughter Peig (*Mo Scéal Féin* 30).

What's also striking about the above quote is the personal terms in which he puts his phonetic approach insofar as recording words exactly as he heard them leave Micheál Dubh's or Máire Rua's lips almost sounds like an act of fidelity to their memory. Like infusing their way of speaking into the modern Irish then taking shape was a way to ensure that they would not be forgotten. Not just for sentimental reasons, but as a challenge to those in the halls of academia to take native speakers, generally poor and uneducated, seriously as a guide when it came to deciding how Irish words should be spelt.

And, as he explained in a letter sent just before Christmas 1899 to his friend Séamus Ó Dubhghaill—a native speaker like himself, Ó Dubhghaill was better known by his pen name "Beirt Fhear" (Ó Fiannachta 106)—it was not that he could not see the need for standardized spelling, but that he did not want to see it enforced too soon for fear of what would be lost:

> Of course uniformity is most desirable. But it should grow naturally from within... This is exactly the point upon which myself and MacNéill have been fighting. I want uniformity to grow naturally out of the living elements which lie scattered all over the country. He wants to plant a readymade uniformity, which is three centuries old, down on top of those living elements. I maintain that such a course would stifle those living elements and then that we would have nothing at all (Ó Fiannachta 109).

Yet the reasonable case that he makes here belies how he hectored MacNéill to give him his way on this issue. Plus, it gives no hint of the lack of understanding that he showed for the practicalities on the other side. Think of things from MacNéill's side: as editor it was his job to provide reading material that readers of all the major dialects—be they speakers of Munster, Connaught, or Ulster Irish—could understand (Ó Súilleabháin, Donncha 8). "How could he do that," as Shán Ó Cuív puts it, "if he let every author spell every single word whatever way they liked?" (64).

The first signs of controversy looming came in the form of a letter that MacNéill received shortly after he was made editor of *An Claidheamh Soluis* in February 1899. In the letter, an tAthair Peadar informed the new editor that:

> I'm afraid that I cannot submit Irish composition to *An Claidheamh Soluis* except in the spelling that I have settled on in my own mind. If it is acceptable in this form then ye are welcome to it.

More letters on the same subject followed hot on the heels of this one— as many as seven in one month alone—"each letter", according to Shán Ó Cuív, "longer and more demanding than the one that went before it". To hear Shán Ó Cuív tell it, when "MacNéill saw an tAthair Peadar turn obstinate [on this issue], it greatly perturbed him". Indeed, when MacNéill fell sick and had to spend ten weeks in hospital Ó Cuív reckoned that the stress of trying to handle an tAthair Peadar during this period was to blame. Once MacNéill was well enough to return to work, he found a note from an tAthair Peadar waiting for him:

> I would appreciate it if you refrained from correcting anything from me as much as you possibly can. Give me free rein for now and all will become clear in due course.

Clearly, an tAthair Peadar was asking MacNéill to trust him here on the strength of their long acquaintance. Were I MacNéill, however, I am not sure I would have felt like accommodating him given how obstreperous he had been lately. Yet accommodate him he did in that he published an tAthair Peadar's next piece unedited, only attaching the disclaimer that it was the author, not the editor, who was responsible for the unconventional spelling (65). That was late June / early July. In little over a month, an tAthair Peadar was kicking up a fuss again, this time because MacNéill had advised him to write something other than short dialogues on the grounds that it was time to provide the public with some proper prose in Irish. An tAthair Peadar let him know what he thought of that suggestion in a letter dated 1 August 1899:

> Give me my head I say! I know what I am about. 'The people will ask for this', 'The people will ask for that'. The people do not know what to ask for. I know what to give them. Give me my head or else I'll break the halter! (65).

I think the tone here is meant to be jocular but really it is hard not to pinch your nose with the ghost of the headache that MacNéill must have felt reading these headstrong words. Evidently, an tAthair Peadar knew he was in danger of pushing MacNéill too far because on 26 September 1899 he took care to write to him to say:

Do not resent anything I say. I have long made up my mind not to resent anything you say. Why should I resent! Don't I know that whatever you may say is said solely for the interest of the language!

Alas, he had hardly sent this letter when something else happened that soured their friendship even further. On 10 October 1899, the Finance Committee of the Gaelic League passed a motion that:

the Gaelic League could accept no responsibility whatever for the future publications of Fr. O'Leary unless there seemed a reasonable hope of their being adopted on the programmes of the Education Boards (66).

The background to this was, after printing *Séadna: the Second Part* at his own expense, an tAthair Peadar sought to recoup his costs from the Gaelic League as well as asking them to sell it for him (65). Before he heard back from them, he went ahead and published *Mionchaint*, again at his own expense; again approaching the Gaelic League after the fact and asking them to foot the bill. Meanwhile, he also offered them another book of his, *Aesop a tháinig go h-Éirinn*, but he wouldn't let them make any correction to its spelling (66). As it turned out, the Finance Committee did award an tAthair Peadar his printing costs for *Séadna*—£27 10s 5d—in May 1899, but his flurry of funding requests had come at a bad time as they were short of money that year. So, to curb expenditure, Gaelic League bursar Mr. Barrett proposed a motion that they fund no more unsolicited books from "Fr. O'Leary" unless he could show in advance that they had a reasonable chance of selling. Publicly, an tAthair Peadar gave no sign that the Finance Committee's decision vexed him, but privately he was furious, as he confided in a letter to Séamus Ó Dubhghaill on 14 December 1899:

When I found myself out of work I sat down and wrote out *Mionchaint*... those people won't print it as I would not let them 'correct it'. I also wrote a little reading-book, Aesop's Fables, in simple popular Irish, but it won't be printed as I would not let it be 'corrected'... Then the Committee said that they would make a pronouncement upon the question of Irish spelling. 'If you are not mad,' said I, 'you will do no such thing.'... I have heard lately that, in spite of my warning this public pronouncement is to come... The Committee will do whatever John MacNeill will tell them. The 'pronouncement' will be John MacNeill's, i.e. John MacNeill wishes to set himself up as the impersonation of Public Usage! What no man has ever yet been able to do in any country in the world! (66-7).

What's striking here is how an tAthair Peadar tangles up his grievance with MacNéill over standardized spelling with the Financial Committee's decision not to fund any more of his books. For, on the face of things at least, it seems that the Committee's reason for doing so was largely financial and had little if anything to do with an tAthair Peadar's crusade against standardised spelling. Yet, from the way his sentences seem to blur the two grievances together—"The Committee will do whatever John MacNeill will tell them"—you almost get the sense that he thought that his one-time friend was out to get him. Granted, Norma Borthwick resigned from the Committee over the decision, indicating that an tAthair Peadar didn't get the idea that he was unjustly treated out of nowhere: some others on the inside thought the same. Yet the idea of MacNéill orchestrating a campaign against an tAthair Peadar seems hard to believe given his patient handling of him up to then.

Whether MacNéill had a hand in the decision not to fund unsolicited books from him in future, an tAthair Peadar seems to have jumped at the chance to pick a fight with him not two weeks after he wrote that letter to Séamus Ó Dubhghaill complaining that "the Committee" was a mere puppet of John MacNéill's.

Kuno Meyer, the German scholar who received the freedom of the cities of Cork and Dublin along with an tAthair Peadar in 1911 [Reproduced from "My Own Story" 1973 pg. 133].

MacNéill drew his ire when he published a piece of his, "Rosg Catha Bhriain", in a late December issue of *An Claidheamh Soluis* and apparently altered the spelling. He at once fired off a scathing letter to the editor in which he denounced meddlesome editors and threw down the gauntlet to the same by declaring that he would spell according the dictate of his judgment and would allow no one to touch or alter his work (Gaughan 82). MacNéill published an tAthair Peadar's letter in *An Claidheamh Soluis* in January along with a reply from himself. In it, he got in a good riposte by pointing out that the right of private judgement in spelling is one that does not, never did and never can exist, for the simple reason that a person does not spell for himself, but for others (83).

And, showing that there was a limit to even his forbearance, for the first and practically only time in his public interactions with an tAthair Peadar, he hit back with a tart response:

> Father O'Leary is a humourist of no mean order, and so, when he writes that 'there is nothing to dispute about', he writes it at the end of his discourse. For it is clear that he's disputing with somebody about something—the puzzle is with whom, and about what, and why... We prefer to put it this way, that there is nothing to dispute that may not be disputed to the utmost and still leave the disputants free to co-operate cordially in a hundred ways (Ó Cuív 67).

An tAthair Peadar was predictably indignant on reading this, spluttering to Ó Dubhghaill in a letter sent as the first month of the new year drew to a close:

> Even the last word I said to him about altering the spelling of a piece of mine, you saw what a pert rejoinder he made to it! He called me a "humorist" whereas I was in deadly earnest.

Shán Ó Cuív claims that MacNéill saw their public spat as only a storm in a teacup. Maybe so but since, to use Ó Cuív's words, his public rebuffal took the form of "a little mockery" at an tAthair Peadar's expense, I like to think that he was self-aware enough to know that he had overstepped the mark a bit. In any case, he made several attempts to heal the rift, inviting him to come stay at his house many times, but seems to have each time been given the brush-off, if this reply of 22 June 1900 is anything to go by:

> This is the second time that you have asked me to your place and that I have not been able to go! I must only watch out for a favourable opportunity and go without being asked (68).

He tried again in 1908 but got the same response:

> Many thanks for the renewal of that invitation. But I have no idea of when I shall be able to respond. I don't like travelling. I am coming very close to seventy. Still I am glad that the statute of limitations does not apply (72).

The final line—"Still I am glad that the statute of limitations does not apply"—seems warm enough, but the evasiveness of the second—"I have no idea of when I shall be able to respond"—sounds like a snub to me. Maybe that's reading too much into it, but it seems telling that, though he would visit Dublin many times after this—Ó Cuív claimed to have often seen him the capital—somehow he never managed to meet up with MacNéill while there. Indeed, he never again wrote to MacNéill after 1908, though he would live another twelve years.

Something that Kuno Meyer once said about the Celts comes to mind when trying to guess an tAthair Peadar's feelings towards MacNéill after he essentially broke his ties with him after 1900. Meyer, if you recall, was the German scholar who received the freedom of Dublin and Cork along with an tAthair Peadar. Their being honoured together was no coincidence as they were essentially heads and tails of the same coin as far as the Irish public at the time were concerned. That is, Meyer was honoured for the Trojan work he did reclaiming Old Irish literature from oblivion while an tAthair Peadar was honoured for all he had done to keep Irish a living language (Ó Cuív, "Curadh Cosanta" 32). The two must have been fairly close as Meyer visited an tAthair Peadar in Castlelyons on many occasions (O Riordan 107).

Anyway, to get back to what Meyer said about the Celts and how this possibly illuminates an tAthair Peadar's mindset after he distanced himself from MacNéill. "The Celts," Meyer said in his book *Ancient Irish Poetry* "avoid the obvious… the half-said thing to them is dearest" (xiii). Likewise, it was in his comments on who deserved credit for the Gaelic Revival after his split with MacNéill that an tAthair Peadar showed himself a true Celt in that it was what he didn't say that spoke volumes. For example, in describing the funeral of Fr. O'Growney in *The Leader* newspaper on 17 October 1903, he wrote:

> When Fr. Eugene O'Growney died, everyone thought that the movement was finished. And who wouldn't think so? What was there to keep the movement going when the one who launched it was gone? (69-70).

To say that Fr. O'Growney alone launched the Gaelic League was to rewrite history because everyone knew that it had been a three-way effort: the other two founders were Douglas Hyde and MacNéill (Lyons 104). Indeed, most saw MacNéill as the driving force behind the Gaelic League (Ó Cuív 52). An tAthair Peadar was well aware of this, as he showed in a letter [17 November 1899] written the very year that O'Growney died:

> It is a fact that is so plain and palpable that no one can dream of questioning it. Here it is: 'If John MacNeill had not been in Dublin during the past six years there would never have been a Gaelic League. Nothing can alter that fact (70).

To

Canon Peter O'Leary,

the Nestor of Irish Literature,

with affectionate regards

from

Kuno Meyer

Note written by Kuno Meyer on a book that he gave to an tAthair Peadar. The "Nestor" he compares an tAthair Peadar to is a character from Homer's Iliad. Nestor's fellow warriors often turned to him for advice since he had the wisdom that comes from old age and experience. [Reproduced from "My Own Story" 1973 pg. 134]

Then there was the essays that he later had published in *The Leader* in which he praised the work done for Irish by Fr. Eoghan, Donnchadh Pléimionn and other 'individual enthusiasts' (72). Six essays in total and not one word in them about the work done by MacNéill.

Then he took to recasting his relationship with the Gaelic League as nothing but grief from day one as epitomized by this comment to Séamus Ó Dubhghaill in 1908: "I have gotten nothing but every kind of agro and fighting from those people in Dublin these last fifteen years" (Ó Cuív 52). This flies in the face of how he described that same relationship just two years earlier to Pádraig Mac Suibhne: "It was not till the start of the Gaelic League that I really began to live in a worthy sense' [Irish Peasant, July 1906] (Gaughan 81).

It also overlooks all the support, help and advice that MacNéill gave him as a fledgling writer, a debt that he had at one time been happy to acknowledge as, for instance, when he told MacNéill in 1898 that: "Without a doubt, only for the work that you did, *Séadna* would never have gotten off the ground" (63). MacNéill kept his silence until two pieces published in quick succession were the last straw for him. The first was an essay published on 25 July 1908 in *The Leader*, in which an tAthair Peadar pondered why the Gaelic League had not done more to distribute his books and concluded that it was because "the people at the helm did not understand, and do not even now understand the essential necessities of the work in which they are engaged" (Ó Cuív 70). He offered as proof positive of their cluelessness a "curious thing" that happened "long ago" when:

> My '*Séadna*' was appearing in the *Gaelic Journal*, until about a third of it had appeared, as a serial. Then, to my utter amazement and dismay I was told that it could not be allowed to appear any longer! And why? 'Because it was no good,' "It was only an 'Irish Mick McQuaid".' I went down on my knees begging that it should not be discontinued... I was very near giving up the work in despair. I had, and have now, no blame whatever to those who are in charge of the *Gaelic Journal*. I knew that they were doing what they thought best. I knew their error was an error of judgment. That increased my despair. I could see no prospect of success when the judgment of those who had the shaping of the work were so woefully at fault.

The Celt with his love of "the thing half-said" strikes again! Though an tAthair Peadar did not come right out and call Eoin MacNéill incompetent (for it was he who cancelled *Séadna*), he heavily implied it. The other piece that MacNéill found hard to take was a statement put out by an tAthair Peadar's publisher, the Irish Book Company, around the same time. The Irish Book Company was founded by Norma Borthwick—the woman who resigned from the League in protest in 1899 over their treatment of an tAthair Peadar—and Margaret O Reilly (Ó Súilleabháin 8).

Gaughan numbers these two among the "devotees" of an tAthair Peadar who did much to nurture "the mystique of his being a brilliant writer obstructed, indeed, persecuted, by the Gaelic League" (83). O'Reilly certainly did her share of lobbying on an tAthair Peadar's behalf when she published a pamphlet called "The Exclusion of Father Peter O'Leary from Irish Education" four times between 1907–1912 (84). In any case, they too painted the Gaelic League as the villain in the statement that they put out in 1908:

> His early works were offered to the Gaelic League, and they failed to see the value of them, in spite of their human interest and their literary excellence, their educational usefulness and the perfection of the Irish in which they were written. At

a meeting of the Executive Committee, held on 10 October 1899, they bound themselves by a formal decision never to be responsible for the publication of any work of Father Peter O'Leary's. The boycott of Father O'Leary's works thus begun has been continued until quite recently, and has not yet altogether ceased (Ó Cuív 71).

MacNéill no sooner read an tAthair Peadar's essay than he wrote to him protesting that what he had said in *The Leader* wasn't true at all. From the answer that he got—remember, we only have an tAthair Peadar's side of the correspondence as, see below, an tAthair Peadar did not keep any of MacNéill letters—Shán Ó Cuív reckoned that MacNéill said that all he had to do to expose an tAthair Peadar's allegations as fantasy was to publish his letters. At least that is what you would gather from the reply that an tAthair Peadar sent MacNéill on 29 July 1908—just four days after his essay appeared in *The Leader*—in which he states that:

> I have not preserved a single scrap of the correspondence which took place between you and me regarding the matter, but there are a few things which I remember very distinctly because they never left my mind… Of course you are at liberty to make any use you like of my letters to you on the subject (71).

An tAthair Peadar sounds like a man who knows he is on shaky ground here. "Things" that he "remembered very distinctly" were a flimsy defence against "things" written in his own handwriting that contradicted what he was now saying. As it turned out, however, an tAthair Peadar needn't have worried because MacNéill never followed through on his threat: he never published the letters he got from an tAthair Peadar (52); they only surfaced in the archives of the National Library of Ireland years later (51). Indeed, as—from then until his death in 1945—MacNéill never once said anything publically to dispel the aspersions cast on him with regard to an tAthair Peadar (72) over time the public began to believe an tAthair Peadar's version of events (52).

Even Shán Ó Cuív's father—also called Shán Ó Cuív—accepted the idea of an tAthair Peadar's persecution by the Gaelic League without question. As he showed when he wrote in December 1918: "The Gaelic League aroused him from the lethargy induced by the post-famine years, and having aroused him, spurred him onto greater exertion by opposing him in his work". And again when he wrote that few "today realise that sixteen years ago the Education Committee of the Executive excluded Canon O'Leary's books from the League's examination programme, on the grounds that Canon O'Leary was a bad speller" (Gaughan 84).

This photo was taken in 1919, a year before an tAthair Peadar's death. From left to right, the journalist Shán Ó Cuív Snr., an tAthair Peadar, Canon Richard Pléimionn, Dr. Osborn Bergin, professor of Irish at UCD, and Fr. Aibhistín Ó h-Aodáin (Ó Cuív, "Curadh Cosanta" 35).

Even if you do not credit the argument that a big factor in the League's decision to no longer fund an tAthair Peadar's books was straitened finances, to say that they did it on the grounds that he "was a bad speller" was a gross simplification. Firstly, because it overlooked the fact that an tAthair Peadar left the Committee no room for manoeuvre when he asked them to fund the likes of *Aesop a tháinig go h-Éirinn* while refusing to let them correct its spelling in any way. He felt justified in this because he thought that spelling in Irish had yet to be fixed. But coming at it as any publisher would, the stumbling block for the Gaelic League was that he wanted them to put their name on a book that he would not let them do even rudimentary editing on.

Secondly, at least judging by the wording of the motion that the Finance Committee passed in 1899, they did not "exclude" an tAthair Peadar's books from the League's examination programme, as Shán Ó Cuív Senior alleges, they merely set the restriction that any book he submit to them for funding in future show "a reasonable hope of their being adopted on the programmes of the Education Boards" (66). To judge by the evidence that Ó Cuív gathered on this front, the League felt compelled to restrict an tAthair Peadar's future access to their funds because he had gotten into the habit of dumping the expense of finished books on them without consulting them first to see whether they thought they could sell enough copies to make back the money that they would have to sink into its printing and distribution.

Yes but, an tAthair Peadar might counter, *those people in Dublin don't have the imagination to know what they want*—The people do not know what to ask for!—*until I show it to them*. And, who knows, he may even have been right again in this instance because hadn't he been right before when he had bullheadedly championed caint na ndaoine against the Keating-ists? But still, common sense will tell you that, when asking someone for money, the onus is on you to get them on board with your vision. An tAthair Peadar seems to have not even tried to do this, but rather sought to browbeat those in charge—"Give me my head or else I'll break the halter!"—to give him what he wanted while refusing to give a little in return.

Again, I feel a certain sympathy with him in this situation as he clearly felt an urgency on the issue of phonetic spelling—the precious resource that was native speakers was dwindling fast—that those with the power to do something about it seemingly did not share. Anyone who has ever tried to do something for the Irish language in Ireland and found themselves swimming against the tide can understand the frustration. But that doesn't excuse his laying the blame for his estrangement with the Gaelic League entirely at their door. He was as much to blame, if not more so, for how things turned out. What's more, to call the decision that the League took in 1899 a "boycott", as Borthwick and O'Reilly did was outright distortion of the facts as we have them.

No wonder then that even the normally easy-going MacNéill bristled when he saw the twist that an tAthair Peadar's *Leader* essay and the Irish Book Company's statement put on the facts. In an tAthair Peadar's case, the question then becomes whether this was willful or unwitting distortion on his part. A detail in his *Leader* essay is worth unpicking in this regard for the light it sheds on a possible habit of mind of his: namely, when he says that the reason the powers that be gave him for *Séadna*'s cancellation was that 'it was no good,' "It was only an 'Irish Mick McQuaid" (70). He seems certain here of who said it, yet go back to one of the first times that he brought up the Mick McQuaid comparison with MacNéill and the attribution is a lot more vague. In a letter of 26 March 1897, all he can say for certain is that he heard that "someone had said to you that it was only a 'Mick McQuade' (Ó Cuív 62).

Skip ahead to a letter to Séamus Ó Dubhghaill in 1902 and a subtle but important shift seems to have occurred in the retelling over the last five years:

> I wonder did I ever tell you why it [*Séadna*] ceased appearing in the *Gaelic Journal* some years ago. The then Committee, if you please, could not see their way to continue inserting it because it was only a mere "Mick McQuade"! (62).

Notice how, where once it was just "someone said", now it is the whole Committee who dismissed *Séadna* as a "mere Mick McQuade", including MacNéill presumably. Add to this that by time he brought it up again in his *Leader* letter in 1908, even an tAthair Peadar had to admit that *Séadna's* cancellation happened "long ago" and I think it is fair to say that he was a man inclined to dwell. To such a person, dwelling on the same thought over and over again for years on end, it is easy to see how what started out as a fearful suspicion—*Did MacNéill agree with that guy who said Séadna was only a Mick McQuaid?*—can harden into a certainty—*'Course he agreed with him. In fact, he probably said it in the first place*—through repetition. I mention this because it fits with an observation of Gaughan's that some of an tAthair Peadar's letters give the impression of "an old man with a touch of paranoia" (90). I must admit that I bristled on tAthair Peadar's behalf on first reading this characterisation, but it set me thinking about a letter that he sent to Peadar Ó hAnnracháin on 9 July 1916. In the letter, an tAthair Peadar recalled the furore that greeted his translation of the *De Imitatione Christi* into colloquial Irish in some quarters:

> And lo when the book came out certain people in Dublin were mad at me for doing the work at all. They used heavily disparage me, saying things like, "He had no right to do it," and "He is always doing mischief of some sort or other. The "Searcleanmhúin Chríost" is a splendid thing, a fine classical work, and he has destroyed it" (568).

Reading back over this letter years later, Ó hAnnracháin felt compelled to add the following footnote:

> I doubt if any one said that about him, that disparagement that he refers to in his letter. It would be out of character for them if they did. I heard that people used to come to him with stories like that and some of them to no better effect than the priest believed every one of them (569).

Suppose then, at least in his old age, an tAthair Peadar sometimes blew things out of proportion the more he dwelt on the same thought. In such a scenario, even if his take on a situation was at odds with reality, he would probably still pass a lie detector test because he had convinced himself that it was the truth. Before we chalk this down to dementia or delusional thinking, we would do well to remember that we all do this: fixate on what we fear might be true until it becomes hard to shake us of the belief that it is true. Experience tells us that this tendency to be always ready to believe the worst only gets worse as we get older, probably because we don't get out as much or people don't call as often. Forced to spend a lot of time alone, it is easy to go into yourself. They don't call it fretful old age for nothing.

Think of an tAthair Peadar then in his later years: shut up in his house in Castlelyons a lot of the time due to ill-health or his busy writing schedule. In such a setting, it is all too conceivable that he had too much time to think. That he did start to obsess a bit going over the same old territory in his mind.

Another personality quirk—suggested by a letter that he wrote in late 1900—may have exacerbated his tendency to fall out with people in his later years. The letter in question was prompted by a review that Seosamh Laoide wrote about *Aesop a tháinig go h-Éirinn*. Laoide and he had exchanged numerous letters since they first met at the Dublin conference in 1894 and as Laoide had even spent a holiday with him in Castlelyons at one point (Gaughan 81), you might even call them friends. But this cordiality ceased once Laoide wrote the following in the *Gaelic Journal* in October 1900:

> The name of Father Peter O'Leary on the title page is of course sufficient guarantee for the excellence of these new Irish versions of the ancient fables of Aesop. The spelling is often very faulty and inconsistent, and in such cases does not accord with the pronunciation as heard from the lips of Irish speakers.

An tAthair Peadar did not hold back when he gave his reaction to Laoide's review in a letter to a friend soon after:

> What an outrageous amadán Mr. Lloyd is! He gives a paragraph in the *Gaelic Journal* to the Fables and he has no decenter word for me than "ridiculous" and "glaring contradiction"… I have not taken any public notice of the thing and I am determined not to (81-2)

What seems revealing here is how an tAthair Peadar zeros in on Laoide's negative comments while not seeming to register his praise, at least when recounting what Laoide said to someone else. Still, Laoide was a bit harsh in his judgment—his "spelling is often very faulty and inconsistent"—not to mention provocative when an tAthair Peadar was then locked in controversy with the Gaelic League over this very issue. Moreover, to declare that the priest's spelling "does not accord with the pronunciation as heard from the lips of Irish speakers" was to hit him where it hurt because everyone knew the pride that an tAthair Peadar took in his ear for spoken Irish. All that aside, I still get the impression from an tAthair Peadar's reaction to Laoide's review that he was someone for whom insult stuck longer in the memory than praise. The other part of his reaction that seems revealing of how he typically dealt with people is his determination not to take "any public notice" of Laoide's criticism as we see the same strategy crop up in another letter that he wrote in October 1916:

> Dear Fr. Martin,
>
> Thomas O'Rahilly is by far the best man for the Cork chair... I want O'Rahilly very much.
>
> This Gaelic League of ours has gone to the dogs. It was founded by Father[?] O Growney as a non-political body. It is now not only a political body but a revolutionary body of an extreme type. I must work against it in future, silently, *but* firmly, I will not say a word but I can't afford to have my name mentioned in connection with the word "Gaelic League" anymore. If I could get O'Rahilly into this Cork chair it would strengthen my hand very much against that pack of fools called the "Gaelic League". If I fail to get O'Rahilly into the chair, I don't much care who else will be in it. I must only fight away as before.
>
> Sin é an sgéal go léir agat.
>
> Mise do chara,
>
> Peadar Ua Laoghaire (*Feasta* 6-7).

Once again behind-the-scenes anger—as signalled by hostile phrases like "that pack of fools called the Gaelic League"—coupled with the same determination not to let it show publicly: "I must work against it in future, silently, but firmly" [the underlining is his]. That this strategy—make a public show of indifference while doing everything to pull strings behind the scenes—was one he often used is suggested by the scene in *Mo Scéal Féin* where he tries to persuade the Charleville parish priest to waive fees for some of his students. These students had followed him from Rathcormac and Macroom when he relocated his Latin school to Charleville and had already incurred more expense than the local students in having to take up lodgings in the town (136). Yet when an tAthair Peadar spoke to his superior on their behalf all he got was the following flat refusal. "'Oh,' he said, "that wouldn't do at all. They must pay just like any scholar coming to the school" (137). An tAthair Peadar said that he reacted as follows:

I stopped, and I must confess my blood stirred. I would have made short work of him… [but] I didn't say it. I kept it inside. I restrained my anger. When I had my hand firmly on the bridle, I spoke like this: "Good enough, Father. But since it was the Bishop who sent me, the Bishop must settle this point between us (109-10).

On this occasion an tAthair Peadar was upfront in telling his superior of his intention to go around him to appeal to a higher authority. But, on other occasions, his "silently but firmly" approach seems to have taken on, dare I say, more sneaky dimensions. For instance, when a serious dispute arose between the Cork and Dublin branches of the Gaelic League in 1899, he apparently wrote to both sides indicating that he would support them against the other (Gaughan 83).

To come full circle then in a discussion that started by wondering whether an tAthair Peadar meant his polite refusal as a snub when, time and again, he turned down MacNéill's invitations to come stay with him, I would say that, yes, he did. After all, in happier days, hadn't he once advised MacNéill that "nothing is sweeter than to see a rash man [left hanging] when he insults a level-headed man and gets no answer" (Ó Cuív 52). MacNéill may have thought that an tAthair Peadar would soon get over the "pert rejoinder" that he dealt him in *An Claidheamh Soluis* in early 1900, but if he did, then he didn't know an tAthair Peadar as well as he should have by then. For, it seems to me that it was when an tAthair Peadar started to respond with only a few bland niceties when before he was very chatty with you, that then was the time to worry that your friendship with him was at an end.

And, true to his "silently but firmly" approach, he could be unrelenting in his polite silence. For instance, he never wrote to Laoide again after his disparaging review of *Aesop a tháinig go h-Éirinn* (Gaughan 82). Were he alive today, we would no doubt call his behaviour "passive aggressive". Sadly, in this regard, he was not that unusual among the Gaelic Revivalists of his generation who by and large seem to have been a prickly bunch. Take Seosamh Laoide, for instance. Writing about him on his death in 1939, his friend Énrí Ó Muirgheasa described his final years as follows:

But he was Seosamh Laoide no more. He avoided all his old friends of Gaelic League days, and would no longer recognize them. And he who fought strenuously to have the purest names put up on the post towns of Ireland, would not now give *Dún Laoghaire* as his address but "Kingstown". The sweetest sugar makes the sourest vinegar, and so J. H. Lloyd seems to have turned bitterly against the language and the movement which he apparently regarded as having betrayed him (Breatnach, "Laoide, Seosamh").

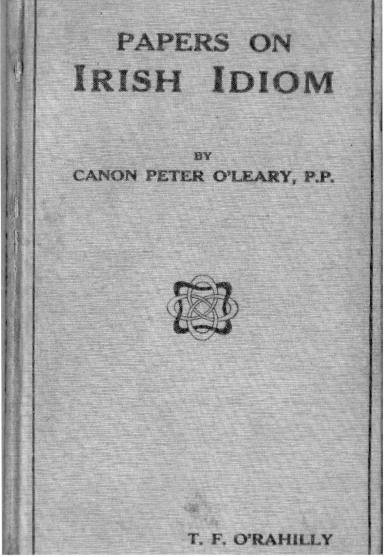

Cover of "Papers on Irish Idiom". In the Preface to this book Thomas O'Rahilly notes that his motive for publishing these papers of the late Canon O'Leary was "to pay a small tribute of affectionate homage to the memory of their distinguished author." [Book kindly on loan from Seán de hÍde, Oileán Meánach, Carraig Thuathail].

Then there was Tomás Ó Rathaile, the "O'Rahilly" whom an tAthair Peadar referred to as "the best man for the Cork chair" in his 1916 letter to Fr. Martin. A friend and colleague of his, Eleanor Knott, spoke of him thus:

> His unsurpassed knowledge of modern Irish dialects and manuscript literature was acquired in his early manhood when as a civil servant his chosen studies had perforce to be relegated to evenings, weekends and vacations. Unceasing application during this period together with recurrent attacks of influenza brought about a definite decline in his health and this should be taken into account in considering a characteristic asperity in criticising the work of other scholars (Breathnach, "Ó Rathaile, Tomás").

Remind you of anyone? Like Eleanor Knott, rather than try and defend an tAthair Peadar's disagreeable side—or worse yet, as some apologists have done, try and sweep all traces of it under the carpet, often by blackening the name of someone else—I instead call for a little understanding as this book draws to a close. I ask the reader to remember the context when deciding what the man's words say about the kind of person he was. Take how he signs off his 1916 letter to Fr. Martin with "Your friend, Peadar Ua Laoghaire", for instance. As you would expect of a friend, this phrase indicates that he thought he was speaking in confidence.

Thinking about it this way, it becomes clear that most of the evidence that casts an tAthair Peadar in a poor light are things that he said or wrote when he thought he was off-the-record. Does that mean we should ignore such evidence? Not at all, its very unguarded nature is what makes such evidence so valuable in testing the truth of his public statements. Did an tAthair Peadar take people into his confidence a little too easily? I think he did to the extent that the frequency with which he lapsed into rash language—"What an outrageous amadán Mr. Lloyd is!"; "that pack of fools called the "Gaelic League" etc.—in his letters suggests that he did not feel the need to watch his words when writing to friends. Perhaps because he trusted too easily to the thought: *Ah, but so-and-so would never betray my confidence.*

Yet if, as Ó Cuív supposes, MacNéill threatened to publish his letters in 1908, then that should have taught him that you cannot trust a friend to continue to keep your confidence if ever your friendship should end. Was an tAthair Peadar extraordinarily careless then in not watching his words in letters dashed off to friends? No more so than the rest of us, I would say, as, when you think about it, the letters pored over in this chapter are the equivalent of today's emails in their throwaway nature. Suppose your email account got hacked and your emails leaked for all the world to read.

In rifling through years and years of emails then, it would be easy to find instances where you contradicted yourself through comparing emails that you wrote in very different frames of mind. Likewise, all someone would have to do to make you seem like pettiness itself was to draw attention to that email in which you went on a rant about your boss or had a moan about your mother-in-law. *But that's not fair*, you might say. *I was only venting when I wrote that!*

What is this kind of private correspondence then but the record of our petty insecurities and resentments laid bare? I would ask the reader to remember this when judging an tAthair Peadar based on the hypocrisies revealed in his letters. Put yourself in his place and you would hope that posterity would judge you on all that you said and did in your life, not just on what you said on a bad day. While not turning a blind eye to the evidence then, I suggest we make the same allowance for an tAthair Peadar. I will let Shán Ó Cuív's first word on an tAthair Peadar and MacNéill's friendship be my last word on the same. He starts his study of their correspondence with a poem that the Castlelyons priest wrote for his northern friend around 1895:

> As long as I live I'll be your friend,
> May that be a very long time!
> May you prosper!
> May you see heaven!
> That's Peadar's wish for you! (51).

No doubt, in starting with this poem, Ó Cuív's intent was to contrast it with his essay's title: "A Friendship that didn't last" and indeed, once you know how things ended between them, it is easy to think back on that poem and think how fickle his profession of undying friendship turned out to be. Yet, in trying to lay my finger on the root of their estrangement, I prefer to borrow Ó Muirgheasa's explanation for the bitterness with which Seosamh Laoide turned against his Gaelic League comrades: "The sweetest sugar makes the sourest vinegar". If this was the case with an tAthair Peadar then that would make his failure to live up to his vow of undying friendship not so much fickle as disappointingly human. Back in 1895 I think he sincerely thought that nothing could get in the way of his friendship with MacNéill. He just could not see ahead to a time when hurt feelings on his part would eat away at their friendship.

It is not hard to pinpoint when the rot set in: an tAthair Peadar lost trust in MacNéill when he cancelled *Séadna* without warning in 1897. Once trust was lost, it became all too easy for him to believe the worst where MacNéill was concerned. Or, as Shán Ó Cuív less charitably puts it, he never forgave MacNéill for dropping *Séadna* from the *Gaelic Journal* (58). Yet, while it reflects poorly on an tAthair Peadar that he, a priest, could not let bygones be bygones, it could also be said that MacNéill could have handled *Séadna*'s cancellation better. That is, after informing an tAthair Peadar that *Séadna*'s run in the *Gaelic Journal* was done, he could have let him publish a few more instalments on the understanding that he use them to bring the story to a temporary conclusion. Instead, he cancelled *Séadna* right away with the result that the story must have felt like it ended in mid-air for the *Gaelic Journal* readers. If this act gives us any insight into MacNéill's temperament, then he was a man who acted swiftly and decisively once he had made up his mind. This fits with how an tAthair Peadar described MacNéill in a letter to the same on 1 August 1899:

> There is one thing that I especially like about your letters.
> You dispute but always without getting angry or hot-headed.
> That is a lovely thing (53).

In portraying him as easy-going I don't think that an tAthair Peadar meant that MacNéill was the type to give in easily for the sake of a quiet life, but rather thought him remarkable for how he could stick to his guns when arguing without getting angry about it. This suggests that maybe MacNéill was stubborn in his own quiet way and, if he was, then that may have played some part in the demise of their friendship.

Whether or not MacNéill had his stubborn moments, there is no doubting that an tAthair Peadar was contrary from an early age. When discontent about the way something was done, he was not shy about sharing his opinion, often making himself unpopular with those in authority in the process. Indeed, it seems prophetic of their future relationship that one of the first mentions of him in the records of the Gaelic League involved him telling them how to do their job. The minutes of a meeting in March 1895 show that a letter of his was read to the Committee in which he advised them on how best to advance the cause of Irish in the countryside (Ó Súilleabháin 4).

As this showed, an tAthair Peadar was not one for hanging back for fear of ruffling feathers. Rather, it was his wont to stick his oar in whenever he thought there was something he could do to improve a situation. There is a scene in *Mo Scéal Féin* that I think says a lot about the mindset that drove him to meddle and to give advice, often where it wasn't wanted. It is the one where, a sixteen-year-old student or so at Mr. McNally's Latin school in Macroom, he found himself wrestling with his translation of Caesar's *Gallic Wars*. The thing that confused him was when:

> I came to the words 'propterea quod'. I knew 'propterea' was the same as 'because'. 'And,' I said to myself, 'what is the quod for?' I was stuck. I couldn't make out at all what

business 'quod' had in that place (56).

There was nothing for it but to consult his teacher:

'Look here, sir," I said, 'what is the meaning of this propterea quod"?

'Oh,' he said, '"propterea quod" is "because".'

'But,' I said, 'what is "quod"?'

'Oh,' he said, 'that is quite simple. "Quod" is "because"; propterea quod is "because".' And he looked at me as if to say "You must be very simple not to see that matter." I didn't pursue the matter any further, unsurprisingly. I had "propterea" "because". And I had "quod" "because". And I had "propterea quod" "because". If that didn't satisfy me, what would? (57).

Clearly, what bugged young Peadar was the illogic of using two words to say what could be said in one. I suspect his solution would have been to drop the second redundant "because" to make for simpler, more elegant writing. But that is not how his teacher saw it. He had been taught to say "because because" when he meant "because" and that was good enough for him. In this clash of perspectives between the traditionalist, Mr. McNally and the restless innovator, young Peadar, I think we see the seed of many a future conflict for an tAthair Peadar: as old as he got, he never seemed to lose a young man's impatience with the redundant thinking of people he saw as fuddy-duddies. Even as a priest with a duty to be meek and mild, he evidently found it hard to suffer fools if he thought their complacency or misconceptions were leading others astray.

Whether it was the library that he set up in Kilworth to give the village boys something to do of an evening when he saw them running wild (122) or the brass band that he set up in Rathcormac when he saw that a lot of the boys there had a flair for music (128), his instinct seems always to have been to fill the gap where he saw a need, often with something of his own devising. This willingness to take the initiative did not endear him to those who thought the old ways were best. Indeed, as we saw with the Charleville parish priest, it often saw him moved onto a new parish at short notice. Funnily enough, the more recent public figure that springs to mind when I think of an tAthair Peadar is Roy Keane, especially during the "Saipan Incident" in 2002. When first I heard his tirade against his manager Mick McCarthy and that he had abandoned his team on the eve of the World Cup to go home in a huff, I remember thinking: "did you really have to be so cantankerous about it?"; "could you not have picked a less delicate moment to make your stand?" Yet, looking back now, it appears that Roy Keane was justified in his complaints—the FAI were complacent and preparations not as good as they should have been—if not his abrasive way of complaining. And many would now agree that a lot of what made Roy Keane so ferocious in his complaints was that he cared passionately about standards.

Laneway leading down to McNally's Latin school in Macroom.

An tAthair Peadar showed a similar tendency to get abrasive when calling others out in public for not doing enough for causes that he was passionate about. Yet, like Roy Keane, when he kicked up a fuss, it was usually over an issue that did need to be dealt with, however much people might like to ignore it. It was just a pity that he at times made it easy for his detractors to write him off as a crank in letting his tone get so rancorous when challenging the prevailing opinion. But then again, maybe to be the dissenting voice, he had to be at least a little bit abrasive because who's going to listen if you politely tell them something that they don't want to hear?

They say "cometh the hour, cometh the man" and, when I think of scale of the task that faced the Gaelic Revivalists in the early-twentieth century—to bring a language back from the brink; to build up a literature from scratch when nothing literary had been written in Irish for hundreds of years—I think that maybe, for better or worse, the situation called for a man of an tAthair Peadar's mettle. Perhaps that was why Anthony Gaughan—otherwise persistently critical of tAthair Peadar in his essay—chose to end his study of him on this note:

it must be admitted that his contribution to Irish prose has been monumental. His output was enormous... Moreover, it was little short of providential that an tAthair Peadar conclusively discredited the contention of Dr. Henebry who argued that modern literary Irish should be written in the style and grammar of Séathrún Ceitinn as, for the sake of continuity, the new literature should commence where the old literature ceased. We are indebted in no small way to An tAthair Peadar that our modern Irish literature has remained close to 'caint na ndaoine' (90).

In a way then, in describing his advent as "providential", Gaughan recognised that it was a good thing that an tAthair Peadar was the way he was in certain situations. When I think of what qualities set an tAthair Peadar apart, I think of the boy who rashly took on the might of Mangerton mountain at the tender age of ten. How he wouldn't let the older boy's daunting talk of the tough trek — "harder walking than twenty miles" (71) — deter him for setting out for the mountain that he so badly wanted to climb. The indomitable spirit he showed in persevering when the going got rough and he had to toil across mountainy land full of rocks, hummocks and holes to stay on course for Mangerton (72). The lack of consideration he showed Micheál Ó Finnegáin, the man charged with his safekeeping, in disappearing without a word.

Now think of the qualities that a person had to have to do what was needed in the early days of the Gaelic Revival. To write a novel in Irish when none had been written before, you needed to be someone not easily daunted. When the consensus at the end of your career was that "he had done the work of one hundred men in furthering the language" (Ó Cuív, "Curadh Cosanta" 32), then you likely could not have done it if you were not, to some extent, careless of the personal cost to yourself and others.

Finally, at a time when native speakers were often ashamed of their ability to speak Irish — "Why I can speak English as good as yourself!" — a native speaker who was unusually sure of himself stood the best chance of convincing academics that native speakers were worth listening to when it came to deciding what was good Irish. In short, the situation called for someone not easily cowed; someone who just would not take "no" for an answer. I put it to you then that, for better or worse, an tAthair Peadar was exactly the man he needed to be to achieve what he did and that we should take that into account when judging him as a writer and as a human being.

As we approach his centenary in 2020 then, the question you may find yourself asking then is: would he be easier to commemorate if he had been more moderate in his speech, more inclined to listen? Probably. But would he have done anything worth commemorating if he had been less headstrong and more considerate? That is doubtful. Indeed, I think that the personality traits that we find disagreeable in him were part of what drove him to achieve the remarkable things that he did. As an admirer of an tAthair Peadar, the question I then have to ask myself is would I change him if I could? If it meant people would remember him more kindly? Not when I think how things could have gone, as starkly laid out by Brian Ó Cuív in his consideration of an tAthair Peadar's legacy:

> It is likely that the finishing stroke would have been given to Irish by the authors who sought to resurrect the dead speech of classical Irish at the same time as they were letting a rich heritage drain away through complacency and neglect, lack of interest, and contempt, the heritage that the people of the Gaeltacht still had and was their close connection to the life of their ancestors and the treasures of the literature of old ("Curadh Cosanta" 32).

So, while I feel sorry for those who bore the brunt of his headstrong ways—Eoin MacNéill and Micheál Ó Finnegáin come to mind!—overall I think the world a better place for his obstreperousness. And it was not like he was obstreperous all the time: when negotiating on behalf of those Castlelyons farmers in 1907, for instance, he appears to have been the soul of diplomacy. It was just that he struggled now and then not to let his feelings get in the way of issues close to his heart. That to me is a sign of too much humanity, not too little.

Conclusion

So, there you have it: my attempt at a portrait of an tAthair Peadar's personality from the traces he left behind. Revisiting my initial theme of remembering and forgetting again at the close, I note that an tAthair Peadar was still capable of making a vivid impression as an old man, a contemporary of his, J. J. Horgan, for instance, describing him as:

> This little white-haired man, who… had a horror of red-tape, taking no interest in committees, agenda or discussions but holding the people alone could save the language and make a literature (Ó Céirín 18).

To hear Cyril Ó Céirín sum up his legacy, you would also think him a man not soon forgotten: "Because of the lead he gave and the paths he explored, it could be said, albeit with some hyperbole, that he created a literature single-handed" (18). Peadar Ó hAnnracháin also seemed confident that his creations would live on in public memory, or at least that was the impression that he gave while visiting an tAthair Peadar in Castlelyons:

> You have pulled off quite the feat, Father. People will be talking about *Séadna* and Sadhb Dhiarmada and Cormac Báille for a long time to come, and of course about the 'Dark One' himself (559).

Yet, pausing to look back at the Castlelyons priest's house after visiting him for the last time, Ó hAnnracháin was more pessimistic, worrying that he was already slipping into oblivion within his lifetime. Indeed, picturing that "stalwart man with his head of grey hair", seated comfortably on his high stool as he wrote away industriously, it saddened him to think that it was unbeknownst to most Irish people that he produced his cultural riches inside that house (564). Yes, Ó hAnnracháin mused, despite "the new ground that he broke and the seed that he set there and the profit that has been reaped from it since"; despite his being "a giant among the writers of his age", there were many Irish people now who were fluent in Irish thanks in no small way to him yet who were entirely ignorant of what he did (569). Ó hAnnracháin's last words on the matter were: "It is too soon for us to forget him."

That was 1920, give or take, when Peadar Ó hAnnracháin had his premonition about an tAthair Peadar's memory being allowed to fall into neglect, but was he proved right? Not entirely. I have heard locally, for instance, that plans are afoot to celebrate an tAthair Peadar's centenary in Castlelyons in 2020. The trouble with any commemoration, in my opinion, is the pressure it brings to reduce a person's life, in all its complexity, down to an easy-to-digest sound bite. It also involves, literally or figuratively, putting a person on a pedestal with the expectation that that person must have been perfect otherwise people wouldn't be going to the trouble and expense of a putting him/her on a pedestal in the first place. As we have seen, if there was one thing that an tAthair Peadar was not, it was perfect. Yet I say that it is an tAthair Peadar's very imperfection that makes him more deserving of his place on a pedestal in that he had to overcome his human frailties as best he could to achieve what he did. I say allowing our heroes their flaws does not diminish their achievements. The onus is on us now to keep the good and the bad in mind as we try to rekindle his memory for another generation. Not to take the easy option of blinding ourselves to his faults, as many in his own day did. Yet not to get so hung up on his flaws either—as people in more recent times have done—that we can't see past them to the lasting good that he did. But rather to take him as he was, no more no less. I think he would have been happy with that.

A parting thought: I was looking up the word "memory" in de Bháldraithe's *English-Irish Dictionary* when the following example caught my eye: "Father Peter O'Leary of blessed memory, an tAthair Peadar Ó Laoghaire, *méadú ar a ghlóire sna flaithis.*" For those like Peadar Ó hAnnracháin and Cyril Ó Céirín who worried that an tAthair Peadar was fated to be forgotten, there is comfort of a sort in this random little detail, I think, in that, so long as people use de Bhaldraithe's dictionary to express themselves in Irish, they will find an tAthair Peadar right where he belongs: right at the heart of the language.

Co-authors Pat and Éilís O'Brien standing outside an tAthair Peadar's former home in Castlelyons.

Appendix I: Timeline of an tAthair Peadar's Life

Year	Events in an tAthair Peadar's life
1839	On 30 April, a boy is born to Diarmaid and Siobhán Ó'Leary on a farm with grass of seven cows in the Muskerry Gaeltacht. Their second born—they will go on to have five more children—they christen him Peadar.
c. 1843 -1852	Young Peadar helps out on the farm by day and gets his education by candlelight, taught English and French at the kitchen table each evening by his mother, a former teacher.
1852	At age thirteen, he attends school for the first time in nearby Carraignimmy after a new schoolhouse is built there.
1855– 1859	He attends Mr. McNally's Latin school near the castle in Macroom, but has to switch to Terence's Golden's Latin school, also in the town, when Mr. McNally leaves. When Terence Golden's school also closes down after six months, he goes to a Latin school in Kanturk where he spends a year and a half (Gaughan 86).
1859– 1860	He gets lodgings in Fermoy so he can attend St. Colman's College as a day pupil to sit the entrance exam for Maynooth College. He gets his place in the seminary on his second attempt.
1861– 1867	He spends six years in Maynooth and is ordained a priest in 1867. The Fenian Rising of 1867 happens towards the end of his time in Maynooth and, after the Fenians denounce the Irish clergy for trying to discourage young men from joining the rebellion, an tAthair Peadar finds himself shunned by some of the locals on visits home to Macroom.
1867– 1868	He takes up his first post as curate in the parish of Kilshannig beside Mallow. A sign of the many native speakers still left in the parish at the time, he gives a sermon in Irish on Sundays and young and old speak Irish to him when he visits them on sick-calls. After a year and a season in the parish, he gets a letter from the Bishop telling him to go east to Kilworth.

1868– 1872	Setting out in his horse and trap for his new posting in Kilworth, he hears a loud rumbling a few miles outside Mallow. Leafing through the newspaper a few days later, he reads that an earthquake was reported in the Mallow area the Saturday before and reckons that that was the loud rumbling sound that he heard on his way to Kilworth.

Once living in Kilworth village, he buys books and sets a small room aside for the local children where they can come and read Irish-themed books like *The Story of Ireland* and *Poets and Poetry of Munster* and "good, basic English books" like Shakespeare and Milton (there were no books in Irish to be had at the time). According to an tAthair Peadar, the children came in every single night and each whiled away the long winter evening with their own book until it was time for stopping. Then an tAthair Peadar would read to them before sending them home.

The stock of books in his library had grown quite large when, four years into his stay in Kilworth, he got another letter from the Bishop telling him to head south across the Blackwater to take up a new posting in Rathcormack.

1872– 1878	He was not long in Rathcormack when he saw that many of the local boys had a talent for music so he first teaches them songs in English (as he says there was not a word of Irish spoken in the little village) and then raises forty pounds to buy brass instruments. He then arranges for an army musician in Fermoy to come give music lessons a few times a week and before long, he says, the Rathcormack boys were able to handle the instruments like experts and play music as well as any army band.

Two years into his stint in Rathcormack, he set up an Irish class after some of those same boys said that they would like to learn Irish, having often heard him give a sermon in Irish of a Sunday. Encouraged by the success of the Irish class, he decides to give free Latin lessons, starting with one of his brightest music students and, within three weeks, there are seven boys learning Latin from him. The music and Latin lessons went on swimmingly until "in the midst of our joy came a change": a letter comes from the Bishop telling him to go west to Macroom.

1878–
1880

Some of his Rathcormac pupils follow him to Macroom and he sets up a Latin school there. Some young men from Macroom's "Young Men's Society" ask him to teach them Irish, but he quickly discovers that they could speak Irish as well as himself and only need to be taught how to read and write it.

He clashes with the Macroom parish priest over the Latin school and shortly afterwards receives a letter from the Bishop telling him to move north to Charleville where the parish priest greatly wants to set up a Latin school there.

1880–
1882

He sets up a Latin school in Charleville and found the boys whom he taught there of "high intelligence", though secretly he is not pleased with his parish priest's insistence that he charge each of his pupils six pounds a year to be put in the common kitty. He eventually clashes with his superior over it but manages to get an exemption for the Rathcormack and Macroom pupils that followed him to Charleville by appealing to the bishop.

He gets very involved with the Land League after the local branch asks him to be their chairman. This creates more friction with the Charleville parish priest until an tAthair Peadar pushes things too far with a raffle to raise money for some imprisoned Land Leaguers and another letter from the Bishop arrives shortly afterward telling him to go east to Kilworth again.

1882–
1884

Falling sick soon after he moves to Kilworth, he stops teaching and steps back from the Land League although he says he still keeps a keen eye on the struggle between the farmers and their landlords. He is none too happy when the old parish priest dies and he is not made parish priest of Kilworth in his place, but he holds his tongue as the Bishop sends him north to Doneraile.

1884– 1891	He is not long in Doneraile when there is uproar between the biggest landlord there, Lord Doneraile, and his tenants. The dispute escalated as the Doneraile farmers demanded a reduction in their rent but Lord Doneraile refused to give it to them. When the farmers stopped paying their rent in protest, they came to an tAthair Peadar and asked him to lodge their withheld rent in the bank for them. An tAthair Peadar duly lodged their money in the bank in Doneraile where it remained despite Lord Doneraile's attempts to impound it (Gaughan 78). Things stayed in this stalemate for half a year until some of the farmers lost their nerve and asked an tAthair Peadar for their money back so that they could pay the full rent demanded by Lord Doneraile. Though disappointed, an tAthair Peadar was not that surprised as he had seen this play out in other parishes before and knew how hard it was for farmers to stay unified over a long period when under sustained pressure from their landlords. Though some people doubt this part of his recollection, he claims that he attended the rally in 1887 that turned into the Mitchelstown Massacre along with many of his Doneraile parishioners.
1891	Towards the end of 1890, word reaches an tAthair Peadar in Doneraile that Fr. Ferris, the parish priest in Castlelyons, is on his death-bed. After Fr. Ferris died in January, an tAthair Peadar received a letter from the Bishop on 10 February 1891 informing him of his appointment as the new parish priest of Castlelyons.
1894	An tAthair Peadar speaks at a conference in Dublin on 27 March 1894 where he meets Eoin MacNéill for the first time along with the rest of the Gaelic League committee. The first installment of *Séadna* appears in the *Gaelic Journal* in November 1894.
1895	An tAthair Peadar starts to champion "caint na daoine".
1897	Eoin MacNéill abruptly halts publication of *Séadna* in April 1897 after he learns that an tAthair Peadar is only a third of the way through the book he has planned.

1898–1899   Their friendship becomes strained as an tAthair Peadar begins to publicly dispute with Mac Néill over the issue of standardized spelling.

1900   An tAthair Peadar writes *Tadhg Saor*, the first ever play in Irish for the Macroom players and it is published shortly afterwards. He also writes a collection of fables called *Aesop a tháinig go h-Éirinn*.

1901   He writes *Briciú*, a retelling of a medieval Irish tale.

1904   *Séadna* is published in novel form.

1905   He publishes his second novel *Niamh*.

1908   He publishes *Seanmóin is Trí Fichid*.

1909   He publishes *Eisirt*.

1911   On 21 April 1911, an tAthair Peadar is granted the freedom of Dublin along with Professor Kuno Meyer. Cork City awards him the same honour on 15 September.

1914   He publishes *Aithris Chríost*, a translation of the Latin classic *Imitatio Christi*.

1915   He publishes *Mo Scéal Féin*, *Guaire*, and *Na Ceithre Soiscéal*

1916   He is in Castlelyons when, like many parishes around the country, it is shaken by the Easter Rising.

1917   He finishes translating the Bible.

1919   The National University of Ireland awards him an honorary doctorate.

1920   While putting the finishing touches to *Críost Mac Dé*, he dies, almost with pen in hand, in the parochial house in Castlelyons on 20 March.

An ġuıóe.

Oéónuiġ, a Ciġeaṗna Oia, aıéciṁío oıp,
ṗinne, vo ṗeıṗḃıṗeaċa, vo ċımeáv ṗé ṁaıṗe
vo ṗíoṗ, ı ṗláınce aıġne aġuṗ ċuıṗṗ; aġuṗ
ṗınn a ḃeıċ ṗaoıṗ, cṗé ıṁṗıóe na Maıġvıne
ġlóṗṁaıṗe Muıṗe, ó ġaċ buaıṗeaṁ aṗ an
ṗaoġal ṗo, aġuṗ ṗınn a ċeaċc ċun aoıḃnıṗ
ṗíoṗuıóe na ḃṗláċaṗ aṗ an ṗaoġal eıle,
cṗé íoṗa Cṗíoṗc áṗ vcıġeaṗna. Amen.

An memoṗáṗe.

Ó, a ṁaıġvean ṁuıṗe ċeannṗa, cuıṁnıġ
ac' aıġne, aoınne a ċáınıġ ċuġac ṗé aécuıṗṗo
aġuṗ vo ċuıṗ a ṁuınıġın aṗac aġuṗ cumaṗaı
a anama oṗc, náṗ cloıṗeav ṗ́uaıṁ ṗóṗ ġuṗ
ċoıllıṗ aıṗ! Ċuġac-ṗa v'á ḃṗíġ ṗın a ċaġ-
aıṁ-ṗe, aṁ' peacaċ ḃóċc anacṗaċ, aġ óıġeaṁ
'ṗ aġ ṗġṗeavaıġ oıṗc ġo nġlacṗá me aṁ'
leanḃ ċuġac aġuṗ me ḃṗeıċ ṗaoṗ ġo ṗlaċaṗ
leac! Ó, a ṁáċaıṗ an aonṁıc, ná h-éıṁıġ
ṁ' aċaınıġe aċ ṗóıṗ aġuṗ ṗṗeaġaıṗ me ġo
cṗócaıṗeaċ caıéneaṁaċ! Amen. (300 lá,
ġaċ aon uaıṗ.)

An cAınġeal Coıṁveaċca.

Aġuṗ cuṗa, an c-aınġeal coıṁveaċca a
ċuġ Oia vom, ó b' é coıl Oé me ċuṗ maṗ
ċúṗam oṗc, véın aıṗe ṁaıċ vo ċaḃaıṗc vom.

tá teoġ aṗ vo ṗaváṗc me. Cımeáv uaım
aṁaċ na veaṁaın ṁalluıġċe ṗın acá aṗ cí
ṁ' anama, coṗaın me aṗ an annṗṗṗıv aġuṗ
aṗ ġaċ uṗoċ-ní eıle ·a baınean leıṗ an
uṗóċ. Aġuṗ ġo ġcuıṗıv Oia aṁ' ċṗoıóe
ċuıṁneaṁ ġo mınıc oṗc aġuṗ ġṗáv ḃeıċ
aġaın ṁuıc maṗ ıṗ ceaṗc! Mo ġṗáv ċu!
mo ġṗáv ċu ġo vaınġean!

íoṗa aġuṗ Muıṗe aġuṗ ıóṗeṗ.
A Cṗıonóıv naoṁċa, a Aon Oıa aṁáın,
aṗ ṗon ċṗoıóe íoṗa vo ḃṗıṗeav ṗa ṗáṗ,
ṁaıċ na peacaí vom; beannuıġ mo ḃáṗ,
Aġuṗ,
mo ġṗáv vo ċoıl!

A Cṗıonóıv naoṁċa, a Aon Oıa aṁáın,
aṗ ṗon ċṗoıóe Muıṗe vo ġoıneav ṗa ṗáṗ,
ṁaıċ na peacaí vom; beannuıġ mo ḃáṗ,
Aġuṗ,
mo ġṗáv vo ċoıl!

A Cṗıonóıv naoṁċa, a Aon Oıa aṁáın,
aṗ ṗon ċṗoıóe an ċóıle ṗın Muıṗe na nġṗáṗc
ṁaıċ na peacaí vom; beannuıġ mo ḃáṗ.
Aġuṗ,
mo ġṗáv vo ċoıl!
A íoṗa,
mo ġṗáv vo Cṗoıóe!

Prayer to my guardian angel in an tAthair Peadar's prayer book.

Appendix II: Poem by an tAthair Peadar's Sister

Another sister of an Athair Peadar, Mrs. Margaret O'Leary Murphy, who wrote this poem at age eighty-four. After emigrating to America, she married and raised a family there.

Liscarrigane

Liscarrigane, my childhood home!
Alas! 'tis far away,
Though wet and dirty was the bog
And cold and bleak the ray.

Yet the little stream that crept along
From Gloundav's lonesome Glen,
Made sweeter music in my ears
Than I ever heard since then.

I can count the holes and the thourthoges
And the bunches of cloovan,
The cabin field, the western field
And park-na-thullahawn.

There's Partnaugh and Graffadiv
I well remember still
Park na Loughera, the top of the bog
The graff and the old kill.

The old field of Parknaganee
I can see as plain as day,
Park-nacusha-, Parkeenaglugh,
And Parkeencunganaray.

I can see the house with its roof of thatch
And its low and whitewashed wall
And the big stone in the middle of the yard,
Where the shadows used to fall.

I can see Kate on old Jin's back
With the spur upon her heel,
And the old mare jumping 'round the yard
As if trying to dance a reel.

I can see the path up Dangannasillaugh
And down by Cummerbower
Where we ran to catch the eight o'clock Mass
And did it in half an hour.

I can see the Churchyard away to the west
Where I paid many a round,
And where nearly all those I cared for then
Lie sleeping under the ground.

In the right hand side as you go in the gate,
Facing the rising sun,
I wish I could lie down there
When my day's work is done.

But no such luck is in store for me
For here I have to stay
And lay my bones in a bed of sand
Three thousand miles away.

Another sister of an tAthair Peadar's, Margaret O'Leary Murphy with her family. At age eighty-four, she wrote a wistful poem remembering the fields of Liscarrigane.

Appendix III: Death Report of Father Peter in the Evening Herald

The following obituary appeared in The Evening Herald on Monday, 22 March 1920:

An t-Athair Peadar

Passing of a Famous Gaelic Scholar

Very Rev. Canon Peter O'Leary, LL.D., P.P, Castlelyons, the famous Gaelic scholar and author died yesterday.

Known and beloved in every corner of the world to which Irishmen have penetrated, his passing marks the ending of a brilliant career. Last summer he was for some time in a private nursing home in Dublin, but recovered sufficiently to be able to return to Co. Cork.

The late Canon O'Leary was born in 1839 in Cluaindrochid, the most western parish of the diocese of Cloyne. He came of an intellectual stock well known as linguists and particularly for their devotion to the native language, to which the deceased rendered such magnificent service.

He entered the diocesan college at Fermoy in the early days of that institution when another great Irishman, Dr. Croke, was president. During his whole collegiate career he was a front-rank student, giving promise of a future rich in achievement for country and religion.

In the various parishes in which he ministered—Kilworth, Rathcormac, Doneraile, and Castlelyons, he unceasingly work to improve the mental and physical abilities of his flock—a strict disciplinarian, candid, but always benevolent. He was made a canon of Cloyne in July, 1906.

A Man of Letters

It was, however, as a man of letters that he earned well-deserved fame. There is no student of Gaelic who is not intimately acquainted with his invaluable works. As example of modern Irish literature they were incomparable, and as an inspiration and a help to the language revival, their value can hardly be over-estimated.

Among his works may be mentioned *"Séadna"*, "Niamh", Eisirt" … He was also the author of Irish plays, and translated the New Testament, the "Imitation of Christ", and "Aesop's Fables".

In recognition of his services to the Irish race and the language, he received, together with the late Dr. Kuno Meyer, the Freedom of Dublin on June 26, 1911, and in Sept of the following year Cork Corporation conferred a similar high honour on these two distinguished authorities on Gaelic. The National University granted him the degree of LL.D.

Among the interesting details in the above obituary is the report that an tAthair Peadar spent the summer of 1919 in a nursing home in Dublin because we know from Brian Ó Cuív that the photo of an tAthair Peadar with Shán Ó Cuív Snr., Canon Richard Pléimionn, Osborn Bergin, and Fr. Aibhistín Ó h-Aodáin (see Chapter 6) was taken in Dublin in 1919 ("Curadh Cosanta" 35). Though hard to make out in the background, this 1919 photo seems to have been taken by the sea. This impression is strengthened by the photo of an tAthair Peadar with just Fr. Aibhistín Ó h-Aodáin (see Chapter 2) in which they are clearly standing on a seafront and what looks like the same path. The same goes for the photo with just Richard Pléimionn (see Chapter Four) and the one with Shan Ó Cuív Snr (see Caibidil a Ceathair) where you can even see a sailor in a navy uniform in the background!

In the photo of just him with an tAthair Peadar, Osborn Bergin also appears to be standing on the same path by the same seafront and when you notice that he seems to be wearing the same outfit here—long light brown overcoat and broad-brimmed hat—as he wears in the group photo that we know was taken in Dublin in 1919, then it is tempting to conclude that all these photographs were taken in the same place on the same day in 1919. Add in Peter Hegarty's reminiscence that towards the end of his life the Canon used to go "away for a few months at a time to Dunleary where he would stay at the Royal Marine Hotel" (*Britway* 127) and it is further tempting to suppose that the seafront in the background is in fact Dunleary.

Acknowledgements

This publication was part-funded by the Cork County Council's Ireland 1916 Grant Scheme.

Cover design by Sciob Sceab Edutainment.

Thanks to Seán O'Brien for painting the picture on the front cover.

Thanks to Sara Twomey, descendant of an tAthair Peadar, for letting us use her photos of him and her O'Leary relatives as well introducing us to many of the locals in Macroom. Talking with folk in Muskerry just reinforced our impression that he is far from forgotten in the area.

A word of thanks to James and Marie Murphy, Coole, for their help in unearthing and digitising some of the rarer photos connected with an tAthair Peadar's days in Castlelyons.

Thanks to Liam Barry, Kieran Dwane and the team at Fermoy Print & Design for making the printing of this book a straightforward and stress-free process.

Works Cited

Bradley, Joseph M. "Unrecognized Middle Class Revolutionary? Michael Cusack, Sport and Cultural Change in Nineteenth-Century Ireland." *Reformers, Sport, Modernizers: Middle-Class Revolutionaries.* Ed. J. A. Mangan. London: Frank Cass, 2002. 58-72.

Breathnach, Diarmaid, and Máire Ní Mhurchú. "Laoide, Seosamh (1865–1939)." *Ainm.ie: An Bunachar Náisiúnta Beathaisneísí Gaeilge* 01 Nov. 2017 <http://www.ainm.ie/Bio.aspx?ID=25>.

---. "MacNéill, Eoin (1867–1945)." *Ainm.ie* 01 Nov. 2017 <http://www.ainm.ie/Bio.aspx?ID=452>.

---. "Mac Suibhne, Pádraig (1871–1936)." *Ainm.ie* 24 Nov. 2017 <https://www.ainm.ie/Bio.aspx?ID=657>.

---. "Ó hAnnracháin, Peadar (1873–1965)". *Ainm.ie* 01 Nov. 2017 <http://www.ainm.ie/Bio.aspx?ID=79>.

---. "Ó Laoghaire, Peadar (1839–1920)". *Ainm.ie* 01 Nov. 2017 <http://www.ainm.ie/Bio.aspx?ID=210>.

---. "Ó Rathaile, Tomás (1882–1953)". *Ainm.ie* 01 Nov. 2017 <http://www.ainm.ie/Bio.aspx?ID=220>.

---. "Ó Síochán, Micháel (1870–1945)" *Ainm.ie* 01 Nov. 2017 <http://www.ainm.ie/Bio.aspx?ID=362>.---. "Osborn, Bergin Joseph (1873–1950)". *Ainm.ie* 01 Nov. 2017 <http://www.ainm.ie/Bio.aspx?ID=122>.

Britway - Castlelyons - Kilmagner: Reunion 1991. Cork: Litho, 1991.

Buttimer, Neil, and Máire Ní hAnnracháin. "Irish Language and Literature, 1921–84." A New History of Ireland VII: Ireland 1921–84. 2003. Ed. J. R. Hill. Oxford: OUP, 2010: 538–586.

Castlelyons Parish Yearbook - 1982. Castlelyons: Castlelyons Community Council, 1982.

Cunningham, Bernadette. *The World of Geoffrey Keating: history, myth and religion in seventeenth-century Ireland.* Dublin: Four Courts P, 2000.

Doyle, Mark. *Communal Violence in the British Empire: Disturbing the Pax.* London: Bloomsbury, 2016.

Garnham, Neal. *The Militia in Eighteenth-Century Ireland: In Defence of the Protestant Interest.* Irish Historical Monographs. Suffolk, UK: Boydell, 2012.

Gaughan, Anthony J. "An tAthair Peadar Ó Laoghaire." *Doneraile.* Dublin: Karmac, 1968. 77–92.

Fitzgerald-Murphy, Marie, ed. *Cherished Memories from Castlelyons.* Midleton: Litho, 2000.

Irish Times. "State funeral for executed 1916 rebel Thomas Kent." 18 Sept. 2015. <https://www.irishtimes.com/news/ireland/ irish-news/ state-funeral-for- executed-1916-rebel-thomas-kent-1.2356594>.

Lyons, F. S. L. "In the Aftermath of Parnell, 1891–1903." Vaughan 81–109.

McCrea, Barry. *Languages of the Night: Minor Languages and the Literary Imagination in Twentieth-Century Ireland and Europe.* London: Yale UP, 2015.

Mac Mathúna, Liam. "Comhrá na gCailíní i Séadna." *Feasta* XLII.5: 12–22.

McMahon, Timothy G. *Grand Opportunity: the Gaelic Revival and Irish Society, 1893–1910.* New York: Syracuse UP, 2008.

Meyer, Kuno. *Ancient Irish Poetry.* London: Constable, 1911.

Murphy, Gerard. "Osborn Joseph Bergin 1873–1950." *Studies: An Irish Quarterly Review*, 39.156 (1950): 385–394. 28 Oct. 2017 <www.jstor.org/stable/30100472>.

Ní Dhonnchadha, Máirín. "Athbheochan agus Athnuachan: Nualeaganacha de Scéalta Méanaoiseacha Gaeilge." *Leachtaí Cholm Cille XLV: Saothar an Athar Peadar.* Ed. Eoghan Ó Raghallaigh. Maigh Nuad: Sagart, 2015. 129- 149.

Ó hAnnracháin, Peadar. *Fé Bhrat an Chonnartha.* Baile Átha Cliath: Oifig an tSoláthair, 1944.

O'Brien, Barry. *Macroom: A Chronicle, No.1.* Macroom: O'Brien, 1990.

Ó Céirín, Cyril. "An tAthair Peadar agus Dul Amú na Léirmheastóirí." *Feasta* XLII.5 (1989): 23-7.

Ó Cuív, Brian. "An tAthair Peadar Ó Laoghaire: Curadh Cosanta na Gaeilge Beo." Feasta XLII.5 (1989): 32-8.

Ó Cuív, Brian. "Irish Language and Literature, 1845–1921". *A New History of Ireland VI: Ireland under the Union: 1870–1921.* 1988. Ed. W. E. Vaughan. Oxford: OUP, 2012. 385–435.

Ó Cuív, an tAthair Shán. "Caradas nár Mhair: Peadar Ua Laoghaire agus Eoin Mac Néill." *The Scholar Revolutionary: Eoin MacNeill, 1867–1945, and the Making of New Ireland*. Ed. F. X. Martin and F. J. Byrne. Shannon: Irish UP, 1973. 51- 73.

Ó Fiannachta, Pádraig. "Ag Cogarnaíl le Cara: An tAthair Peadar mar a Nochtann Litreacha Áirithe dá Chuid Dúinn é." *Irisleabhar Mhá Nuad* (1991): 105–120.

Ó Laoghaire, an tAthair Peadar. *Mo Scéal Féin*. Baile Átha Cliath: Brún, 1915.

---. My Own Story. Trans. Sheila O Sullivan. Dublin: Gill, 1973.

O'Leary, Canon Peter. "Dr. Sheehan's Gabha Na Coille". *The Freeman's Journal* 17 Mar. 1915: 7. Print.

---. My Story. Trans. Cyril Ó Céirín. 1970. Oxford, UK: OUP, 1987.

O'Leary, Phillip. *The Prose Literature of the Gaelic Revival, 1881–1921: Ideology and Innovation*. Pennsylvania, US: Pennsylvania State UP, 1994.

O Riordan, David. *Castlelyons*. Cork, 1976.

Ó Súilleabháin, Donncha. "An tAthair Peadar agus Conradh na Gaeilge." *Feasta* XLII.5: 4–9.

Pearse, Patrick. An Claidheamh Soluis. 24 Sept. 1904: 8. Print.

Ryan, Meda. *16 Lives: Thomas Kent*. Dublin: O'Brien P, 2016.

Southern Star Centenary 1889–1988. "Gaelic League Figure: Peadar Ó hAnnracháin much to the fore in the early days of the 'Star'". 04 Nov. 2017 <https://durrushistory.com/2014/01/26/peadar-o-hannrachain-cois-life-in-the- southern-star/>.

Titley, Alan. "The Novel in Irish". *The Cambridge Companion to the Irish Novel*. Ed. John Wilson Foster. Cambridge: CUP, 2006.

Ua Laoghaire, Peadar. *Séadna*. Ed. Liam Mac Mathúna. Dublin: Cois Life, 2011.

---. Mo Sgéal Féin. Dublin: Brún, 1915. *Wikisource* 17 Sept. 2017 <https://wikisource.org/wiki/Index:Mo_sgeal_fein.djvu>.

Ua Súilleabháin, Seán. "The O'Learys of Liscarrigane." *Back to Our Roots: A History of Garrane National School and the Parish of Clondrohid*. Ed. Pat Kelleher and Michael O'Connell. Cork: Gurrane Centenary Committee, 1999. 145-8.

Wolf, Nicholas M. *An Irish-Speaking Ireland: State, Religion, Community and the Linguistic Language in Ireland, 1770–1870*. Wisconsin: U of Wisconsin P, 2014.

Various editions of an tAthair Peadar's autobiography.